启 明 文 丛

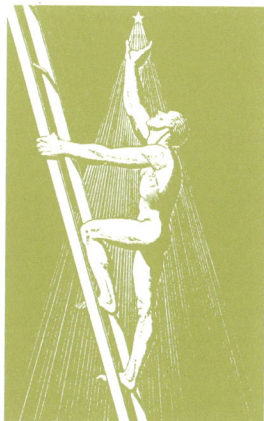

历史活着 （增订本）

李天纲 著

图书在版编目（CIP）数据

历史活着／李天纲著．—增订本．—北京：生活·读书·新知
三联书店，2015.2
（启明文丛）
ISBN 978 - 7 - 108 - 05230 - 8

Ⅰ.①历…　Ⅱ.①李…　Ⅲ.①中国历史－文集　Ⅳ.① K207-53

中国版本图书馆 CIP 数据核字（2015）第 007872 号

责任编辑　刘　靖
文字编辑　郭晓慧
装帧设计　罗　洪
责任印制　卢　岳
出版发行　**生活·讀書·新知** 三联书店
　　　　　（北京市东城区美术馆东街 22 号　100010）
网　　址　www.sdxjpc.com
经　　销　新华书店
印　　刷　北京市松源印刷有限公司
版　　次　2015 年 2 月北京第 1 版
　　　　　2015 年 2 月北京第 1 次印刷
开　　本　635 毫米×965 毫米　1/16　印张 18.25
字　　数　203 千字
印　　数　0,001 - 8,000 册
定　　价　35.00 元
（印装查询：01064002715；邮购查询：01084010542）

目 录

告别帝国

告别帝国

我们的"本世纪",是告别帝国的一百年。1900 年,世纪伊始,义和团事件在北方爆发,八国联军攻入北京,慈禧太后亡命出逃,"西狩"长安。尽管清朝是在十一年后崩溃的,但 1900 年中国人考虑的问题再也不是"清朝向何处去"而是"中国向何处去",人们相信:告别帝制,建立宪政只是时间问题。

1900 年 7 月 26 日下午,青年学者章太炎到上海沪西的张园开会,参与组织"中国议会"。会上他怒而反满,举刀"咔嚓",当时当地,是中国第一根落地的辫子。随后的十年里,从上海到内地,从南方到北方,清国人的辫子纷纷落地。大清王朝,无可奈何花落去。1900 年的张园故事,还有一个细节值得一提:章太炎剪辫子时非常冲动,甩掉了满人的马褂,赤膊短裤,一时没有合适的衣服换。仓促之间,他穿上朋友的一套西装。"会执友以欧罗巴衣笠至,乃急断发易服。""改国号""易服饰"本来是改朝换代的大事,马虎不得。"革命文豪""民国元勋"的章太炎却是临时穿起借来的西装与满清帝国告别的。这正好象征着:20 世纪的中国,变了。变得世界化,国际化,变得不再是帝国,同时也变得仓促慌乱。辛亥革命后,国号换成了章太炎拟定的"中华民国"。

但是,帝国的幽灵并没有马上散去。一百年的 Republic,要向两千年的 Empire 告别，时间还不够。中华帝国在这一百年里骤然改制，从上到下，方方面面，确实很难适应。这是中国这一百年中进退失据，举止无措的主要原因。一百年里，我们像《活着》一样"活着"。我们曾恢复过帝制，曾领受"军政""训政"，过过"新生活"，试过"大跃进"，闹过"文化大革命"，文化、政治、经济、习俗，不断改革，持续革命……忽而全民"咸与维新"，又忽而同声"万寿无疆"。两千年来，"吾日三省吾身"，曾经"慎独"，善于发现自我的中国人，变得严重依赖外部的新思想、新玩意儿来填充空虚。在 20 世纪的全球思想贸易中，中国成了世界上最大的入超国。旧帝国的废园，成为各种新鲜"主义"的试验田。事后总结运动，每次都要控诉"始作俑者"的过错。可细究起来，无一次无有广大人群的积极参与。原因无他，发动者与参与者都是帝国的旧臣民，同好同恶，同急同迫而已。站在二千年的门槛审视我们的世纪，常常会发现：中国人的百年焦虑，百年浮躁，就是因为失落了帝国。

历史学家一直把世界上的两大帝国相提并论。公元前后，西方有罗马帝国，东方有秦汉帝国。范晔的《后汉书》，把这两大帝国称为"大秦"和"秦"：罗马帝国"其人民皆长大平正，有类中国，故谓之大秦"。伏尔泰和莱布尼茨也都说过，世界史上，真正称得上帝国的只有两个：他们的"罗马"，还有东方的"中国"。埃及、印度和波斯，固然也有帝国时代，但是近两千年里，他们都改换过文明，不能薪传自己的精神。世界上的"老大帝国"，只有罗马和中国有传人。两千年里，帝国一直是欧洲政治家的理想，而《马可波罗游记》传递给欧洲人的中国信息是理想中的理想。什么是帝国？ 13 世纪，意大利人但丁写《论世界帝国》（*De*

Monarchia），理想化地这样描述：世界帝国是应天命，由一个高贵民族统治其余民族，并能够充分发展人的智力，保证世界和平的大一统社会。但丁是文艺复兴时写《神曲》的诗人，过了这六百年，要是真有跨越时间的对话，现在的历史学家一定会对他说：这样的理想社会，无论在罗马，在中国都没有存在过。两千年来，帝国的政治是专制，帝国的文化是一元，帝国的经济是掠夺。帝国给人们带来的总是血与火。这一点，人类是在 20 世纪后半期才真正开始认清的。

中华帝国大约是比罗马帝国幸运。秦汉一统，完成了"车同轨、书同文、行同伦"，意识形态建立起来，幅员超过地中海沿岸的罗马帝国。随后，半胡人的李唐王朝从西部入主中原。唐代引进了印度和西域文明，但汉族文化并未因此衰落，反而还出现了"三教并立"的多元文化局面。看唐太宗李世民在朱雀大道前城楼上的那种得意："天下英雄入吾彀中！"那一定也是"条条大道通长安"，万方来朝，山呼万岁的盛况。西望罗马，同一时期的罗马帝国已经在蛮族入侵下崩溃，城市里种地，进入衰退的中世纪。罗马的教皇不断联络西班牙、法国、德国的国王，企图重建"神圣罗马帝国"，都失败了。再以后是蒙元和满清入主中原。这一时期，中国的幅员世界最大，超过整个欧洲。况且，欧洲近代分裂为民族国家以后，陷入"战国"，文化、文字、宗教各立一套，一千年里打得不可开交。那时的中国人确实可以得意。没有意识到的是："战国"以后，就是群雄并起，霸业完成。

中国人的天朝得意，维持到很晚。康熙把罗马天主教的耶稣会士招为"内廷供奉"，画画、修表、量地皮。乾隆一定要英国使臣马戛尔尼（George Macartney）跪身磕头。16 世纪以后，中国人开始领略到葡萄牙、荷兰、西班牙等欧洲小国商人们的顽强坚硬。但是真正认识到欧洲已经崛起，一直要到 19 世纪临近结束。那时候，以大英帝国为首的法国、俄国、荷兰、葡萄牙、西班牙，个个都是除了本土之外，还有大量海外领地的殖民帝国。虽然欧洲没有重现罗马帝国，但"船坚炮利"的欧洲列强在全球各大洲，瓜分建立了各自的殖民帝国。俾斯麦边叹边骂：你们只给德国留下了天空。日本搭上欧洲列车，加入强权，也要在东亚分一杯羹。老大的中华帝国居然成了饕餮列强餐桌上的最后一道甜点，孙中山提出"振兴中华"时的急迫心情可想而知。

19、20 世纪的中国人，遇到了一个误区。我们成功地告别了帝国，朝自由、民主的世界大势走，但我们的内心却还一直想光复一个比清朝更为荣耀的帝国。列强的侵略，造成了屈辱。但更多的屈辱，是我们自己的帝国心态引发的。百年中，我们要么是"颠顶无知"，要么"以暴易暴"。既失掉了"以德报怨"的儒家风范，也没有学会"据理力争"的万国公法。一百年前我们为义和团吃了大亏。一百年后我们还是没有学会 Fair Play。还有足球教练向队员解说义和团对抗八国联军的激情，备战 AC 米兰队。千年以来，我们习惯于教导式地传播文明；这百年中，我们也学会了不断地接受别人的训导。但是我们还是缺乏平行地与人对话、沟通和竞争的能力，而这种能力是 20 世纪多元社会最为必需的。

20 世纪的真正进步是全世界的民众一起拒绝"帝国理想"。政治家们开始严肃地处理两千年来的错误。一次大战后威尔逊在巴黎演讲，号召建立全球对话。二次大战后丘吉尔再次疾呼：霸业的灾难是无穷的，人类再也不应为各自的"帝国"而战了。1945 年在旧金山费尔芒饭店签署的《联合国宪章》，是两千年来最重要的和平文献。此后，民族独立，各大殖民帝国瓦解。英国、法国等老的霸权甘愿退回二流国家，德国、日本等新的霸权受到本国和世界人民的严格看管。尽管有过叫人提心吊胆的"冷战"，但是终于没有酿成大战。半个多世纪，各国埋头技术进步、经济发展，已经成就了历史上少有的和平时期。

20 世纪末的世界，已经和二千年的传统社会发生了本质性的变化。信息、资本、市场、教育、人口、信仰、婚姻等各方面的全球化，令"编户齐民"式的传统的帝国形态完全失去意义。比较这一百年的首尾，我们发现："驱除鞑虏"以后，未必就能够"恢复中华"。改朝换代的意义也不大，徒然地换换主义，换换主人。重建帝国更是已经被证明是妄人们的梦想。或许 21 世纪的中国能够走出新路。如果成功，它必定是借着世纪末的全球化浪潮，以开放的姿态、健全的理智、健康的心态，走到世界民族之林中去对话、竞争、合作。这样才能完成自己的爱国主义，才能成为多元文化大家庭中的重要成员，才能坦然地说：我们告别了帝国。

（原载《书城》，2000 年第 1 期）

我们的"公元"

假设我们现在仍用国号纪年，今年应该是中华人民共和国的"共和五十二年"。当然，1949 年的中国人民政治协商会议没有决定用传统的国号纪年。今年还可以是"民国八十九年"，这个纪年法还在中国东南的一个岛省内沿用着。还设想我们今天真的用上了国学大师章太炎考证和创用的"黄帝纪年法"，2000 年则是"汉人开国之四千六百九十八年"，总之，假设中国人一如自己的祖先，全然不睬 Y2K（Year 2000），哈！我们今天怎么过这个二度的"千禧年"？

时间观念是主观的。人群，人类完全可以现在决定：已经过到今天的日子，从此拉倒重来。二十五史上历朝历代的改朝换代，都是这样做的。"改正朔，易服色"，每个皇帝都有自己的纪年。过完了"康熙六十一年"，还有"乾隆六十年"。一百年以前的中国人，不用十年代、一世纪、一千禧来计算时间。一朝一姓一帝的纪年，"法轮"翻转，这是臣民们的永恒。不到万不得已，不会变的。

时间概念也是历史的。历史上，不同的民族有不同的纪年。日本把神武立国作为大和民族的纪元。阿拉伯民族把穆罕默德带领信徒离开麦加（公元 622 年）作为伊斯兰纪元。公年纪年，是由小亚细亚地区的基督徒纪念耶稣诞辰开始的。耶稣活过了，耶稣又走了。一年，二年……信徒们后来高兴地听说，一千年后，耶稣会回来，他要作千禧年的审判。于是每一颗基督徒的灵魂都为此而时刻准备着。公元 1 年，正是中国的汉平帝元始元年。

"耶诞"，历史上这个非常特殊的民族习俗，传到了欧洲，传到了美洲、非洲、澳洲，也来到了东亚。当基督教成为一个广泛的世界宗教以后，这样的纪年方法才消除了它的民族性，变为一种全球性的习惯，成了全人类必须认同的铁定标准，号称"公元"。现在的世界各民族都接受了公元纪年。否则，"开除球籍"！去年，每个国家，每个民族，无不忙着在自己的电脑里像捉老白虱一样捕捉 Y2K"千年虫"。全球联网，不分彼此的时代，各人自家的电脑可以有不同的钟点，但人类必须拥有一个能够统得起来的时钟。

地理大发现以后的全球化运动，中国人落后了。中国没有办法抢先把自己的纪年法推到全世界。一百年前，当中国人酝酿在国号之上用统一纪年的时候，本土宗教也做出过反应。针对西化分子要推行"耶诞"，用公元纪年，中国的信徒们也考证"佛诞""孔诞"，要用释迦牟尼和孔子的生日来纪年。康有为是近代中国不遗余力推行和建立"孔教"的"教主"。1910 年清朝将亡之年，他提出"中国宜用孔子纪年"。他把 1910 年定为"孔子生二四六一年"。章太炎是反满的民族主义者，他提出的是"黄帝纪年"。但是，1911 年的中华民国最终采用的不是"孔诞""黄帝诞"纪年法，而是国号和公元并用的纪年法。1949 年的中华人民共和国是中国历史上第一个废用国号，改而直接用公元纪年法的政权。

当代中国人计时已经完全西方化了。中国的铜壶滴漏，计时计刻，在四百年里完全改过来了。清朝以前，中国人用"时辰"

计时。一天十二时辰：子丑寅卯，辰巳午未，申酉戌亥。子夜安寝，卯时鸡鸣，"锄禾日当午"。这是传统计时制下的意境。1643年，明朝的最后一年，崇祯皇帝颁布了意大利人利玛窦（Matteo Ricci）和上海人徐光启编订的《崇祯新历》。这部天人相配的新历，非常精确，但并没有帮助"真命天子"挽回明朝，天下反而被满清夺了去。清朝顺治年，这部历法正式启用。历法中，第一次，中国人的一天也被划分为二十四格。十二时辰，一分为二。一时辰分成了二个"小时辰"，一天就分成了二十四个"小时辰"。"小时辰"后来就简称"小时"。二十四小时，是西方天文学的计时制度，我们用上了和基督教国家相配合的历法。

中国人现在周末也休息，更是明显地受了基督教的影响。天主教耶稣会士利玛窦最早在 1601 年出版的《天主实义》中介绍"星期日制度"："列国之人，每七日一罢市，禁止百工，不拘男女尊卑，皆聚于圣殿，谒礼拜祭，以听谈道解经者终日。"《圣经》的"创世记"，记载上帝在七天里创生了万物，第七天休息。所以星期天教徒必须上教堂，礼拜上帝，这是铁的规矩。上海方言里，至今还把星期天叫作"礼拜天"。直到 20 世纪末，世界上还有许多基督徒商人在星期天大上门板，上教堂去。中国人不上教堂，但星期天的周末休息也已经是铁的规定。

"小时""星期""元旦""世纪""千禧年"，这些词汇已经刻在手表，载入日历，植入电脑，深入人心。如今谁再要像清朝不明事理的大臣杨光先那样赌气地说"宁可使中夏无好历法，不可使中夏有西洋人"，把西方的历法制度都赶走，他无疑是有精神病。假设今天谁持有一张"民族主义航空公司"签发的"孔子生二五五一年正月甲午日午时登机"的飞机票，他敢坐？不知 1900

年的义和团拳民，和2000年的民族主义者是否想过：在20世纪排拒全球化，是和杨光先排外言论性质一样、程度不同的愚昧行为呢？

1600年，利玛窦从澳门辗转来到江南，徐光启在南京见到了他。自从徐光启和利玛窦开始对话，以此为标志，中国人已经和西方文明打了四百年的交道。现在，第五百年的对话在21世纪又开始了。在过去的四百年里，尤其是最近20世纪的一百年里，中国人从西方人那里接受了许多名物制度。中国文化已经不再故我。古老的中国文化发生了深刻变化。西方的制度，如时间制度，深深地植入了中国文化，就像中国餐馆开到了美国、欧洲各大城市的每个角落一样，为各国人民享受着。其实，在今天这个世界上，自从各民族走到一起以后，这世界就联为一体了。"公元"，没有太重的民族意义了。况且世界上再也没有不变的民族，不变的文化。中国文明的特征固然还在。我们中国人还是各种人群中相对细腻、相当敏感的民族。我们特别能够意识到自己与别人的不同。我们还是世界上最会吃的民族，我们还是用筷子吃饭，吃米饭。但我们毕竟已经在20世纪中融入了这个世界，我们正和许多其他民族一起分享着人类共有的东西。虽然我们常常觉得人类当中，这种共有的东西并不是太多，而是太少。但是，今天，我们至少有着一个普天同庆，天下一家的共同节日：2000年的千禧年。不错了！

（原载《上海文化》，2000年第1期）

人格与国格

　　爱国主义是以民族、国家为宣泄对象的个人情感，因而无疑是集体主义的一种。但如果在实践中，只单单强调集体价值，忽视个人价值，却反而有损个人与集体的情感联系，失却固有的平衡。

　　中国历史上，爱国主义集中出现在北宋、南宋末年和明朝末年。岳飞、文天祥、史可法等人只是代表。我们常常强调他们因异族入侵而激发的文化热情，和对朝廷的忠诚，但却会忽视这些情感发生的环境。他们的功名利禄、经国方略、文化理想，即一切士大夫的个人价值，均系于社稷之存亡。"正心诚意，修身齐家，治国平天下"，偏向于维护集体价值的儒家固然是把其理论归结到超越个人的集体范畴，但个人仍然是出发点。个人的自尊、自强、自信，乃至自我完善、自我修炼，仍然是被士大夫们鼓励和赞扬的。当然，在朝之士的自由要比在野之士少些，社会责任感还要求他们作自我牺牲。杜甫劝朋友"公若登台辅，临危莫爱身"，即是此理。

　　比较欧洲古代的爱国主义，中国的爱国主义情怀更系于文化和生活方式，而非君王。这可能是因为在中国倡导爱国精神的是儒生，而非骑士。士大夫以人文视天下，以天下为己任。宋、明士人之所以如此激烈地抗拒元、清，除了他们对国家负有使命之外，更在于他们的生活方式在新朝里备受打击。要明朝士人剃发，放弃雅集、论政和冶游的习惯是痛苦的，所以才有"天下兴亡，匹夫有责"的个人精神发挥。

欧洲旧制度消亡后，唐·吉诃德式的骑士精神无所附丽，离开了郡王贵族之身，演化为近代个人主义。出人意料的是，这种极端个人的独立精神，在美国重新构成了一种新型的爱国主义。托克维尔把留在欧洲忠于皇室的传统称为"本能的爱国主义"，而把美国的公共精神称为"理智的爱国主义"。托克维尔发现：美国人之所以热心于本国的繁荣、强大，"首先是因为这是一种对己有利的事情，其次是因为其中也有他的一份功劳"。到今天，美国知识分子也在批评其民主的缺陷，他们的爱国主义有时候也会滑入盲目自大而出错，但看到黑人运动员在奥运会升旗时泪流满面，不能不觉得这是美国式爱国主义与个人奋斗精神的完美结合。在那里，并非每个人都享有同等的权利、自由和成功，但"理智的爱国主义"，把美国视作一个民众整体，人人有权实现其美国梦。

一百年前，意识到"古今中西"之变的章太炎选用"独"和"群"，来阐释个人和集体的关系。1894 年，他的《明独》作了一个论断："大独必群，群必以独成。"换言之，个人精神与爱国主义必须相辅相成。章太炎还有一言："小群，大群之贼也；大独，大群之母也。"当我们在古代社会里看到摧毁个人的独立性格，把个人变成家族、宗派、山头、地域等关系的附属物时，爱国主义便无从谈起。相反，只有在具有健康人格的个人身上，我们才看得见那种真正的国格。

（原载《文汇报》"学林"，1993 年 7 月 31 日）

城邦：希腊文化的关键词

"何谓希腊？何谓希腊人？"《希腊的遗产》[1]开宗明义提这样的问题。冒失地谈论"希腊精神"之前，不如先请毕生研究希腊文化的罗念生先生说几句，他的话更有体会，他说："希腊文明是世界文明的高峰，是近代文明的源泉。近代的西方哲学、文学、艺术，以及民主政体，都是从希腊传来的。"罗先生还提到，"希腊精神"的特点是"求健康""好学""创造""爱好人文""爱美""中庸""爱自由"。希腊人的"种种精神，还是很值得我们学习，特别是这最后一种爱自由的精神"[2]。换句话说，罗先生认为："中国精神"和"希腊精神"有的一比，但在"爱自由"方面特别欠缺。

虽然学者们认为希腊和中国的文化最为相像，都主张"人文主义"，但是两者其实存在着巨大差异。前辈学者罗念生已经发现，中国人在追求"自由"的时候远不如希腊人。这种差异导致了中西文化的分途，正需要认真探究。当我们被今年博大精深的雅典奥运会开幕式折服，并担心四年后北京奥运会可能被这里的儿戏导演们弄坍台的时候，最后的争议，常常是归结到中国和希腊的文化差异。那么，"中国精神"和"希腊精神"的差异到底从

1 《希腊的遗产》，(美) M. I. 芬利主编，张强等译，上海人民出版社，2004年。
2 《希腊漫话》，罗念生，生活·读书·新知三联书店，1988年。

何而起呢？

　　怀揣这类问题，《希腊的遗产》大可一读。虽然本书没有专门从"跨文化"的角度来比较希腊和中国，但是书中正面诠释的"希腊精神"，可以帮助中国人理解自己。以"自由"为特征的希腊文化到底是怎样形成的？循此路径，我们或许能找到中国文化的某些缺陷。本书主编芬利教授在"引论"里作了提示："城邦"是理解辉煌希腊的关键词。

　　　　雅典、斯巴达、科林斯……城邦不止是希腊文化得以展现的舞台。希腊文明给我们一个突出的印象：它本身就是一种典型的城市文明。柏拉图的《理想国》、亚里士多德的《政治学》，都是以城邦为单位筹划的。他们的"天下"，就是"城邦"。在希腊语言文字传统里，"城邦"（polis）是最重要的一个词。希腊人最重视的"政治"（politics），来自这个词。所谓"政治"，就是城邦事务，是城市市民自己的事情。后来英语和法语里出现的"警察"（police）一词，先头也是指那些管理"城市"的人。"城市，而非乡村，是处理公务之地，是大部分宗教中心所在之地，是大型建筑和雕塑坐落之地，是开展教育、军事训练以及各种形式的文化活动之地。"[1]

　　希腊文化中，最辉煌的是哲学。谈到希腊哲学中"形而上学

---

1 《希腊的遗产》，第3页。

的诞生"，另一位作者也把它归结为"城邦"。他说："希腊小城邦相对自治的政治生活在批判的、反思的思想成长中，或许扮演了一定的角色，这与大帝国的'亚细亚式不确定的庞大'（叶芝语）形成鲜明的对照。"[1] 作者认为：自治的"小城邦"，给市民们一种秩序感，探究这个秩序，使得"形而上学"成为可能。柏拉图和亚里士多德的"政治学"相信，只要把握住这个"形而上学"，希腊的城邦就能繁荣。相反，在亚细亚的"大帝国"，人们生活在一种"庞大"和"不确定"中，帝国的动乱和强权，臣民们无助和茫然，思想家便没有信心去探究一种形而上的世界秩序，也就没有希腊这样的"形而上学"。这个解释相当有趣，作者或许还想说：希腊哲学的严密逻辑，表现了希腊哲学家对城邦生活的负责精神。苏格拉底挑战市政当局的权威，质疑雅典市民的智力，发出哲学上无穷追问，与中国思想家逃不出君主的广大统治，只能用寄情"天下""宇宙"，用儒道佛思想来消解内心痛苦的逃避行为适成对照。

"城邦"，是社会文明的关键词。近代西方的城市文化，源头在希腊。曾几何时，汪达尔、日耳曼等北方蛮族入侵，城市广场被辟为牧场，议会大厅被改成教堂，文化陷入了漫长的"中世纪"。直到"文艺复兴"开始后，欧洲文化才回归城市，恢复雅典、罗马遗址，到处布置廊柱建筑，近代城市生活方才洋洋大观。比之于欧洲，中国的城市文化更是惨遭蛮族入侵，秦、汉、隋、唐、宋、元、明、清，总是文明较低的部族集团入主都城，践踏前朝文化积累，重起文化炉灶。改朝换代的"革命"之后，万事

---

1 《希腊的遗产》，第236页。

从头来过。王朝的文化虚无主义，造成两千多年间中国城市文化的周期性衰败，更使得士大夫思想无所凭借。文人官宦，多数产自田陇山沟，初无"城邦理想"。诗酒高论，畅论"仁义道德"，常怀"天下之忧"，却随时会在城市生活的具体事务中丢弃起码的"权利"和"自由"。这种大而无当的思想方法，正是本书作者指出的所谓"亚细亚式"的"庞大"和"不确定"。中国士大夫思想的基本形态，不是"城邦"，而是"乡愿"。

清末民初，上海、北京（平）的学术界有"言必称希腊"的风气，后来被讥评为"崇洋媚外"，以后便偃旗息鼓。其实，那倒是中国历史上少有的走向城市、崇尚"自由"的时代。希腊城邦重视"市民身份"，强调"自由民"的主体地位和自治权利，无论如何是要肯定的。城市要有文化，市民要有空间。只有当市民阶层获得权利，能够按照"理想国"的蓝图，遵循"政治学"的原则，自主建设城邦的时候，文化才可能有长足的发展。这是古今中外人类社会的通则，且不论是在"古代""中世纪"，还是在"现代"，抑或是在人云亦云的所谓"后现代"。读《希腊的遗产》，生以上的感叹。掩卷之余，当然要感谢作者、译者和前辈学者，他们提供了一个虽然遥远，却能让中国人收到回响的"希腊城邦"。

（原载《文汇报》"书缘"，2004 年 12 月 4 日）

两种"罗马的遗产"

　　多读西方古代历史，常常隐约感到历史上有"两个罗马"。一个是"罗马文化"，戏剧、诗歌、哲学、建筑和宗教，这是他们从希腊输入的，文艺复兴以后成为西方人的精神和物质生活的支柱；另一个是"罗马帝国"，这是罗马人独有的，是罗马人依靠自己的法律、将士和兵器，用铁、血、火的力量打出来的。所谓"罗马的遗产"，一种是柔性的"文化"，一种是刚性的"帝国"。如果人类真的能够区分文明的两面性，那我们显然应该只继承"罗马的遗产"中的"文化"部分，而彻底抛弃由单一民族来统治全世界的"帝国"理想。

　　《罗马的遗产》[1]是明白这一点的。作者们用新近历史学的"文化史"方法来写作，对罗马的美术、语言、文学、建筑和宗教等文化遗产作了清理。本书作者们注意的都是"文献""牧歌""诗歌""戏剧""修辞学""艺术""建筑""语言""法律"（均为该书章节标题）等内容。这些都是"罗马的遗产"中最值得珍视的部分，没有这些古代文明，如今的人类文明便会更加乏味和枯燥。本书的主编理查德·詹金斯特别强调说："古代文化"确实对20世纪的现代文化起了作用，但是"它们都是希腊

---

1 《罗马的遗产》，（英）理查德·詹金斯编，晏绍祥、吴舒屏译，上海人民出版社，2002年。

的，而非罗马的"。作者的意图很明显：对历史有益的罗马文化，其实是那些希腊形态的文化艺术，而不是罗马帝国的军事和暴力。

《罗马的遗产》的作者们适时地提醒我们说：以罗马为徽号的自豪，只是一种文化上的"认同"现象。理查德·詹金斯说"罗马的影响只是装饰性的"，也就是说，后人自称的"罗马"，其实都是"扯大旗作虎皮"的"爱国主义"意识形态。罗马在西方人心目中的辉煌，引导了无数的光荣和梦想。罗马衰落前后，君士坦丁堡曾经自称"东罗马""第二罗马"；以后，皈依东正教的莫斯科号称"第三罗马"；德意志的腓特烈大帝企图建立"神圣罗马帝国"；法国国王路易十四要把巴黎建成"新罗马"；俄罗斯的彼得大帝要把圣彼得堡建成"北方罗马"。还有后世朗朗上口的说法："罗马不是一天建成的""条条大道通罗马"……这些都是"帝国主义"的声张，本书作者们显然不愿意今天的西方接受这样的"罗马的遗产"，所以只字不提。

现代西方文明的制度，确实有不少是继承了拉丁文化而来的。举凡宗教、艺术、建筑、军事、政治、法律、习俗等，无不受到罗马的影响。今天在欧洲旅行，教堂、广场、桥梁、城堡、市政厅的建筑，都是罗马样式的，这些都在《罗马的遗产》中详细叙述。然而问题是：大厦戴上穹隆顶，大街竖起凯旋门，并不就是继承罗马精神。巴黎还是巴黎，莫斯科还是莫斯科，虽然攀附上了"罗马"，可能会在心理上感到了文明。这里的"罗马"已经不是一个实体，而是一种文化象征。本书的作者之一查尔斯·戴维斯说：这样的"认同"心理，满足了中世纪的"虚荣心"，"让正在兴起的蛮族感到自己是古代文明的一部分"。可是，这样的"虚荣心"和"帝国心态"有所区别，毕竟还是文化行为，属于"向善之心"。所以，现在有人在上海建造了"罗马广场""欧洲花园"的新楼盘，也只能一笑了之。

最应该警惕的，还是那个阴魂不散的"罗马帝国"的霸权主义心态。国家和民族的利益可以坚持，平等和人权的主张更应该维护。但是，不能用一个民族，一家政权的暴力和军事来完成。全球化的世界里，应该用各民族协商、跨文化对话的方式解决利益冲突，而不能用"罗马帝国"式的征服来解决。

两千多年前，罗马帝国吸纳了希腊文明，代表了"古代文明"。经过中世纪和文艺复兴，欧洲独家继承了"罗马的遗产"，从近代意义上说，"罗马的遗产"成了"西方的财产"。如今，殖民后的美洲和变革中的东欧，都自称是罗马的文化后裔——"西方"。两千年来，从周秦到汉唐，中国一直也是一个广大的东方帝国，"中华"和"罗马"，并称两大文明体系。在近代，能够和"西方"并称的仍然是"中华"。按亨廷顿（Samuel P. Huntington）在《文明的冲突》中引用的统计：全世界汉语（包括普通话，吴、粤、闽、客家等方言）人口占世界总人口的比例是百分之十八点八；西语（包括英、法、德、葡、西，未包括北欧诸语种和斯拉夫、俄罗斯语）人口则占了百分之二十点八。当我们笼统地指称"东方"与"西方"，合并文化同类项，最后剩下的确实只有中国和罗马等少数几个核心文明了。

罗马帝国之于西方，如同汉唐盛世之于中华。中国的经济力量正在崛起，西方也有很多传统利益要维护，冲突是难免的。对于"西方"和"中国"这样具有"帝国"传统的文明而言，如何接受古代遗产中良善的"文化"部分，避免重蹈"帝国主义"覆辙，避免两大帝国的再次冲撞，其重要性是不言而喻的。东西方各民族都放弃"帝国"霸权的理想，一个协商讨论、真正统一的人类共同体才有可能建立。

（原载《文汇报》"书缘"，2004 年 5 月 29 日）

基督教：了解西方文化的钥匙

宗教常常是文化复兴的兴奋剂，是下层社会的旗帜。人们曾经指望靠社会进步来消灭宗教，可是一些富裕起来的人却更倾向于宗教。人们曾判定当代青年是抛弃一切信仰的"迷惘的一代"，现在他们中相当一部分人却在追求着各种有慰于"灵性"的思想学说。这些"悖论"现象都是十分复杂的宗教本质的反映。

面对这种局面，中国的宗教研究目前正处于一个突破性的前沿。"经典性"的结论被重新审视；西方宗教学，乃至神学的最新成果被介绍引进；许多被过去理论所忽视的宗教现象和事实为愈来愈多的人所知晓。然而，在此酝酿突破的时期，理论界对宗教的理解不是变得清晰，而是陷入了纷繁。时常有人从文化改造意义上谈宗教，认为一个民族的最后兴盛有赖于新的宗教的洗礼。这令人想起汤因比的文化模式和康有为的"孔教救国论"。也常有人从特异功能、UFO 等"神迹"谈起，认为不可解释的"神秘世界"是宗教意识的根源。这又令人想起几十年前风靡世界的"东方神秘主义"思潮。"当代新儒家"的"儒家宗教情操"在国内得到回响。道家的"易""八卦""养身术""房中术"盛行。基督教在讨论社会主义时期的文化协调问题。三教九流，东方直觉和西方理性全都交织在一起。然而，也有不少学人循着多年的"美学热""文化热"的道路去研究宗教，它深化文化研究，又促进宗教研究，已取得了不少可喜成果。前些日子读到的《禅宗与中国文化》是一例，近日读到张绥先生《中世纪"上帝"的文化》又是一例。两书中西互见，良可资读再三。可见，从文化角度去研究宗教是条有效的路子。

西方传教士有一句名言："基督教化就是文明化（Christian is civilization）。"这句颇有些目空一切的话，曾经为心向罗马基督教文明的欧洲北方拉丁、日耳曼和俄罗斯民族心甘情愿地接受，情况有些类似中国周边的少数民族仰慕中原汉族礼教一样。在理性还未充分发育的古代，文化有时的确是借着宗教传播的。中世纪尤其如此，这一时期，正是基督教文化在从西亚、北非传向地中海地区后，又一次在一个更大的范围内传播的时期。法兰克国王查理曼，通过西罗马继承了基督教，号称"恺撒"，自封为护教者。[2] 沙皇则通过东罗马继承希腊正教，并把莫斯科称作"第三罗马"。[3] 他们都是在接受基督教后才洗去了"野蛮人"的名号。

或许正是有此文化眼光的缘故，张绥在对中世纪教会的评价中有不少新颖见解。他突破目前的"中世纪黑暗"的陈说，反对说中世纪的"倒退"现象是由基督教引起的。中世纪研究，是一个世界范围内广泛争议的题目。继承文艺复兴反宗教观点的布克哈特（Jacob Burckhardt）在他的名著《意大利文艺复兴时期的文化》中持近代世俗理性，对中世纪评价甚低，此后形成陈见。本世纪中，许多学者通过研究发现，从但丁、薄伽丘到布鲁诺、哥

1 《中世纪"上帝"的文化》，张绥著，浙江人民出版社，1988年。

2 同上书，第61页。

3 同上书，第145页。

白尼，许多文艺复兴人物的思想并未脱离宗教，有些思维甚至受到了各种神学理论的激发。这样，神学和经院哲学在中世纪所起的作用，就成了一个值得再认识的问题。显然，这样的研究对于不同文化背景的中国学者来说是十分困难的，张绥不惮其难，探索精神可嘉。和宗教不完全是愚昧的一样，中世纪也不时时处处都是漆黑一团，尤其是不能把那时期人性的压抑和文化的障碍，一股脑儿地诿之于基督教。许多意大利作者如瓦尔塞、克罗齐（Benedetto Croce）、葛兰西（Antonio Gramsci）都指出过，意大利人的宗教意识不同于北方民族，他们在神学中也有"法""权利""帝国"和实用工艺及美学的观念。即使在中世纪，他们也有"俗"的倾向，保留在亚里士多德、阿奎那和奥古斯丁的神学中。北方民族则虔诚冥思，信仰坚定，故有主"圣"的倾向。这样说来，基督教是否压抑人性并阻碍文化，归根到底还得视该民族文化本身而定。取什么样的宗教，或一种宗教变得怎样都是一个民族在下意识状态中进行选择的结果。基督教在地中海沿岸传播，宗教与社会生活相互促进、共同繁荣，而进入北方以后，它却与他们的"心""性""灵"结合，创造了繁荣的中世纪精神文化。这样解释从古典时代到中世纪的"由俗入圣"的转变过程，比单纯地评判"中世纪黑暗"可能更准确些。

　　"圣俗之争"是西方文化中的一个永恒主题，也是中国年轻一代读者阅读兴趣的焦点。张绥的书虽不是围绕这个主题展开的，但也不同于以往的教会史著作，仅用会议、教皇、教谕和《圣经》版本为线索。他按新旧神学思潮的更替变迁为线索，使全书充满论争，因此也从侧面展现了西方人在"圣俗"之间所承受的煎熬。基督教在希伯来文化中起源时，较多地表现为《旧约》中对人生苦难的叹息。流传到地中海沿岸时，主要表现为"福音书"中的"救世"思想。这时，"圣俗"间的对立还未充分展开。而在中世纪经院神学中，基督教发挥了北方民族的"原罪""救赎"意识，贬斥肉体、情欲和感性，乃至一切世俗的社会活动。"圣俗之争"被推到社会文化最突出的地位。有一个中世纪箴言告诫男人："吻你的妻子时，告诉你的心，我吻的是上帝所造的肉。"人的一切都变得不重要，因为它只是上帝的体现。人不能离开世俗生活，但要把它看得一钱不值。这种时时处处的罪与罚，给当时西方人带来了痛苦。他们人人虔信于此，自甘其苦，是这一时代的人性特点。

各民族文化中都有一些类似于此的命题，然而像基督教这样独特地否定世俗生活的方式是仅见的。中国文化讲"以理攻欲"，但对"食""色"二性是保留的。"天道"与"人道"是相通的，否定得并不彻底。佛教讲"四谛""八苦"，最后却归结为"四大皆空"，彻底到把命题本身也否定了，对世俗生活采取不承认的态度。而基督教不同，它让人留在世俗之中，甚至也允许追求世俗利益，可是心理上却把它看作恶的引诱，是上帝对人的考验。上帝让人始终处在身与心、灵与肉的两极分离状态中。西方的神学、哲学和科学充满了"此岸与彼岸""物质与精神""客体与主体"的争论，实际正是这一核心思维的反映，都是"圣俗之争"的派生命题。我们处在不同的文化背景上，对西方这个神学命题实际并不了解。近代中国人搬来了这一系列概念、范畴，不免是表面和皮相的。在此概念体系上的论争，常常要么是政治图谋的学术化，要么是自己一时奇想的杜撰，没有深刻的文化意义。提倡中西文化比较研究的周谷城教授在为张绥这本书所作的序中说了一个意思，文化比较不但要古今比，中西比，而且还要把异文化间的同层次可比细节因素进行比较。此话甚确。别的不论，倘能把基督教的"圣俗之争"与理学的"理欲之辨"做一番比较研究，恐怕会对中西文化的理解更有益些。显然，这不是对张绥此书的要求，而是我们应共同努力的。

中世纪的基督教曾经包容了整个西方文化，而西方近代文化又是从基督教"由圣入俗"转化而来的，现代西方文化各项制度都起源于中世纪的基督教。今天西方科学院、团体、协会的组织方式都与中世纪神学家的席明纳尔等制度有渊源关系。今天的医院制度是由当年串乡走镇的医疗传教会的传教士奠定的。福禄培尔（Friedrich Fröbel）把教会的慈幼事业改造成幼儿园。教会的中小学教育、职业教育是现代初级教育的滥觞。连今天被年轻人刻意模仿的演讲术，也起源于布道和神学论辩。这类文化细节上的联系繁不胜述。

当然，今天的基督教的确是衰落了（这也只是在中世纪特定标准上说），它不再能解释世俗文化而落到了被世俗文化解释的地步。从它的母体中诞生的近代科学和哲学越来越多地侵占了它的世袭领地，天体物理学、生命科学以及社会学、心理学、文化人类学等纷纷兴起，解释许多原先被认为属于神学的"神秘世界"。基督教在此理性主义的冲击下，其反应是复杂的，但它远远没有退出文化发展之主流。在南非、拉美和东欧、东亚，他们配合社会的反种族压迫和专制压迫，提出黑人神学、解放神学和人权主张；在西方，它们则以西方文明的价值体系的维护者出现，防止西方文化发生像古罗马世俗文化那样的崩溃。我们在美国政治的保守势力中看到他们的重大影响。不管对它们的评价如何，基督

基督教：了解西方文化的钥匙 — 25

教仍与整个西方，乃至世界大部分地区的文化发展有着紧密的关系，这一点是确凿无疑的。因此，基督教仍是一个打开西方文化大门的钥匙。回避它的存在是不智的。

（原载《书林》，1988 年第 6 期）

我们需要知道一点纽曼

纽曼（John Henry Newman，1801—1890）是英国神学激进思潮中的"边缘人"，在近代基督教历史上留下过自己的声音。1832年，纽曼到意大利旅游，发现罗马教会的教义悠久有据，教堂壮丽华美，仪式动人心魄。相形之下，英国国教奉行的新教灵性化、福音化原则显得简陋粗糙，正丧失着基督教的本义和传统。回国后，他与牛津大学同人写作《时论单张》(*Tracts for the Times*)，发动了基督教历史上出名的"牛津运动"(Oxford Movement)。纽曼告诫英国人：天主教固然迹近腐化，但新教也差不多已走上异端，该收步了。

"牛津运动"后的一百年，正是英国在华势力由始而盛而衰的一个世纪。但这样一位西方妇孺皆知的大思想家，却未能借强劲的"西化"潮流进入中国。这不奇怪，因为他的思想与中国百年激进思潮并不合拍。他既不谈社会主义，也不宣扬民主科学，他只讲人的信仰和教会传统，以及古老的人类困境。他没有用中国人乐意学习的哲学语言，而是用那种对西方人亲切自然、对中国人却艰涩难解的神学语言。这当然妨碍了纽曼进入中国思想界。他是西方历史上可数的雄辩善言之士，对人生的各方面都体验入微，但"保守主义"的帽子总让人觉得他是个背时人物。辜鸿铭是尝试在中国介绍纽曼的人。辜作《清流传》，向外国人推荐张之洞和"清流党"，书的英文原名为：*The Story of Chinese Oxford Movement*（中国的牛津运动），他以为张之洞是中国的纽曼，一个社会动荡时代的道德拯救者。该书在英、美博有盛誉，在中国却名声不佳。辜以他奇怪的方式，推销英国式的保守主义，实在不合当时快食快吞的激进人士的胃口。

在历史学家看来，保守主义和激进主义在许多场合都可以化解为某种理想主义，不过前者把理想投之于过去，后者则注目于未来。古往今来，保守主义也有其独特贡献。在制度层面，它使人类社会保持继承性、连续性。在精神层面，它竭力维护一些天长地久、心同理同的人类永恒价值，在每个时代的垃圾堆里拣回被败家子扔出去的真善美之物。

纽曼以一位保守主义者，被西方历史学家公认为是在当时激发了古老文化魅力的人物。他不是一个教育学家，但他的《大学是什么》（"What is an University"）的短文，却是教育史上的名篇，被列为许多著名大学的课堂读物。该文在一个思想激进的时代，维护着教育学里的古老价值观。"如果有人要我尽可能简单而又通俗地说明什么是大学，我就得从它旧日的名称上去找答案，那便是'普遍性的学术机构'。"纽曼重复大学是寻求真理的地方，这并不新鲜。问题是：这样一种理想化的大学概念却被人们怀疑。纽曼的重要思想大都是围绕他与罗马天主教和英国国教间的复杂关系展开的，而《大学是什么》却是少有的一篇直接讨论社会变迁的精美之作。19 世纪中叶，经过工业革命冲击，社会财富和权力膨胀，大学和文化教育一起被挤到一边。社会按现代方式的重组，现代生活方式本身又弄出许多所谓知识，混淆在科学门类中。政客在大学经营党派，商人视大学为学店，像牛津大学这样一所建于 11 世纪的最古老的名校，也感到大城市崛起、大市场出现的压力。工业化驱赶得不列颠人昏头转向，又到了向他们确认理想、坚振信仰的时候了。信条其实简单到 ABC 的底部，但在思想混乱、无法沟通的时代也只能让真理赤裸裸地上场了。纽曼讲的那些话很不深奥，但充满了现代人对古老价值观念的自觉和缅怀。

"大学是一个文物荟萃的中心。各地的学生都到那里去求他们各自所追求的学问……在那里，你有收集在一块儿的自然与人所产生的最精美的出品……那里是交易的中心，是时尚的最高裁判所，是称才逞能者们的公断人，也是稀有与珍贵事物的品衡准绳。那里是参观第一流画展的地方，是聆听美妙音乐和卓越演奏的地方。那里也是伟大的传道者、伟大的演说家、伟大的贵族，与伟大的政治家们的用武之地。照一般事例来说，伟大与统一是在一道的；精华往往暗示中心之所在。这样的一个地方——我差不多说了三四次了——便是大学。"每读到这一段，难免都会有一阵短暂的理想主义式的冲动，但随即而来的是意味深长的怀疑。人人都可以怀疑曾经或目前有多少大学校长是以这种精神治校的。中世纪以后，西方以神学院为班底的大学校园，越来越退到社会主流生活的边缘。但是，精神的高尚和理智的优越，都要求大学留在人类思想的中心。过去大学是神学的婢女，是生产红衣主教的地方，因而曾得以显赫。现在，大学快沦为社会的奴隶，像是个制造工匠的地方，许多已经可以被专科训练所、文凭出售处代替了，显然已处在各类生产部门的边缘。纽曼这种保守派的理想主义，实际反映了从边缘向中心的精神重返。

19 世纪以后，由西方世界倡导的物质与精神变化是翻转乾坤的，但大学在社会各部门的中心地位在历经冲击后得以重新确认。

今天，美国没有了哈佛、耶鲁、伯克莱，比没有了好莱坞更不可想象。任何一个持主流见解的人都会同意说，大学是教育、科研和风尚的中心，也就是承认大学在继承文化、开辟未来和影响社会方面具有高屋建瓴的优势。这些当然不全是"牛津运动"的结果，但纽曼的思想与之相符。西方人固然已不像祖辈那样亲近神父、牧师，但也并没有糊涂到把脑袋交给政客、歌星、球星和专栏作家。大学仍给人以最重要的知识、人格和价值观的影响。

直到今天，即使在一流实验室云集的美国大学圈，最好大学排名榜上也仍然是那些具有人文精神传统的大学。家长普遍认为，大学是保持"君子风度"的地方。关于这一点，纽曼是这样说的："优美的仪态和高尚的风度是很难造诣得到的，而一经得到之后又完全是属于个人的；这种仪态和风度在社会上极受钦敬，但却又是从社会里面修养得来的。形成君子风度的一切气质——仪容，举止，辞令，姿态，声调；宁静，镇定，礼貌，谈吐有方，应对无侮；其理则深，其思则微，其言则喜；他如风雅，洽切，慷慨，宽容，公正，体谅，以及放达等等——有些是天生的，有些是任何一等人都可能具备的，有些是基督教的直接训诫；然而，这些气质之全部荟萃于某一个人的品格中，我们是否以为这全是从书本里面学来的呢？我们是不是必须从它们所蕴蓄的高尚社会中才可以修诣到呢？当然如此。"人的天性既然不能完美，大学便是绅士的温床。这一点好像在西方没受到多大怀疑，那种懂得一点专业术语，却獐头鼠目、心存忌刻的人是不能作优等生毕业的，更不用说在选拔中出人头地。

纽曼的另一段华美文辞则把大学描述成知识和思想的交换中心，他以为，在大学人们得以进行大规模的交往——纯粹思想和学术的交往。学者们在不同的大学间选择场所集会，当地"建筑物要宏敞，东道主要热心。新的地点与环境，新知和旧交相见的兴奋之情，某种地位或才气所标示的高尚品质，与会者自身以及相互间领受到的友善空气；精神的高涨，思想的流通，以及好奇心；清晨的聚谈，野外的活动，配备充足也是受之无愧的美好膳食，不流于粗俗的欢乐，晚会，高明的演说，有声誉的人们相互之间的研讨，冲突，或猜测；有关科学程序，或预期，或失望，或矛盾，或成功的种种讲述，以及华美的颂词……它们的出发点在于促进相互间知识的即时而又直接的交通，促进一般的意见交换和科学与科学之间的比较与调整，促进学术方面与社会方面的眼界的扩张，促进每一个人对他选定的特殊学科的热忱，以及对于与此特殊学科有关各种活动的高度忠心"。同样也有理由怀疑这种描述在中世纪大学中是否完全落实，但是没有这种主义信仰的支撑，欧洲的神学、哲学和科学恐怕不会有今天的进步。大学在现代社会当然也是一个政治和经济的单位，有其作为社会人的行为。这方面，英美社会是有其功利主义流行的，但至少他们没有抹杀大学本质去嘲笑理想主义。斯坦福大学周围确有硅谷公司，但那与大学并不直接相干，师生在教室、寝室间不做思想和知识的交流而做方便面和三角裤的买卖，这情景恐怕在学店式的社区大学也未出现过。英美社会的保守主义精神，经过家长和校董事会的贯彻，使任何党派、团体和个人的心血来潮，以及阶段性的社会毁坏行为都难以闯入校园。

在中国，大学仍然不是一个十分确定的事物。一百年前，我们刚刚决定要办大学；二十年前，大学是否要办下去是个严峻的问题。今天的问题，是大学怎么办下去。这种混乱的局面，要归咎到近代激进思潮叠加的历史。中国现今所有大学都不是古代教育的自然延续，而是在动荡环境中，仿照欧、美、苏学制新弄的拷贝。在此过程中，曾不得已地以"救国"或其他社会目标为目的，"徒袭皮毛"地搬用教科书，既与中国古代的教育传统脱离，又与西方人文精神隔膜。辜鸿铭想要他的幕主张之洞充当纽曼，发动"中国的牛津运动"，这当然是徒劳的，因为清朝的政府和书院已缺乏创新并丧失理想。"戊戌"以后，几代人的理想主义随着政治和社会变革的失败而受损，这是民族的悲剧，更是每个个人的不幸。如果一个人的短短一生被置于人文精神沦丧的氛围，他便难以成为自己的主人。即使躲在人文主义的最后堡垒——大学里，也难免变得粗鄙、猥琐。全社会的语言乏味、面目可憎，令人不堪。丧失理想之后的玩世不恭、风花雪月，叫人心寒。当然，最不正派的是嘲笑理想本身。自己不能找回人格的完美，还阻拦别人的努力，就像在低照度下生活已久的人，反而说光是多余的。大约是中国缺少"牛津运动"这样的理想主义的道德拯救，就常常让小人与君子混淆，痞子比绅士神气。这恰恰就是我们需要知道一点纽曼的原因。

（原载《探索与争鸣》，1994 年第 5 期）

《历史哲学》仍然可读

1936 年，商务印书馆出版了王造时、谢诒征从英文翻译的黑格尔《历史哲学》，这是第一个中文全译本。同年，商务还出了朱谦之的《黑格尔的〈历史哲学〉》。此前，上海的神州国光社先有一本王灵皋翻译的《〈历史哲学〉纲要》（1932），是选译本。黑格尔的《历史哲学》在 20 世纪 30 年代炙手可热，赛过今天的福柯、哈贝马斯。

黑格尔早已被判为"一条老狗"，在"后现代"的话语甚嚣尘上的时代，要不要再读黑格尔更是成了问题。在这个时候，上海书店出版社重版了 1956 年三联书店版的王造时先生译《历史哲学》[1]，印数五千本，2001 年又改装封面，列入豪华版的"世纪文库"，再印三千本，看似逆势而动，不识时务。然而，我们却是由衷地为出版家的胆识叫好。

我们这一代，都佩服过黑格尔。不少人有死啃《小逻辑》的经历。在 20 世纪 80 年代中国思想界恢复活跃，新说却还未曾大量涌入的时候，大家都还会寻着马克思，自然而然地上溯到康德、黑格尔。当年读书时，复旦历史系资料室里，三联版的《历史哲学》一书难求，和汤因比的《历史研究》并称两大热门。当时在

---

1 《历史哲学》，（德）黑格尔著，王造时译，上海书店出版社，1999 年。

校抢读《历史哲学》的原因，还不仅是黑格尔，更因为译者王造时是著名的"七君子"之一，是本系已经去世的名教授。

"姜还是老的辣"，黑格尔有自说自话的地方，但他的雄辩、精辟和洞察力是后世很多思想家难以企及的。"后现代"话语连篇累牍，啰唆了一大气，有时真不及老黑格尔一句话。如他说："东方人知道只有'一个'是自由的；希腊和罗马世界知道'有些'是自由的；日耳曼世界知道'全体'是自由的。"[1] 他更说中国是："皇帝对于人民说话，始终带有尊严和慈父般的仁爱和温柔，可是人民却把自己看作是最卑贱的，自信生下来是专给皇帝拉车的。"[2] 这种说法，拿来看世界历史，很多还是管用。另外，老一辈的译者谨慎仔细，王造时先生在二三十年内磨出来的老译本，也不是近来的"狂译运动"中人能够轻易取代的。

《历史哲学》集18、19世纪欧洲启蒙思想大成，隐含了"进步主义""欧洲中心主义"，乃至"日耳曼精神永恒论"的历史观。他认为，"世界精神"如同太阳运行一样，从东方开始，到西方结束。"理性"在日耳曼世界最终实现了它的自由。这种理论过于自信，容易滑向纳粹般的独断和暴虐。如今的哲学家清算起来，觉得抱有"绝对精神"的黑格尔难辞其咎。但是研究历史和研究哲学，在方法上可以不同。历史学家不会轻易让黑格尔为希特勒负责。因为黑格尔的"历史哲学"并不是一个狭隘的德国民族主义的理论，相反，它是一种世界主义，他呼吁"理性"在全球的胜利。黑格尔也不是一个威权主义者，他的"世界精神"中充满了对"自由"的渴望。这些合理内核是不能随便抛弃的，借用前人

---

1 《历史哲学》，第111页。
2 同上书，第143页。

的话：不能泼脏水的时候把孩子也倒掉。

黑格尔其实很懂得活生生的历史。现在大家都不喜欢他吓人的"理性"框架，但是把他的"绝对精神"框框去掉，他的历史感仍然很好。他不是汉学家，但是谈论中国的时候，黑格尔是关心中国真实的。就在他写作《历史哲学》的时期，1793年英国马戛尔尼使团访问了中国。回国后，副使斯当东写了游记，画师威廉·亚历山大画了图画，在欧洲传媒上描述了一个阴霾四起的乾隆末年。他们描画出了真实的中国18世纪，有许多官员们在运河上、城门口任意鞭笞百姓的暴政画面。黑格尔感到这和过去耶稣会士传达的"康乾盛世""礼仪之邦"的形象很不相同，便马上在书中对伏尔泰以来的欧洲"中国观"做出修正。正是他停止了欧洲人对中国淳风美俗的赞美。我们可以说黑格尔用"绝对精神"对中国文化宣判的死刑是不公正的，但如果去掉他的理论框架，说他指出了中国自乾隆以来遭遇到的近代社会困境，应该说是相当确凿的。比较当下一些没有历史感的浮华辞藻，黑格尔是懂得历史真谛的。研究中西思想交流的时候发现：黑格尔雄辩而严密的"中国观"，开创了一个时代，影响后人，至今不止。

中国20世纪学术界，形形色色西方理论中数黑格尔哲学影响最大。20世纪70年代时，上海工厂里的班组长也会在班前会上用上"反思"这个词。黑格尔著作的大量翻译和研究，更可以证明这一点。前辈学者喜欢黑格尔是有原因的。许多思想家只顾讲自己的思想，唯有在黑格尔著作中，你可以看得到几百年间全欧洲的近代理性主义实践。他用德国哲学方式，靠一个最高理念，总结了英国、法国和其他欧洲国家的经验。《历史哲学》是哲学家写的"大历史"，他并不是要建立一套信史，他只是借历史推销他的

“理性”。这种“空疏”，现代史学家不必追究。

黑格尔确实是拿了欧洲的经验来规范别的民族。例如他拿基督教来衡量中国，说中国没有宗教，中国人不懂得自由。这种观点今天的历史学已经做出修正，人类学研究表明原始部落的信仰中，也都包含了不同形态的理性。今天大部分人已经同意，历史并不是必须遵守一个模式发展的，欧洲的经验可以参照，却不应模仿。黑格尔的史观当然是必须克服的，但是他从欧洲经验中提炼出来的理性和自由，却是我们不能抛弃的。如果我们不读黑格尔，不理解本意，连批评他的资格都没有，更遑论超越。所以即使在最后的意义上，黑格尔的《历史哲学》仍然值得一读。

最后，还是想到了译者王造时教授。因为译本中没有任何王先生的信息，爰就方便所及，抄录些许，以飨读者。王造时（1903—1971），江西安福人，与罗隆基同乡。1917年考取清华，参加组织了清华的“五四运动”。1925年去美国威斯康星大学留学，1929年获政治学博士学位，后在英国伦敦政治经济学院任研究员。1930年回国，任上海光华大学文学院长兼政治学系主任，开始发表抗战言论。1936年11月，因参与组织上海文化界救国会的活动，与沈钧儒、章乃器、邹韬奋、李公朴、沙千里、史良一起被捕，史称“七君子事件”。1946年在上海创办自由出版社。1951年起，任复旦大学历史系教授、华东军政委员会委员、上海市政协委员、人大代表等。1957年被划为右派。

1932年，王造时因主编《主张与批评》《自由言论》等杂志，被指为“言论荒谬”而停止教职。可能很早就动手翻译，但《历史哲学》的定稿应该是在这一失业时期完成的。当时他除了以留学博士的名头挂牌当律师外，真正能够赚钱谋生的是翻译名著。

这几年里，他还翻译了莫瓦特（R. B. Mowat）的《现代欧洲外交史》（1934）、《近代欧洲外交史》（1935），莱丹（John Holladay Latane）的《美国外交政策史》（1936），拉斯基（Harlod J. Laski）的《国家的理论与实际》（1937）、《在危机中的民主政治》（1940）等，都是商务印书馆出版的。我们知道，从严复以来，为商务印书馆翻译西方名著是能赚钱的。

"五四"一辈的王造时，一生持政治自由立场，从事西方政治学研究。中国若有自由主义者，他应是老前辈。20 世纪 50 年代取消政治学、社会学，他和另一位著名社会学家陈仁炳一起落户历史系。不知是否当初就是因为了翻译黑格尔《历史哲学》，戴上了这顶"历史"帽子，才被归到历史系的。可惜 1971 年被迫害逝世，我们都无缘受教。

又记：1949 年后，"七君子"中多有腾达，王造时则境遇颇不洽，一人留在上海。王先生虽顶数项头衔，但因曾反对订立《苏日中立条约》，有反斯大林之嫌，不得重用。本文发表后，见 2001 年第 6 期《世纪》杂志冯英子《我与王造时先生的交往》，知其家庭情况。家室之内，夫人郑毓秀；两个儿子：均陶和经枢；两个女儿：海若和海容。均陶、经枢和海若先后患精神分裂症去世，海容在"文革"中受迫害死去，详细情况可参该文。

（原载《文汇读书周报》，2001 年 11 月 3 日）

哲人的误视：罗素的"中国之问题"

　　哲学家客串政论家，在人类心智越来越细致的 20 世纪里，不免要失足。罗素的《中国之问题》[1]，可作一例。

　　专业之外，罗素是一直用常识来判断社会问题，伸张正义的。对待"中国之问题"一样，他不是一个专业的历史学家和文化史家，他擅长的逻辑哲学离实际生活，或者中国文化太远，无法应用。固然，常识加上良心和理想，使他在西方文明中，发觉了很多的不健全。但是，当他把西方文明反叛者的情绪移情到中国时，他便在无形中受此控制而将自己的常识范围局限着，误视了"中国之问题"。

　　罗素扔下了剑桥大学的哲学工作，到中国来访问，目的与其说是传播他的学派，不如说是他自己想了解东方，一个能对西方百多年来的工业文明有所补救的东方。和前后来华的世界一流学者，像爱因斯坦、杜威、泰戈尔、萧伯纳等一样，罗素也是把中国视为在东方抵御工业文明弊病侵染的最后堡垒。他们都从上海上岸，都讨厌租界，转而同情中国文化。事实上，罗素此书最初的书名，是把西方文化妖魔化为《白祸》(*The White Peril*)。罗素在寻找"中西文化之异同"（第 11 章），但比较的结果常常是：

---

1 《中国之问题》，（英）罗素著，赵文锐译，中华书局，1924 年。

"予之足以教彼者日少，彼之足以教予者日多。"他批评西方文明，赞美中国文化，都不吝辞藻。

比如，罗素以为中国人比欧洲人更宽容（他对"宗教更宽容"有很著名的评论）；虽然比较贫困，但中国人更快乐（他对工业文明的人性攻击早有抨击）；还有，中国人"爱面子"，比欧洲人更懂得尊严（此前，中国人的"死要面子"，一直为西方人讪笑）……有一次，罗素和朋友、学生游山，路径崎岖，苦力同行。歇息中，苦力们吸烟谈笑，其愉快和山色的美好浑然一体，令罗素触到人生真谛。显然，这种感受是真实而诚挚的，但这只能出自一个西方知识分子的自我反省意识；一个在东方休假的观光客的旅行心态。北大文学院的朋友们，怕是不会让他真正感受到院内的中庸礼让外表下掩饰着内底的钩心斗角。那时代的中国，"斗争哲学"固然还不及西方和日后发达，但军阀、政客、绅商，谁不为抢夺从满人手里滑出的权力而兵戎相见、恶语相加。这一切，罗素都不会注意，或视而不见，因为他的兴趣是采撷一切奇葩异草，编织花环，向西方人炫耀，中国人面临的社会文化困境，他很少思考。

一个外国人，哪怕是智力在最高一级的哲学家，单凭着在华一年多的讲学经历，利用一些汉学研究成果，加上他的同情心、正义感，想要触摸到中国文化的底蕴是远远不够的。不像西方近代文化泛在表面，中国文化许多领域被精心地掩饰着，曲折地表达着它的固有内涵。让一个没有丝毫文化亲缘关系的外国学者理解近代中国的复杂环境，的确是困难的。中国人把罗素看作样样都懂的哲学家，西方人也想借用罗素的眼和嘴，每每发现一些"中国之问题"，但罗素的答案只能如此。他自己是保持着距离来欣赏中国文化的，这一代西方文明的反叛先驱，都宁愿把东方看作淡褐色的中国山水画。文化，正像迎面走来的风姿绰约而实有缺陷的美女，只可远观，不可近视。从西方到东方，或从东方到西方，逐渐接触到越来越实在的东西，最初的美感便在消失。这对罗素这样到东方来猎奇，寻找新鲜感受的人，无疑是残酷的。

好在接受了初期的赞美，中间的思索，其后大病不死，在刚刚要真正进入中国文化内部时，他回国了。他也无可奈何地发现，因为中国必须要接受西方式的工业化，所以中国文化的现有魅力必然是回光返照。这便使得《中国之问题》，在赞美中国文化整体的纯良和淡雅之中，夹杂着些许当时中国的贫困、混乱、愚昧和专制。

惜别时，北京一作家要罗素明指中国人的弱点。罗素于心不忍，"不得已，告以三种：曰贪财，曰胆怯，曰寡情"。这"不得已"心态中传达了哲学家最后的难言之隐，他怕失去对中国人和中国文化的同情。其实，对一个专业研究中国文化、社会和政治的学者来说，这种"善良与贪欲""宽容与胆怯""快乐与寡情"的矛盾现象，正是进一步研究"中国之问题"的契机，说明单从表面观感、一般常识来解释"中国之问题"有欠通顺，要真正理解中国人并不简单。但这样要求罗素又是苛刻的，因为剑桥的哲学讲座才是他的真正职业。他在哲学以外的书，不过和大家一样，也是情绪、意愿和一般见解的表达而已。然而，当时和今天的许多人，视西方哲学家为"万能思维机器"，出言吐语便是金科玉律，每每喜欢摘引助辩；倒是忘了一个常识：每个人在自己熟悉的专业之外，很少有不讲糊涂话的。

（原载《青年报》（上海），1991 年 8 月 2 日，原署名"信之"）

走出中国的"中世纪"

朱维铮先生的《走出中世纪》(增订本)[1]二十年后再版,又一次获得读者的赞誉,可见有价值的思想和学术,原来是可以历久弥新的。回想起来,《走出中世纪》初次出版的情景还历历在目。1986年,该书以深入凝重的笔调,触动刚从"文革"过渡出来的人心,在"思想解放"的学术界引起热议。一位经历运动,变得激进的老先生说:中国人自己是走不出"中世纪"的,只能被西方的"坚船利炮""轰出中世纪"。稍后,另一位中年先生则相反,拿了一把西方"经典"尺子,丈量一番后,说中国古代根本不曾有过"中世纪"。说不要"西方中心",自己拿的尺子却还是来自西方。20世纪80年代的思想学术界,光谱很宽,色彩很丰富,对于《走出中世纪》的议论,是一个例子。

对于有着"文革"共同记忆的好几代中国人来说,十年噩梦,一朝醒来,惊怵之后,"中世纪"确实是一个容易唤醒的概念。经历过那一时期的好几代中国人,在"文革"和欧洲的"中世纪"之间找到某种关联,是再自然不过的事情。但是,《走出中世纪》在二十年前就不是一本可以拿来当作时髦谈资的"伤痕"类书,它非常耐读,是专业书,主要的读者还是综合性大学文史哲专业

---

1 《走出中世纪》(增订本),朱维铮著,复旦大学出版社,2007年。

的学生们。有一位大学毕业后在上海市政府要务部门工作的同班同学，至今还在读《走出中世纪》，说咀嚼回味，如在课堂，还说玩味这本书，就像在办公室里吸上一口好烟，喝着一杯浓茶。复旦大学的学生都知道，朱维铮先生是校园内最为恪守中国优秀学术传统的教授之一，无征不信，无稽不谈。通观全书可以发现，《走出中世纪》提炼了20世纪30年代以来明清史研究，浓缩了中国近代从晚明到晚清的波澜壮阔之进程。

《走出中世纪》确实不是一本容易读的书，其中的观念和史实，编织得非常细密，需要相当程度的思想兴趣和学术训练才能慢慢进入语境。当然，一般读者也能凭着人生的阅历，从本书饱含热情的文字中悟到些什么，但要领悟到更深的意义，却还是要熟悉近四百年来的明清学术史。书中《匪夷所思》一篇，是周围很多朋友都喜欢咀嚼的，每一条的文字都约到最简，其中包含的学术意蕴，需要自己用功力去发掘。例如，第一条"徐光启"说："他（徐光启）向利玛窦问了西方政教，便想赴欧洲亲自考察一番。没有成行，那不是他的过错。假如他真的去了，又回来了，中世纪晚期的思想史，会不会是另一种模样呢？"在"文革"后的学术界，这是个很突兀的问题。要知道，1983年国内学术界纪念徐光启逝世三百五十周年的时候，很多学者还在回避他与意大利耶稣会士利玛窦的交往，掩盖他的天主教徒的身份，连徐光启从上海到过澳门，见过西洋人的事实都加以否认，生怕一位中国的爱国者，和西方天主教会扯上后就有损形象。

整个20世纪80年代，朱维铮先生和复旦、中国社科院和北大等一批志同道合的中年学者合作，开创和恢复了20世纪30年代十分兴盛的"中国文化史"研究，"中国文化史丛书"、《中国文化研究集刊》，开创了这个领域的各项教学和研究。从"文化史"角度，突破"政治史""思想史""经济史"等传统学科中意识形态的限制，马上有清新可喜的气象，受到国内外学术界的瞩目，纷纷响应，一时涌起"文化热"。我们这一批"文革"后的研究生，正是在这一转折时期加入思想史研究的。在浓烈的学术氛围中，复旦大学历史系中国思想文化史研究室的研究生都找到了自己的方向，探索着重写思想史的新路径。我本人选择用"中西文化交流"和"基督教史"来侧攻"明清思想研究"，就是受了朱老师课程的引导和日后的帮助。

朱老师写作，如同他的授课一样，是无私的。国内很多学者都有这样一个自私的保守做法：论文发表之前，坚决不把自己独占的材料、思路、观点和结论泄露给同行，以免被抄袭，在学界失去第一。这种做法，确实是"小家子气"，但在今天中国的学术界仍然情有可原，看看现在乱成一气的"学术规范"，为求"第一"的"保守"态度，还算是把学术当真的"学究气"。但是，如此"保守"，不可能杜绝抄袭，反而因为不能沟通、交流和讨论，不利于形成良好的学术氛围。读着《走出中世纪》，就像回到当年课堂，想起了那时的学术氛围。朱老师总是把最新的观点、思路，连同那些资料，一起带到课堂，让学生思考，给学生题目，乃至思路和材料。很多学生，甚至包括外地、外国的学生，都在《走出中世纪》中找到了论文题目和思路，写出了很好的论文。

讲授就是写作，用写作的精神来讲授。这种精神，注重探讨，不计功利，古人称之为"述而不作"。如今，这种古人精神被计算"论文数"，强调刊物"权威""核心"级别的学界所抛弃，却还在《走出中世纪》这样的"札记"类著作中保留着。《走出中世纪》

瑰集的多是真知灼见的"笔记""断想"和"考证"，没有一篇是高头讲章式的"论文"。出版后，在一次"谈学"中，我问过朱老师，"在今天动辄以大部头空头著作唬人的年代里，(《走出中世纪》的札记体形式)显然有一个重要的学风问题"[1]，您如何看待？朱老师戏称这样的高头讲章，就像是个虚假的"大头娃娃"，不过就是晃来晃去而已。

最近的二十年里，学术界的"论文"产量大幅度提高，学术行政单位所属各级学术刊物的学誉却渐渐破产。因循、重复、抄袭、捉刀、代笔、卖版面、吃作者、榨基地，各种各样的丑闻层出不穷，究不胜究。相反，倒是出版社、报社和一些公众型的刊物为了兼顾读者面和发行量的考虑，刊发着一些具有真知灼见的作品。像朱老师这样的前辈学者，完全置身于当代"名利场"之外，仍然不加入这场无规则的游戏，还是一如既往地"述而不作"，写着自己的"札记"，在几家遂合心意的刊物上发表。朱老师的《走出中世纪》，和他以后的一系列作品，都是这样写作的。如此高境界的"述而不作"，鼓励了很多有志于学术的后辈，在这个喧嚣的时代不那么浮躁，先吸吮精髓，后发表真知。

转眼之间，《走出中世纪》出版已经二十年了，离着中国历史上一个特殊年代的结束，也已经三十年了。这二三十年里，好几代的学者努力"走向未来"（"走向未来丛书"语），"走出文化封闭圈"（张隆溪语）。现在的中国学术界，已经"换了人间"，不可同日而语。中国社会既发生了相当程度的变化，也产生了很多新问题，这些都不言而喻。但是，变化的方向是否真的如当初学者

---

1 《音调未定的传统》，朱维铮著，浙江大学出版社，2012年。

们的设想，当今中国的现状是否真的已经不再"封闭"，是否真的完全不需要再对"中世纪"怀抱忧虑，这些都是大可怀疑的。

中西悬隔，时空跨越。一种历史，比如说"中世纪"，不可能在不同文化传统的社会中重复开展。换句话说：欧洲的"中世纪"和中国的"中世纪"天然不同，拿欧洲标准量世界，保持"西方中心论"，当然都是肤浅的。但是，以中国历史学问为根基的学者讲"中世纪"，天然是以中国为中心的，不必由"反西方中心论"者来提醒。朱老师的学问，是从中国历史的深处出来的，他在《走出中世纪》中讨论的，当然是中国的"中世纪"，不是欧洲标准的"中世纪"。其实，只要真正摸到历史的脉络，讨论实实在在的具体问题，欧洲历史的概念，如"中世纪"，完全可以成为中国思想界的借鉴，而"标准""定义"都退居次要。正因为如此，在《走出中世纪》这样的著作中，我们可以从晚明到晚清的近代历程中，看到很多人性和社会的大问题。

（原载《南方周末》，2007 年 8 月 16 日）

E 时代的考据之魅

"黄一农出书了！"海峡两岸研究明清中西文化交流历史的学者，说起一农先生的新著《两头蛇：明末清初的第一代天主教徒》[1]都很兴奋，一直关注一农先生学问的朋友们，都视此为可喜可贺的好消息。2006 年上半年，一农先生就寄赠了刚在台湾出版的《两头蛇》，当时爱不释手；下半年，《两头蛇》的大陆版在上海古籍出版社出版，主事者秦志华、童力军两先生，索书评于我，要把这本兴味盎然的新书介绍更多读者。此事萦绕于胸，早应作文，只因出国访学而耽搁了。回沪后，又蒙《书城》杂志彭伦先生邀稿，指明就要介绍《两头蛇》。爱书人心有同好，为好书叫好，非情有所托，乃义不容辞。

一农先生出身"清华"理科，获美国哥伦比亚大学天文物理学博士后，回到台湾，在"清华大学"历史研究所转行做科技史，进而中西文化交流史，进而明清天主教史。积二十年之功力，辟诸多研究领域，做无数考实证明，串珠联玉，终于推出了他的第一本专著。《两头蛇》书名奇特，翻检之后才知道，一农先生用"两头蛇"形容"明末清初第一代天主教徒"，是因了明末名将、苏州嘉定天主教徒孙元化的诗句："吾闻两头蛇，其怪不可弭……

---

1 《两头蛇：明末清初的第一代天主教徒》，黄一农著，上海古籍出版社，2006 年。

蛇也两而一，相牵无穷已。"一农先生用"两头蛇"来比喻徐光启、孙元化、韩霖、王徵这"第一代天主教徒"，形容他们游离于中西方文化传统之间，他们的人生真的"怪不可训"，而给后人提出的问题也确实是"相牵无穷"，发人深思。

20世纪30年代竭力主张考据的胡适，曾有一句名言：学者考证出一个古字古音，就等于天文学家发现一颗恒星。这句话用在一农身上非常合适，且多了一层意思。一农先生的学术训练，是用电子望远镜在宇宙中发现天文新星。他作为"无线电天文学家"，在国际刊物上写了很多天文学方面的论文。出乎意料的是，刚入中年，他忽然调转头来，一头扎进同样浩瀚的中外文献中，在明清中西方的文化交往中，查证每一件令他觉得可疑的人事。这种以"发现"为己任的秉性，是从严格的天文科学训练中得到的素养。一农先生的研究，不同于多数文科论文那样，只是发发议论，生些感叹而已。黄一农的考证常常疑人所不疑，发人所未发。既出人意表，又合乎情理，且事关重大。人们常说，理科学者转做文科研究，往往能够获得非常独到的成果。从"天学"到"人学"，理科学者把"发现"的秉性带到文科来，实在是对文科学风的一种推动和促进。忽然记起来，一农和胡适都是哥伦比亚大学的博士，哥大是美国实用主义哲学的大本营，莫非两人的"考据"癖好，也是哥大的学风使然？

黄一农先生的考据，最为人称道的是瞿汝夔的信仰和瞿氏"家变"的关系问题。瞿汝夔，即《利玛窦中国札记》中提到的瞿太素。1589年，瞿太素在广东韶州结识利玛窦，是最早与耶稣会士交往的江南士大夫之一。瞿汝夔（太素）的重要性在于他成功地说服了利玛窦，让耶稣会把一阵子的"佞佛"政策，转为"补儒"方略。后来，耶稣会通过这个家族，传播了天主教和其他西方知识。瞿氏是苏州常熟的豪门，汝夔的父亲瞿景淳官至礼部尚书。汝夔的侄子瞿式耜则是钱谦益的得意门生，先是参与东林党争，后来追随南明永历朝，在广西桂林任兵部尚书，忠勇捐躯。常熟瞿氏，自瞿汝夔和其子瞿式榖入教后，家族中不断有人把天主教引入江南。我在研究中，曾试图用《瞿式耜集》诗文内的"理证"，间接地证明瞿式耜有天主教信仰。现据一农先生考实，式耜确实入教，后因故离去。瞿氏家族直到 19 世纪还在赞助教会，记得是《江南传教史》记载，1847 年耶稣会决定在上海徐家汇建设一个住院中心，购地所需的钱款就得自常熟瞿家。常熟瞿家的助教之功，可与上海徐光启、仁和李之藻、余杭杨廷筠这"三柱石"家族并称。明清以来，江南文教大族曾经热烈地支持天主教会，这是中国天主教历史上的重要一叶。把它摸清楚，能够改变一般学者轻视明末清初"西学"的传统看法，这样的考据并非个人癖好，或者文章小道，而是关系重大的扎实学问。

有意义的人事考证，最大的好处是能够还"宏大叙事"以细节真实。只有最真实的细节，才能勾勒出最可信的历史。历史当然包含了某种意识形态，但并非就是后世学者设计好的那个理论框架。我们在揣测明末儒家士大夫皈依天主教的心理动因的时候，常常会套用一些现在流行的理论框架。比如，一般说徐光启入教，是因为他对儒学的失望，对西学的向往，采用的是所谓"文化交流"模式。其实，考核文献中的徐光启，他入教前的人生苦闷，是因为他在科举中屡试不第，家族内子嗣乏丁，非常具体，初不涉及儒学。当利玛窦用欧洲的人生哲学解答了他的困惑后，入教便是顺理成章的事情。这些事实，或许还是可以用"文化交流"

的模式来解释，但是有了真实细节的理论模式，就不能像一些外行学者那样任意夸大，无限推论。徐光启从天主教神学中得到安慰，但他还是儒家的信徒，并没有背叛儒家。"儒家天主教徒"，才是他们这一代人的真实名称。

关于瞿汝夔的入教动因，黄一农用了细密的考据，证出了一个非常隐秘的细节。问题首先从瞿汝夔为何流落到岭南的广东韶州开始，一农先生揭露出瞿汝夔是因为在族内惹出了"家变"，为避丑闻，不得已出走南方。从《瞿汝夔行实发微》《瞿冏卿集》《瞿式耜集》《初学集》《常熟县志》《常昭合志》等文集、方志、笔记中，考实出瞿汝稷、汝夔、汝益、汝说为四兄弟，二弟瞿汝夔在大哥瞿汝稷为父亲守丧期间，与大嫂徐氏通奸。为此，瞿汝稷誓欲休妻，和同为常熟望族，曾任工部尚书的岳丈徐栻家大打官事，而瞿汝夔不得不离家出走。这段"家变"史实，后来被瞿氏的家人和友人们刻意隐去。汝夔一度被逐出族谱，竟至在一般文献中瞿家只有三兄弟，不见汝夔的名字。

有了这一段瞿氏"家变"的细节，我们明白了瞿汝夔为何流落到岭南。原来他是在惹出了丑闻后，不容于家族，带着破碎的心情，逃遁于道家的内外丹功夫，才去问师于利玛窦的。16世纪时候，很多耶稣会士正在欧洲研究"炼金术"，变易物质，接通神明，很像中国的"炼丹术"。利玛窦并没有用本会离奇的西方"丹术"来蛊惑瞿汝夔，而是向他传授了一套欧洲的人生哲学，宽解了瞿汝夔的罪孽感，使得他对天主教的"正学"有所亲近。这些零零散散的事实，其实很多都记录在《利玛窦中国札记》中，如利玛窦描写的瞿汝夔，确实像是一个罪恶深重的人。他沉溺于"丹术"，"父亲死后，越变越坏，交结败类，沾染种种恶习"。几乎暗示了他的"家变"丑闻。由于没有"家变"的细节披露，书中很多孤零零的事实得不到串联，因而也不能深刻理解瞿汝夔的入教动因。利玛窦把瞿汝夔这样的"罪人"当作"人"，不加歧视，反施宽恕，还热情交结，这或许就是瞿汝夔亲近天主教会，并最终入教的原因。

黄一农用考证揭示了一种入教原因：天主教的"忏悔"和"宽恕"，给了瞿汝夔这样的"罪人"以自新的机会，反而使他更加接近教会。给忏悔者以"恩典"，免去现世的罪罚，这是一种和儒家一味向善不同路径的进修教理，它吸引了瞿汝夔这类浪荡子入教。在西方皈依历史上有很多"浪子回头"的"金不换"信徒，像奥古斯丁、阿西西的方济各（Francesco d'Assisi）都曾是富家浪子，他们少年时都积有恶习，后来改邪归正，都成为"圣人"。在中国天主教历史上，瞿汝夔是浪子入教，和徐光启等人以官宦之身入教完全不同，他的浪子身份，在明末清初众多著名中国信徒中是唯一被揭示的。

像瞿汝夔"家变"这样的考证，《两头蛇》书中还有许多。"面对天、儒矛盾时如何自处？"按照本书的主题设计，一农先生关心那些皈依天主教之后，行为与天主教会规定不相符合的人事。比如，天主教教义规定，身体发肤，受之天主，人不能自残，更不能自戮。罗马天主教会解释"十诫"中"不得杀人"一条，也包括禁止杀害自己。但是，经过考据发现，明末的儒家天主教徒，并没有完全守住天主教的教义。当明朝危亡的时候，许多儒家天主教徒，如徐光启、李之藻等人，要求耶稣会士陆若汉、汤若望（Jean-Adam shall von Bell）等制造火炮，参与战争，制造流血，令传教士们非常痛苦。抗清失败后，不少官绅不免受了儒家"不成功，便成仁"，"杀身以成仁"的教义迫使，最后自杀，以示对前朝的政治忠诚。在中国的耶稣会士，为了传教事业，不得不支持明朝，把抗清军事活动看作十字军般的"正义"战争，允许会士和教徒参与作战。但是，他们竭力反对抗清失败后的自杀行为。抗战中，孙元化试图自杀，徐光启的外甥陈于阶自杀成仁，陕西的王徵也是在明亡后绝食而死。自崇祯皇帝自缢之后，宫中许多信教宫女纷纷自杀。史书记载，改朝换代之际，汤若望在北京东奔西走，阻止了很多天主教徒的自杀行为。神父们对儒家天主教徒身上的气节感到吃惊，却无法严格执行天主教的戒律。

诚如余英时评价《两头蛇》所说：本书"既有整体观察，又有严密考证"，是近年来在明清史研究中以考据见长的重要著作。学者间说起"考据功夫"，有的觉得神秘，有的表示不屑。其实，考据不过就是指对于文献的熟悉程度和驾驭能力，是文科学者的一种基本功。研究者对于研究对象的基本构成必须要有透彻的了解，不了解基本事实，便不能比较差异，也不会发现新知，更不能解释其他各类的相关现象，这是不言而喻的。理科的学风，对此的要求比较明确。例如天文学：如果不仔细比较不同版本的太阳系星图，天文学家就不会在 1930 年发现太阳系的"第九大行星"冥王星；如果不精确计算星体的质量，2006 年的天文学家就不能确定冥王星不过是太阳系内一颗较大"矮行星"，决定废除它"老九"的称号。"读星图""算质量"之类，就是天文学家的"考据功夫"，是基本功。可惜的是，当代中国文科学者的学风，在整体上比较忽视这种基本功。每年发表许许多多的论文中，很多抄袭之作。翻检各类报刊，或因循，或耳食，或人云亦云，或放诞夸言的风气非常流行。黄一农从理科的天文学转到文科的历史学，更能比较文科的学风愈下。2004 年 3 月，我们在香港中文大学首次相见，说得多的，就是如今学风之不堪。议论横生，抄袭遍地，基本考据却很少人做。

　　"文革"刚过，数学家苏步青任复旦大学的校长，他有一句极端鄙薄文科的话："文科就是抄报纸。"我的导师虽不同意，却也乐意引来针砭周围学风，严格要求我们。其实，中国文科的学风，并非天然就"空疏"。作为国内大学训练，也在国内大学工作，并且愿意坚守实证研究的文科学者，应该为中国的学术传统辩护。我们说，中国的人文学科有很好的实证传统，古代就有能够立于国际学术之林的"考据学"，中国各大学里的现代文科，也曾经具有足可以和理科相提并论的学术规范。从两汉"经学"开始，发展到清代的"乾嘉学派"，"汉学"学者非常重视文献考证，有很强的文本驾驭能力。历史学领域坚持实证学风的学者们一直认为，像陈寅恪这样的严谨学风，未必是在德国形成的。他以语言、文献为主的考据功夫，和民初还在流传的"汉学"风气有很大关系。"史学二陈"中的另一"陈"，中国宗教史学家陈垣，没有留学经验。他认为自己的学问是直接从"乾嘉学派"习得的。可惜的是，20 世纪初期形成的中国现代学术主张，后来遭遇了很大挫折。多次思想和学术运动中，"考据"功夫数度被当作糟粕而抛弃，"汉学"传统难以为继，以至于现在的学风，弊在空论。

　　我们说"考据功夫"是文科基本功，并不炫耀是"唯一功夫"。考据不能解决最终的问题，但是问题的解决却要从考据开始。无论是从文字、语言、概念、定义开始的义理考据，还是从时间、空间、人物、事件入手的历史考据，对于基本文献的文本研究，是每个学者首先要做的事情。这方面，黄一农的《两头蛇》

所做的历史考据，给我们作了一个很好的示范。黄一农的考据，非常细密。过去的"乾嘉学者"，有"孤证不信"的互相告诫，一般都要找到二个以上的证据，才能把一个结论确定下来。一农考证瞿汝夔的"家变"，不止是"复证""多证"，简直有点竭泽而渔的味道，几乎是把所有可能的线索都穷尽了，把能够堵塞的漏洞都堵上了。这样的考证，需要使用大量的文献，余英时先生评价《两头蛇》"引用资料之丰富，更令人望洋兴叹"。熟悉明清文献的朱维铮先生，也对《两头蛇》征引文献之浩博倍加赞赏。

用以往学者的阅读条件来衡量，本书博览之书籍，坐拥之文献，是难以收罗的。清代学者钱大昕，为了查看一个心仪的孤本，必须付出给同乡大藏书家兼书商黄丕烈义务校书的代价。民国学者陈垣，为了能够进故宫博物院看资料，也要费力交结官场权贵和遗老遗少。过去的学者，常常会斗一斗谁看到的孤本善本更多。今天的学者就幸运多了，出版事业愈益繁荣，交通条件大大改善，新式图书馆对收藏并不保守，一般学者都可以调用，还有馆际互借制度可以申请。黄一农游学美国、欧洲各大图书馆、档案馆，加上台湾"中央研究院""故宫博物院"、台大、"清华"等单位的古籍收藏，他收藏影印的图书，有很多过去难以一见的珍罕本子。自《四库全书》《续修四库全书》等书影印编辑后，大部分的孤本善本已经公之于众，方便利用。最近十年之内，学者的考据条件又有极大的突破。《四库》有了光盘，经典书籍都数据化，各家的网页上面，挂出来很多原来踏破铁鞋无觅处的孤本善本。最近的"谷歌图书馆计划"，使得哈佛、牛津、斯坦福大学的藏书大库都能轻易登陆，尽情下载。这种突破，标志这一种新的考据研究时期的到来，黄一农称之为"E-考据时代"。

"E-考据时代"，因为有越来越大的数据库，学者已经不需要过去上海商务印书馆、中华书局和哈佛燕京学社耗费大量人力编制的"索引""引得"。很多大部头的著作都已上网，键盘点击之间，就可以精确地找到所需要的数据。随之在查到的一条条文献中，细细地考证到让自己满意的各种结论。传统书籍的数据化、现代技术的学术化，还在深入发展。"谷歌图书馆计划"，百度搜索功能，都在进一步发展。"E-考据时代"的迅速到来，让许多学者措手不及。理科出身的黄一农，对于技术的发展很能跟进，他了无障碍地运用着数据技术，津津有味地做着他的考据。据他自己交代，《两头蛇》和其他作品的完成，得益于台湾汉学研究中心编制的《明人文集联合目录及篇目索引资料库》。用关键词在资料库中搜索，许多容易被忽视的资料都一一呈现，研究效率大大提高。

E 时代的考据，已经进入一个更加广阔的空间，预示着某些陈旧手段必然会被淘汰。将来的学者，不需要再一抽屉一抽屉地做卡片了；一般的书籍，都可以在网上查阅了；需要某些书页，用网络都可以传递，孤本、善本的收藏只有古玩的意义了。但是这一切都不能改变考据的传统性质。电脑的进步不能代替人脑的进化，考据手段的改善，不能取代对考据方法的掌握。考据还是考据，还必须由学者本人来完成。学者必须要有自己的学术能力，去判断，去考订收集到的各类信息。论到这个方面，人文学者永远是"个体户"，而且还只能是个从双手收集到大脑思考的"手—脑工业劳动者"。

黄一农是令人钦佩的同行学者，海峡睽隔，未能更早地相互交流文献资料和研究心得。直到 1998 年，一农在台湾购得刚出版的拙著《中国礼仪之争》[1]，马上驰书寄来了他的精彩论文。原来"中国礼仪之争"是他正在从事的课题，遗憾没能更早相识，却有幸在同一领域向一农先生请益。就在获赠《两头蛇》不久，香港中文大学的友人李凌瀚博士在第一时间告知，黄一农顺利当选为"中央研究院"院士。从"天文学"成功地转到"人文学"，在跨学科的意义来说，这已经是"究天人之际"。中国学者都把"究天人之际，通古今之变，成一家之言"奉为学者的最高境界。在这里，司马迁的箴言，可以再一次拿出来和所有学者共勉。

（原载《书城》，2007 年第 4 期）

---

1 《中国礼仪之争》，李天纲著，上海古籍出版社，1998 年。

景风东扇

景风东扇第一叶

　　中国思想承认的宗教素来只为"三教"，儒、道、佛有时并存，有时相争。然而，基督教绵延千余年，在士大夫知识分子中一直未予应有的关注。历代儒家在发展自己思想的同时，排斥过许多有价值的学说，基督教神学是其一，这是中西思想文化史上的遗憾。

　　"景风东扇"，现在全世界都公认，唐代景教就是最早传入中国的基督教。但是清代大多数学者都不承认。明朝天启三年（1623），在西安附近出土了《大秦景教流行中国碑》。天启五年，当地教徒张庚虞将碑文拓片寄至江南，经耶稣会士阳玛诺（Emmanuel Diaz）与被称为中国天主教"三柱石"的徐光启、李之藻、杨廷筠考释，判定景教即为基督教聂斯脱利教派（Nestoria）。《景教碑》的额端有明显的十字架，单单凭这符号就可以断为是基督教的遗物。然而，纪昀在总纂《四库全书总目提要》时，还是不肯承认这是基督教，他把基督教与波斯祆教混为一谈。他说："西洋人即所谓波斯，天主即所谓祆教。"明末清初的大学者因为《景教碑》的发现，对基督教史产生了兴趣。钱谦益《景教考》说："（景教）非果有异于摩尼祆神也。"钱大昕对别人告知的景教和天主教同奉耶稣的说法，表示存疑，"未审然否"。他凭很少的证据，考证耶稣生于"隋开皇之世"（公元 6 世纪末）。其他学者，如杭世骏，更误指景教为回回教（伊斯兰教）。清初的学者都是考据大家，很博学，但他们在涉及基督教的时候，都犯了错误。

本世纪中研究基督教及其神学的不乏其人。卓有成就的史学家陈垣、向达、冯承钧、王重民、方豪都在此领域做了大量基础研究。现在我们对中国古代基督教的状况有所了解，仍然与他们的工作分不开。但是拿现在学者们喜欢说的话：基督教是"边缘文化"，还没有像佛教那样进入"文化核心"，成为中国文化水乳交融的一部分。其实从唐代景教算起，基督教在华已有一千三百多年，和佛教传入中国的历史相差并不太多。

古代基督教被忽视的原因多种多样，其中之一便是景教的汉语文献没有一脉相承地传下来，基督教在华传播几次出现断层。从唐代初年到元代末年，这段长达七百多年的中国基督教历史，给中国文化史留下的可供分析的东西太少，以至我们今天谈论它们时因缺乏资料，而不得不求助于地下文物和外国文献。现在放在我们面前的这本《汉语景教文典诠释》[1]，就是根据明末出土的《景教碑》和清末民初出土的敦煌石室经卷编成的。它收入八种文献，其中包括：《大秦景教流行中国碑》《大秦景教三威蒙度赞》《尊经》《大秦景教宣元本经》《志玄安乐经》《序听迷诗所经》《一神论》《大秦景教大圣通真归法赞》。除了在新疆高昌、北京内阁大库发现的两种叙利亚文的经赞文字未采纳外，整个清末民初考古大发现中的景教文献被本书悉数收入。

从这些经文的题名看，很有佛教气味。事实上当时的景教文献就是与佛教经卷同时翻译的，《景教碑》的作者"释景净"，就

---

1 《汉语景教文典诠释》，翁绍军校勘并注释，生活·读书·新知三联书店，1996 年。

是因为"娴胡语"，"解唐言"，而去帮助翻译佛经。反过来，一些佛教徒也帮助了景教经文的翻译。这表现在这八部经文中，多数篇章都有佛教术语，少数使用了道教术语，迎合唐代朝廷尊崇老子的风气。如《序听迷诗所经》中，记耶稣行迹，大量使用"诸佛""果报""慈恩""善佛善缘""阎罗王"等中国佛教概念。《大秦景教三威蒙度赞》中，"三威"指"圣父""圣子""圣灵"，"蒙度"就是佛教词汇，赞文中还出现"妙有""慈航""世尊""大德""法王""施主""救度"等语。这样形成的经典在文字上异常的庞杂。说的是基督论、一神教，但借用了许多佛、道、儒的概念，给阅读带来困难。当时，钱谦益、钱大昕、纪昀等较少神学知识的学者不能把它从佛教等其他西域宗教中区别开来，情有可原。本丛书的策划者刘小枫、杨熙楠，和本书的注释者翁绍军，选定了文本，对全部经文进行逐字逐句的注解，这是比单单把全部景教文献集于一册更有意义的工作，使基督教神学和教义信息得以从其他宗教的语言中透露出来。透过这层文字，我们看到了景教传播的是非常道地的基督教神学。

佛教进入中国，最重要的活动就是佛教典籍的翻译。和佛教的经书规模相比，景教经籍被淹没，只在近代经考古发掘才找出八种。但是，景教文献自有其思想价值，基督教特有的宗教思想从中透露出来，这本《汉语景教文典诠释》值得一读。

（原载《读书》，1996 年第 2 期）

利玛窦进京四百周年感言

1601年1月，意大利耶稣会传教士利玛窦和他的同事庞迪我（Diego de Pantoja），"梯山航海九万里"，历经艰苦磨难，到达北京。此前，帝都北京是个"不开放城市"，不准外国人居住。这次万历皇帝却赐准利玛窦等在北京传教，还在南门附近划出地皮，供耶稣会士建立教堂。说来委屈，利玛窦留居北京的原因只是皇帝喜欢西洋钟表，可以随时进宫，帮助修理钟表。利玛窦不仅是中国基督教事业的开山，而且还是中国钟表业的鼻祖。直到清末，广州、苏州和上海的本地钟表匠，一直都把利玛窦和财神爷一起供奉。

此后，利玛窦和徐光启、李之藻、杨廷筠等中国士大夫一起，翻译出版了《几何原本》《同文算指》《测量法义》《圜容较义》《浑盖通宪图说》《万国舆图》《乾坤体义》《天主实义》《灵言蠡勺》等西方科学、哲学和神学著作。众所周知，明末学者开始的西方文化翻译运动，对中国近代的科学、哲学和宗教思想产生了巨大的影响。

利玛窦进京，在中国历史上产生了重要的意义。一、外来的天主教获得皇帝承认，从此合法地传教。佛教以后，中国又一次与西方宗教沟通，阻滞的中国文化又一次被外来文化激活。二、高层官绅，好几届首辅、大学士（相当于政府总理）都与利玛窦交往，并鼓励子孙入教。他们为中国教会奠定了一个上层教会的传统，使教会历经风雨还能继续生存。三、利玛窦的学说渊源，和欧洲文艺复兴运动息息相关。他给中国带来了不少具有"现代性"的问题。近代人须臾不可回避的"理性""科学""开放""交往"等主题，都和利玛窦的命题相关。四、不是最重要的，但是最能让国人长脸的，是利玛窦把中国文化介绍给西方同胞，使中国骤然在17、18世纪被称为世界上高度文明的"礼仪之邦"。

士大夫知识分子在北京这个文化中心和利玛窦合作，一场西方文化研究热潮在全国开展起来。许多学者，言必称"天"，称"上帝"，亚里士多德、奥古斯丁、托马斯·阿奎那的名字为很多明代学者知晓，这堪称历史上成功的"文化基督徒"运动。中外学者们都认为，明末的这段时期，是中国和西方文化关系最为和睦的阶段。儒、佛、道和外来天主教温和"对话"，北京的利玛窦，和杭州的莲池大师有书信往返，讨论神学和佛学的差别。有讨论，有辩论，1616年，也曾有过一次较小的"南京教难"，但极端的迫害、暴力的对抗，在知识分子和民众中间并没有基础。诸如18世纪的"中国礼仪之争"，19世纪义和团"教案"，当下那无时无刻的"妖魔化"宣传，中国和西方、北京和罗马之间的不信任，那时都还没有发生。文明之间，只有相互的爱慕和捧场。因此人们戏称之为中西文化关系的"蜜月时期"。

融洽的关系，并非是建立在初期交往的陌生好奇之上，也不是一场隐瞒真实身份、靠了面具才玩得起来的假面舞会。双方的交往有一个共同的基础：他们都相信，人类圆颅方趾，一个来源，最终都能达成"东海西海，心同理同"。在众多的文化和信仰差异之上，建立一个基本的统一性。儒家称之为"大同"，西方称之为

"普世主义"，曾经呼之为"国际主义"，今天又翻新为"全球化"。比如说，泰西利玛窦和上海徐光启都认为：中国人称"勾股"，西方人称"三角"，数学名词、表述方法和推理思维虽然不同，但"三角""勾股"感觉一致，定理相同，并称无妨。

至今为止，很多人还不信这一点。哈佛大学肯尼迪政府学院的亨廷顿教授认为，随着"冷战"的结束，意识形态的冲突已经消亡，21世纪是以不同宗教为核心的"文明冲突"的时代。以基督教为核心的西方文明，和以儒家为核心的东亚文明，以及以伊斯兰教为核心的阿拉伯文明将在全球化的时代展开激烈冲突。亨廷顿的预言，在去年北京与罗马教廷的关系谈判挫折中，以及在最近阿富汗塔利班战士轰击千年大佛事件中，都似乎是言中了。但是，撇开复杂的政治因素不谈，我们在任何时候都不要忘记，文明还有相互交流的一面。四百年过去了，利玛窦在全世界范围内，已经是一个公认的基督教文明和儒家文明成功对话的象征，是一个能够"化干戈为玉帛"的"圣人"。很不明白，梵蒂冈为什么还不把对中国文化和中国基督教有如此重大贡献的利玛窦神父封为"圣人"。多几个"圣利玛窦"那样的人物，世界各国之间，宗教与宗教，文化与文化的对话，或许会好办得多。

近年来中国大陆学者高度评价利玛窦对中西文化交流的杰出贡献。正是意识到文明间对话的重要性，近年来"跨文化"的研究渐渐兴起。利玛窦进京四百周年之际，正是研究这段历史的学者坐下来仔细反省的好时机。今年十月，秋高气爽时节，将有两个重要的国际学术讨论会召开。中国社会科学院世界宗教研究所和美国旧金山大学利玛窦中西文化历史研究所，将共同举办"相遇与对话：明末清初中西文化交流国际学术研讨会"。另一场纪念活动是由香港城市大学与北京大学共同举办的"利玛窦及四百年来之中西文化互动国际学术讨论会"。来自全世界的学者将就此"跨文化"的课题进行研究。特别有意义的是，两场会议都得到了利玛窦墓地所在的北京市行政学院的支持。他们将把历经沧桑，如今修缮一新、保护良好的墓地供来自世界各地的学者参观凭吊。四百年过去了，利玛窦，一个天主教神父，他给中国文化留下的遗产应该得到重视。

（原载《文汇读书周报》，2001 年 4 月 14 日）

曝一点清史的真料

最近在读的一套书，是中华书局2003年出版的《清中前期西洋天主教在华活动档案资料》。全书四大册，影印了中国第一历史档案馆收藏的清代顺治、康熙、雍正、乾隆、嘉庆、道光年间的有关奏折，很多件上面都有皇帝的"朱批"。全书定价昂贵，共680元；内容繁复，非反复考核难明真相，肯定不能推销给非专业人士。但是，这是一部非常重要的文献，重要到足以改变人们对清朝和西方关系的看法，所以自告奋勇，代为揭秘，给有觅史癖好的读者们曝些真料。

近年来的荧屏清官戏，康熙、雍正、乾隆，和珅、刘墉、纪昀，身边常常有个把可有可无、不伦不类的"西洋人"传教士。他们有的是真名实姓，有的则来历不明，看起来总像是贴上去的漫画人物。其实，这是编导们没有真正搞懂这些"西洋传教士"的地位和作用，随意安插一个深目隆准的"老外"，是来凑戏的。不过，电视剧倒是比历史学先突破，还了"西洋人"在清朝的重要地位。只是编导们倘是看过搞懂了这套档案文献里的事，就会知道这帮"洋人"真是浑身本事，十分了得，就可以超越"戏说"，认真"翻案"了。

17、18世纪的欧洲天主教耶稣会士，在清朝宫廷里都是非常的角色。但是，《清实录》《清史稿》中都没有好好地记录和承认他们，后来的《中国近代史》教科书更是见着"西洋人"就骂

"殖民工具"。经过历史学界二十多年的艰苦研究，这段"失落的历史"如今已渐渐拂去尘土，重现于世人面前。第一历史档案馆收藏的都是前清故宫的原始文件，现在编者挑出一千二百三十件，据真影印，有很多故事可以拿来述说。

全书的第一件档案就是《汤若望奏明刊历自有职掌微臣揣分难胜任奏本》。说的是顺治元年八月十九日（1644 年 9 月 19 日），意大利人汤若望向皇帝抱怨钦天监的守旧派不服管理，在监内滋事，因而要辞职的故事。顺治皇帝用大红的朱批："推算天行，当以新（西）法为准"，力挺外国教练。用"西洋新历"来治国，这可是"天"大的事情，刚刚定都北京的清朝，请了"西洋人"当教练，做顾问，整天观天象，测天文，侦知天命，印制皇历，昭诰百姓。因为西洋有一部称为《儒勒历》的好历法，就把紫禁城里掌管"天事"的钦天监交给外国人，这表明清朝为了自己的"开国大业""德能配天"，对"西洋"采取了开放态度，顺、康、雍、乾、嘉，都是"西洋人"管历法，根本不是像一些"历史学家"断言的那样：中国文化天生是顽固保守封闭的。其实，统治者的本性都是"实用主义"的，为了保住自己的江山，自然要不择手段，当然也会利用"西学""西教"作为工具，来建立相对稳定的统治秩序。每次看到"学者"们根据一两件孤证，就要为几千年的中国文化作一个整体裁断，都替他们捏着一把汗。

由于"中国礼仪之争"的关系，康熙晚年起，清朝逐渐形成了"禁教"的政策，中国的大门逐渐向西方关闭，这是真的。但是，就个人而言，追求新奇和贪图享受的皇帝们从来没有停止追逐西洋的好东西，所谓"奇技淫巧"几乎是他们的命根子。康熙下令驱逐各省传教士以后，忽然发现喝了多年的欧洲葡萄酒没有人进贡了，于是在全国收罗，到澳门采购。康熙向"西洋人"讨要葡萄酒的事情，记录在 1984 年披露的《康熙朝汉文朱批奏折汇编》[1] 里面。这次《清中前期西洋天主教在华活动档案资料》里面，又收录了一封《康熙着通暹罗国话的西洋人问暹罗贡使所进孩儿茶等贡品功效之朱谕》，康熙要求耶稣会士到暹罗（今泰国）查明那里进贡的"孩儿茶"和"鼎角香"是怎样做成的，有何功效。在康熙五十年七月二十日两广总督杨琳的奏折上，康熙批道："西洋来人，内若有各样学问或行医者，必着速送至京中。"很多传教士，就是这样不得已，用天文学家、数学家、医生、画家、建筑学家的名义来到北京，潜到各地去传教。

清宫十三朝，跨了 17、18、19 和 20 世纪，正是西方世界天翻地覆，飞速发展的时期。最初在中国的"西洋人"来自当时文化最发达的南欧国家，像意大利、葡萄牙、西班牙，以及荷兰，属于二百年前的"第一世界"。如果清朝初期就处理好了与葡、西、荷、英等西方国家的关系，中国或许可能像后来的德国、俄罗斯和日本那样，早早地崛起于东方。关键的问题还不在于是不是"开放"，论"开放"，清朝也想要开放，相当多的领域也已经开放。但是，清朝还是一步步地陷入困境。为什么呢？这样的问题，大概不是现在"正说""戏说"的"新清宫戏"能够回答的，还是要去翻检那些被老旧意识形态尘封起来的历史文献，"信史"大多躺在尘封的档案里。

（原载《文汇报》"书缘"，2004 年 5 月 8 日）

---

1 《康熙朝汉文朱批奏折汇编》，第一档案馆编，档案出版社，1984 年。

读《心史丛刊》兼议清史难读

清史难读，学界共知。原因固然有老满文难识，满汉习俗隔膜，复杂的八旗、宗室制度等等。但是，更重要的原因在于清朝的一项特别的立国战略，那就是它早在关外就已确定，并在前五朝中严厉执行的重视汉族文化、钳制汉人文字的统治策略。明朝的文化基本上掌握在士大夫手中。明廷原来提倡程朱，士大夫中间偏偏流传陆王，最后便也就"王学"了。东林讲学与太学相抗衡，最后竟也风靡了全国。然而至清朝便全无这故事，一切文化事业清廷都力求控制。一个文化落后的异族统治集团，高度重视汉族文化，在中国历史上是鲜见的。世界历史上固然不乏文化上后来居上的先例，罗马学希腊，英国学法国，日本先后学习中国和西方，但清朝可不想演这样的历史壮剧，它只是要用"以夷入夏"来摆脱被汉人贱视的耻辱。这种自卑与强权结合，促使他们去掩盖、篡改、焚毁有伤自尊的一切文字。不单毁绝明末诋毁他们的记录，而且不准有任何新的表述，哪怕是私下议论和心存不满。这使文人著述空前困难，许多写成的著作也多疑多阙，虽然它是离我们最近的皇帝时代，但却最少把历史的真相呈现给我们，这便是清史难读的更重要的原因。

确实，乾嘉时期，江南出了一批大学者，他们无一不是著述大家，也无一不是些"尽信书不如无书"的疑古大家。在文网愈织愈密，文字狱横起于江南的情况下，明末东林聚众讲学、臧否人物的风气消失了。保存气节，不愿出仕事清的学者各自筑起书斋，练出一套过硬的考据功夫，成就了历史上著名的"乾嘉学派"。他们把一本本的四书五经不同版本，或宣布为伪书，或裁定为造假，把清朝据以引用的经卷捅出了窟窿。这种慎思独虑确实拂去了不少历史上陈积的雾障，也诚如胡适等人把"乾嘉诸老"树为近代学术的先驱。

然而，也正如章太炎评论的那样："家有智慧，大凑于说经，亦以纾死。"乾嘉时的闭门读书，养成了学者对清代历史的漠视和不负责任。他们纠正了上古、中古的错字错句，却放脱了在身边发生的误错。"庄廷龙明史案"让他们看到，史家的秉笔直书不容于时。他们也没有写一些藏之名山，传诸后人的东西。于是，经部和子部的问题解决了不少，而在史部和集部中，许多问题悬搁着。特别是事关清朝及其祖先的问题，更是被人为搅浑了。清史给我们留下了这么多悬案，这一点，"乾嘉诸老"确实难辞其咎。

当1916年孟森（心史）先生来解决这些悬案，动手出版《心史丛刊》[1]的时候，他虽然已不再有清代学者所遭受的压力和顾忌了，但是一种新的破坏历史真实的社会势力又在泛起。如他在本书序中写的：

> 有清易代之后，史无成书，说故事者，乐数清代事实。又以清世禁网太密，乾隆年间更假四库馆为名，术取威胁、焚毁、改窜，甚于焚书坑儒之祸。弛禁之

---

1 《心史丛刊》，孟森著，中华书局，2006年。

后，其反动之力遂成无数不经污蔑之谈。

先前残酷地对待汉族知识分子，逼迫士人老死于书斋里、文字间。清朝一旦被推翻，原先规定的不准私家修史的禁令一旦消除，历史就报复了他们。清朝的掌故再也不是人们在交头接耳时的会心之言，而成了坊间书肆上的汹涌之物。原先在书斋时一个人读了也会心跳的书，现在可以笑谈了。机灵的读者当然知道，前朝可诬可诽，而当朝应慎之又慎。于是不实之词、未有之事也加进了前朝掌故中。于是：董妃就是董小宛，乾隆是陈阁老的儿子。设想，清朝的受害者成了清史的撰写者，他们当然是必欲把历史罪错的制造者贬入地狱而后快。这就给本来已很混乱的清史更增加了混乱。就在这种"正史"与"野史"的互相迫害、攻讦之中，一部真实的清史便退隐了。

《心史丛刊》要把官修的《清史稿》《清实录》中未曾实录、几经删除、屡次造假的历史加以考证补全，还要把在众口中曲解、夸大的传闻加以廓清。作者"不欲随波逐流，辄于谈清故者有所辩证，……冀折衷少得真相耳"。孟心史要"心得"历史，用个人的苦心孤诣去探究揣摸，写一部只有孤身深入历史时空的历史学家才能体验到的"心史"。中国学者历来有多思多疑，慎独不趋众，敏于事讷于言的传统，这种士风鼓励求知的心灵直趋事物的本源和真实。心史，不是造假的，道听途说的野史，也不是涂涂抹抹，遮遮掩掩的正史。它是留在一个正直历史学家心底的一片珍藏。心史，是历史学家用骨头和心灵铸成的信史。

《心史丛刊》不但企求在野史、正史间梳理出信史来，而且通过陈述的事实诉说汉族知识分子的痛史。顺、康、雍、乾四朝是清朝鼎盛时期，同时又是汉族特别是江南士人最受迫害的时期，当然也是清史上忌讳最多，谜团最重的部分。三集的丛刊，考证了著名的"奏销案""科场案""《字贯》案""《闲渔闲闲录》案"。

以辛丑（1661）江南奏销案为例，当时以拖欠钱粮为名，把最爱读书，最重功名的苏州、松江、常州、镇江四属的秀才以上者治罪，共奏销一万三千五百人。昆山探花叶方蔼欠钱一厘，亦被黜，民间便流传"探花不值一文钱"。这么大的事件，《东华录》竟然一字不载。《心史丛刊》从这首民谣出发，用《三冈识略》等一系列笔记理出了脉络，并用力透纸背的识力看破：清廷如此地"轩冕与杂犯同科，千金与一毫等罚，令仕籍、学校为之一空，至贪吏蠹胥，侵没多至千万，反置不问"，其实只是因为"当时以故明海上之师，积怒于南方人心之未尽帖服，（故而）假大狱以示威"而已。清史难读，要用"心"去读，其原委也可在此略见。清史上常有犯甲科而以乙罪治；指名犯某科，而实际借刑法以售其奸的。这种罪行不符的事，各朝皆有，而尤以处处刻忌、防范汉人的清朝为甚。奏销案的本质是以拖欠罪治抗清罪，这种"莫须有"既经指出，一目了然，但要让初读清史的人从正史中识别出这段痛史来，没有"心史"的功力实在太难。

丁酉（1777）《字贯》案亦甚离奇。江西举人王锡侯勤交好学，在老师朋友帮助下积多年之功编刻了一部《字贯》，想与敕修《康熙字典》作公私对比。原本可视为朝野群儒携手推进文化事业的美事，然而清廷对他"置《康熙字典》为一家言，与诸家均在平骘之列"的做法无端地不能容忍，必欲恣其烧尽劈光之欲而后快。为一部字典而起大狱，不但罪人而且罪书，这种事自秦汉以降已不多见。按照"心史"的体会，《字贯》一案，（志在）拘束学人"。身为乾隆，有叱咤风云的十全之功，却气量狭小地要与一介书生争一字一句之长短，如此过分真难以理解。

其实，这现象不为乾隆一人独擅，而是清初帝王身上的普遍现象。入关后，顺、康、雍帝每每如此。他们都建有宏大武功，气魄非凡，但一逢文事则常常意气用事，小肚鸡肠。这是历代"升平盛世"文武相得益彰的故事中罕见的。这种现象，真令探究古代统治规律的学者费神。《心史丛刊》中还有一例可参证，那便是乾隆的父亲雍正，在"曾静、吕留良案"中，一个堂堂皇上居然亲自作一部几十万言的《大义觉迷录》，与一乡间陋儒辩论"华夷之辨"，竭力申诉自己继承帝位的正统性。这种在文字上事必躬亲，如此看重的做法实为历朝罕见。这个案子在正史中记录较全，又与清朝的大统联系在一起，这使"心史"能游刃有余地分析这个典型案子。

"曾静案"据《东华录》，是因他服膺吕留良"内中国，外夷狄"的学说，派弟子游说大臣谋反。然而，"心史"发现，案后处理被严治的不是首犯曾静，而是已死去多年的吕留良和在宫廷争嗣中失败的旗人阿其那、塞思黑。"仅读《东华录》，孰不怀疑？"待到找出已经是珍本的《大义觉迷录》加以佐证，倒是真把文字狱的两个普遍特性揭示了出来。

按"心史"考证，"曾静案"本身实际成了雍正手中的双刃剑，一面针对尚未驯服的汉族知识分子，以暴尸鞭骨吕留良为示，一面则针对当年帮助允禵等兄弟，并与雍正争位失败的王族、大臣和太监们。据曾静交代他在湖南听到传说，雍正继位时改窜了康熙遗诏，不属正统。早已想巩固皇位、排斥异己的雍正便乘机把大狱加向敌手，把他们一网打尽。这番以后，曾静以罪不容赦却被当庭释放，这一手充分揭示了雍正外显宽柔，内存刻忌的性格。当时外界有人从统治术上评论其高明之处超越前人，有人（包括其子乾隆）则感到他举措在常规刑法之外而难以理解。其实，这里正是清代文字狱的常规，一是诛人诛书更重诛心；二是文字上的是非常常是朝野权益事务的附属和借口，这似乎可成为理解清朝历史的一把钥匙。

虽然《心史丛刊》在史实之外不著一字，它不对历史作因果善恶的解释，也不是一部近代式的科学诠释著作，但它考列的事实却都在作证发言，这正是孟森先生所治历史为人称道的原因。读《心史丛刊》，在知道研治清史的艰难之外，读者自可以用他揭示的这段事实，去解释自己心中的各种疑团。

《三冈识略》的作者董含是华亭人，进士。经奏销案的斥革之后便终身不仕，以笔墨自娱，终老于家中。明朝遗民、一度出仕降清的太仓名士吴伟业（梅村）也涉入本案，从此也息影家中。《字贯》案之后，文人不敢议明朝掌故，而且视一切钦定著作为雷区，不复有触犯，甚至"清一代无敢复言字书者"。段玉裁这样的文字学家，只能改议许慎的《说文解字》，断不敢议论《康熙字典》。厚古薄今，严守畛域，"乾嘉学派"的风气原是事出无奈。清代学风中盛行的不露行如王夫之，多行路如顾亭林，不说话如吕留良，少著字如汪容甫……一切都事出有因。于是，聚而谈的明代王学，变成了一室一书的清代"朴学"。

清史中有许多疑团，有些是当时的帝王人为设置的；有的是后人为各种原因掩饰上去的；有的是因为事属反常，难以认识；有的则是因为清朝亡于革命，人们主民主、痛恨专制因而对之厌弃，不加整理反加误传而叠增的。其实，任何历史现象都不难加以正确的认识和解释，只要我们能像"心史"这样，沉潜到历史和理性的最深处，用知识、用智慧，当然更用一个秉笔直书的史学家的良心去识别，肯定能得一部真实的历史，一部不受一时的价值倾向驱使的历史。这是我们读《心史丛刊》时，孟森（心史）先生给予的启示。

（原载《书林》，1990 年第 1 期）

"圣学"与外语

　　清朝皇帝，有的真讲学问，如康熙；有的虽然纨绔，但至少练得一手好字，出外题字不致太露马脚，如乾隆，如同治。满清皇帝的学问，好过明朝的草包皇帝，这是真的。但是，皇帝讲学问也带来新问题。以前是朱熹、王阳明这等的大儒才有资格讲"圣学"。康熙以后，皇帝亲自过问学术，只有皇帝语录，皇族意识形态才有资格被称为"圣学"。"圣旨"代为学术，这是中国思想史上的新现象。皇帝带头学外文，也被包括为清朝"圣学"的一部分。清朝皇帝哇哩哇啦学外文，成了紫禁城里"一道亮丽的风景线"。

　　清朝皇帝学汉语，也是讲"外文"，但这里讲的外语，确实是欧洲语言文字。西方文献记载，康熙和张诚、白晋等法国耶稣会士关系很好，曾经学过法文。但此事在中方资料不见记载。康熙曾经关心过清朝的拉丁语、俄语教学，并在此过程中表现出相当的语言学造诣，此事史有明载。据《大清圣主仁皇帝实录》记载，康熙四十四年，俄罗斯贸易代表团向中国政府递呈文书，平时学问满坑满谷的大学士们居然不能翻译，只得将原文进呈。康熙皇帝凭他与法国人交往得到的欧洲语言知识，教导汉员说："此乃拉提诺托、多乌祖克、俄罗斯三种文字也。外国文字有二十六字母者，亦有三十字、五十字者。朕交喇嘛详考视之，其来源与中国同，但不分平上去声，而尚有入声。其合字合意甚明。中国平上去入四韵极精。两字合音，不甚紧要，是以学之少，渐至弃之。问翰林院四声，无不知者。问两字合声，则不能知。中国所有之字，外国尚知之。特不全耳。此后，翰林院宜学习外国文字。"

康熙的外文水平到底如何，现在无法考证。当时还没有字典，也没有教材，康熙肯定没有进行过系统的外语训练，但是他至少一鳞半爪地学了不少单词。白晋（J. Bouvet）写《康熙帝传》，其中有说比利时神父南怀仁（Ferdinand Verbiest）陪康熙打猎，"皇帝问他，这种鸟用法兰达斯语怎样称呼？南怀仁神父几年前曾对皇帝讲过。但这鸟相当罕见，有点忘了本族语言的神父怎样也想不起来。皇帝马上问他，不是如此称呼吗？神父十分惊奇，因为康熙竟还记得他自己都已忘记的东西"。南怀仁是康熙的好朋友，讲的是佛兰德语（Flanders），是接近荷兰语的一种方言。但是，有一部电视剧《康熙微服私访记》里，南怀仁和康熙在一起时，讲的是英语，就奇怪了。

康熙学外文的动力，主要来自学习欧洲天文、地理、历算的兴趣。这是主动好学。但光绪皇帝学习英语的目的，就很被动了。那是被欧洲人打怕了，不得不"师夷长技以制夷"。1892 年，著名传教士李提摩太在上海《万国公报》上报道光绪皇帝亲自带头学英语。"前阅西报，敬悉皇上于几余之暇，召取同文馆士人讲习英文。欲将英国文字语言贯通熟习，以裕圣学，俾他日中西交涉得有操持"。外国人听皇帝口吐 ABC，喜不自胜，英国《泰晤士报》（The Times）有特别报道。李提摩太更认为这是"振兴中华"的开始："此在中西明理之人同深庆幸，未始非中国振兴之转机也。"所谓"一言兴邦"，又有新解。

其实，光绪表率英语教学实属无奈。早在 1862 年，北京就建立了京师同文馆，从八旗子弟中挑学生学英语。当时没人愿意来学，结果来了"四十个老青年"，都是科场屡试屡败，实在没法吃到官俸，不得已来混差的。一天，总教习美国人丁韪良（William Alexander Parsons Martin）在街上撞见自己的学生，带着孩子。问道："这是令郎吗？"回答竟是："不，是我的小孙子。"没人肯好好地学外语，光绪只能自己带头学。

据丁韪良的回忆，光绪皇帝的英文老师是他的同文馆里的两位毕业生。英文水平本来就差，课文都是丁韪良帮他们拟好。加上皇帝金口玉律，说错了，老师也不敢纠正，只能听任其错。这样如何学得好。光绪每天被授课半小时，但不知什么缘故，他要在早上四点学英语。师生们半夜引吭高歌，大约又是引得老佛爷生气的原因之一。

光绪学英语的那一年，宫中一时有许多人也来赶皇帝的时髦，亲王大臣在京内到处请老师。见面时 Good Morning，道别是 Good Bye。光绪皇帝一年闭门造车，春节时准备了一份英文的演讲稿，兴致勃勃地向各国公使演讲。但不知为何，那天各国公使到得不齐，恐怕皇帝的英语也实在不能恭维，没有得到好评。皇帝大丢面子，从此学习热情一落千丈。按传教士的逻辑，中国没有振兴成功，或许也应归因于这次考试失败。

其实，皇帝的外语好不好，与国家强不强没有多大关系。西哈努克亲王的法语讲得和法国人一样好，柬埔寨照样的弱。日本的明治天皇也没有学会英语，但维新终于成功。皇帝自作表率，学讲外文，推动"开放"固然是好，但口头开放，不及心头开放。康熙学外文的目的含着一些好奇，但主要还是向满汉群臣炫耀自己的"圣学高明"。光绪学外语，那就是一种"不得已"，并不是真的要向域外求索新知。光绪学英文，实在是做做样子，给外国人、老佛爷、洋务派和颟顸官吏看看而已。

（原载《文汇读书周报》，2013 年 7 月 2 日）

翻不了的和珅案：兼谈新清宫戏得失

新清宫戏

清宫戏火爆荧屏，已经成了近几年华人娱乐生活里的一个特殊现象。前年、去年有众说纷纭的《康熙王朝》《雍正王朝》，最近有刚刚谢幕的《走向共和》，加上各地方电视台不断重播的《铁齿铜牙纪晓岚》，这些都算是收视率较高的片子，可称是"新清宫戏"。目前上演的《乾隆王朝》，还在接续着清宫戏的热闹，看来编导演们还会把这大清王朝的好戏一部部拍下去，非把这"清宫十三朝"演成一套全本不可。

喜欢听"白头宫女说天宝遗事"，习惯于"隔代修史"的中国人，总是对上一朝代的历史更感兴趣。清初的江南遗民，冒着"文字狱"，拼着命也要修成一部《明史》。民国初年，人们对前清的历史也是十分着迷。二三十年代，上海福州路书局里，《清宫十三朝》《御香缥缈录》《瀛台泣血记》《清史通俗演义》，一部接一部出版，泛滥全国。清朝历史，是民国的"现代史"，遗老遗少们热衷清宫故事，有他们的道理。可是，在仍然"改革、开放"的 21 世纪中国大陆，"清宫十三朝"与我们已经隔了"中华民国"和"中华人民共和国"的第一、二、三代，当清代历史已经被划进"古代史"的时候，我们这一代人仍然着迷于清宫故事，其原因就颇费思量了。

民国百姓热衷谈论陈阁老"狸猫换太子"的故事，说乾隆皇帝其实是江南海宁陈家所产的"汉家子弟"。孟森先生曾作《海宁陈家》，专门考证这说法之不可能。民国时期谈论的清朝故事还有雍正皇帝是否改诏继位，入承大统；顺治皇帝的董鄂妃是否就是明末贵公子冒辟疆的宠妾董小宛等等。这些故事讲的都是皇帝和汉人的关系，和清末的满汉矛盾有关。现在的《乾隆王朝》等清宫戏，编导热衷谈论、能引起观众共鸣的，都是清朝的政治体制问题，"言官"的责任问题，官员的腐败问题，乾隆朝从盛而衰的原因问题。在这些清宫戏中，刘墉、和珅和纪昀升为故事主角；专制、腐败和清议成为冲突内容。对比起来，民国时期的"清宫热"，热在回顾历史；现在荧屏上的"清宫热"，热在观照当代。以前我们还可以把清宫戏当作文史资料看，现在我们就只能把清宫戏当作政治讽喻诗和活报剧来看。从这几层关系看，当代人对于清宫历史的兴趣已经转移。是近年来日趋活跃的社会舆论，导致了清宫戏在当代的回潮。

"古代史"错位成为"当代史"，用清人的眼光看现在，用现在的语言说清朝，古人和今人形成交流和对谈，这是荧屏上的清宫戏能够热起来的主要原因。对于当代生活的不解，朝着未来社会的呼唤，都投射在古代历史中，这就是中国人的"历史理性"。不断地诠释自己的历史，是中华民族的一个传统。18、19世纪的欧洲思想家常常说中国是一个沉浸于历史的民族，大约是对的。中国人碰到问题的时候，一般不是直接去探究其中的道理，而是转向历史，寻找类似的经验，反讽当今，这就是所谓的"以史为鉴"。在这样的思维方式下，"翻案"成为经常，"牵强"在所难免，"戏说"实属无奈，而历史的本来面目，已经变得次要，不必深究。顺便一说，这也是很多历史学家宽容而会心地看着荧屏，却回避评论它们的主要原因。

翻不了的和珅案

几年前，和珅还不是一个名人，把他的名字念作"和坤"的不在少数。这些年，多部清宫戏把和珅当作主角，使得他名声大噪，家喻户晓。主要的原因，就是他早早地被历史学家定位为"贪官"，而且是一位导致清朝由盛转衰的"大贪官"。《铁齿铜牙纪晓岚》表现了一个贪婪、狡猾、不学有术的和珅，虽是"戏说"，却是符合历史评价，很得人心。这一次，《乾隆王朝》却是在承认他残酷和投机的同时，曲为之辩，同情他的"忠诚""才干"和"开明"。《乾隆王朝》的主题并不明确，但是要改变以往和珅反面形象的意图却很自觉。

和珅是个佞幸小人，这是翻不了的历史定案。薛福成《庸庵笔记》抄录的和珅家产清单，足以让他的贪污罪名成立。家里藏着"数万万两"银子（不完全统计），足以称得上"天下第一贪"，还有什么好辩护的。"和珅跌倒，嘉庆吃饱"的民谚，不是虚传，薛福成更不是乱说。无锡薛氏长期出任京官，大哥薛福辰，是咸丰、同治年间的太医生，曾为西太后治病。他们在北京的时候，谈论前朝掌故，收集和考证和珅的家产清单，是茶馆店里的风气。当时公之于世的数字是可以相信的。《乾隆王朝》回避和珅的贪污情节，一味描写他的理财和节俭，是很不客观的。

《乾隆王朝》演的是小半个"乾隆王朝"。乾隆皇帝出场时已近老年，他把和珅从"三等轻车都尉"超拔成户部尚书，同在第一场亮相，这应该是乾隆四十年（1775）以后的事了。这是中国历史上的关键时期，从此以后，不但是清朝，连整个中国都滑到了下坡路。乾隆后期的社会危机，不在外表，而在内里。《庸庵笔记》中记录贪污腐败："当时督抚如国泰、王亶望、陈辉祖、福菘、伍拉纳、浦霖之伦，账款累累，屡兴大狱。"王朝上下，腐败成风，每年都有一个省部级的大案子，根本不能禁绝。和珅当政，向地方要钱。既然向督抚筹款，就不能阻止他们敛财。"核算报销，勒索重贿，以致将帅不能不侵克军饷。"薛福成说："非其时人性独贪也，盖有内隐为驱使，使不得不贪者也。""不得不贪"，换一句话说就是：贪污受贿已经不是道德问题，而是体制问题。

《乾隆王朝》对于这场"制度性腐败"作了一些描述。商人普道昭的官场浮沉，演示了清朝开放"捐纳"带来的腐败；乾隆南巡，暴露了帝王好大喜功给民众带来的灾难。但是，全剧的批评手法始于揭露，止于讽喻。虽然有一些收视效果，却没提供什么可供连贯思考的画面。相反，编导演更乐意替和珅做一篇翻案文章，抓住一些机会，就把和珅揣摩乾隆个人意志，都算作他的"忠诚"和"尽职"，加以合法化，明里同情，暗中欣赏。关于和珅在狱中毒杀"钱峰"（原型可能是御史钱澧）的情节，于史无据不说，奇怪的是编导演还要把这阴险的全过程粉饰得如此具有人性和人情。编导这种手法降低了作品本应带来的思考，传达出来的反而是"朝政无是无非，现实就是合理"的官场旧箴。

《乾隆王朝》中，凡是和珅和乾隆两人的关系都比较出戏，他俩可能是历代帝王将相中最生风趣的一对。传说乾隆与和珅是同性恋人，史书常常说和珅"仪度俊雅"，受乾隆宠爱，就暗指着这层关系。乾隆年流行"男风"，在陈森小说《品花宝鉴》中有记载，是当时风气上行下效的结果。君相之间的这层"同志"关系不大可能有直接证据，《实录》回避，《起居注》不载。但是，近年披露 1793 年英国使臣的《马戛尔尼日记》，其中说到使臣们在北京碰到法国神父罗广祥（Nicolas-Joseph Raux），后者告诉过他们这个故事。谒见过乾隆与和珅之后，陪同人员通州协将王文雄和天津道台乔人杰，也在杭州对英国人说：乾隆和和珅在搞同性恋。这样，我们就可以比较确凿地说：和珅之所以能够专权，不是《乾隆王朝》里想说的是他真的"能干"，而是乾隆的一贯"宠爱"；所谓的"忠诚"，也有了新解。

为了翻案，编导还把和珅描写成主张废除广州"一口通商"，积极对英贸易的"开放"人物。和珅企图说服乾隆与东印度公司贸易，一举摆脱国库空虚的局面，几乎是要把林则徐戴了多年的"睁眼看世界第一人"的桂冠转送给和珅了。其实，在斯当东（George Staunton）《英使谒见乾隆纪实》中，和珅表现出对广州事务根本无知。他所关心的，只是利用英国使团给乾隆祝寿，在承德圆满完成他"怀柔远人"的大清盛举。据记载，当时朝廷内对英国商人比较友好，考虑广州粤海关贸易正常化的大臣正好是和珅的政敌，新任两广总督长麟。长麟在杭州接待英国人，陪他们一起走了两个月，经江西到达广州履新。途中，他谈到要在广州变通中央政策，还想邀请英国使节参加几年后的乾隆退位大典。顺便一说，乾隆在六十年退位，是早已决定的，老年乾隆并没有"恋栈"于帝位。《乾隆王朝》构思了好几集乾隆"禅让"戏，别有关怀，也有效果，但都不是历史事实。

"史志"与"演义"

历史学界常常用陈寿的《三国志》和罗贯中的《三国演义》来对比历史和文艺的不同。"史志"属社会科学，"演义"属文艺学。开通的学者不会主张完全按历史来演绎文学作品；严肃的作家也不会新编了一套"演义"，就号称"打败了历史学家"。对于历史剧作家来说，"演义"历史，并不是一件非得要与历史学家对着干的事情。

对于《乾隆王朝》这样企图"正说"的历史，历史学家的一般意见，都会对它有所裨益。比如，斯蒂芬逊 1814 年发明的蒸汽机车，不应该出现在 1793 年马戛尔尼使团的礼品中；"刘全"到广州和"约翰牛"做生意，洋行陈设中本不应有 1877 年由爱迪生发明的留声机。这些都是一部想站住脚的作品中不应有的破绽。

目前中国娱乐界的投资能力，还不足以完全消除这样的"瑕疵"；在目前普遍的知识修养水平上，观众也提不出更高的欣赏要求。因此，这些小毛小病的粗疏暂时都是可以原谅的。还有一个重要原因，使得我们更没有理由对《乾隆王朝》在历史真实方面提出较高的要求。最近成功的这一类清宫戏，原来就不打算满足观众的求知欲，而是用历史作工具，颠覆旧意识，制造新话语，即所谓"翻案"手法和"轰动"效应。编导们逃避历史真实的遁词无一例外的都是说：我们不做历史大事记，我们是在弄得"好看"，我们在"演义"。

"演义"，其实是一件很困难的事，比一些迂腐的历史研究难得多。《三国演义》的"义"，是在多少种话本，多少年锤炼之后才演绎出来的。一部《三国》，其中包含着的政统转移，人物品评，民心向背，都不是作者任意为之的。在几百年"演义"，即故事的讲述和流传过程中，那些不合人情、不符事实的内在矛盾，都慢慢地修磨掉了。而现在我们在清宫戏中，看到的还都是一些比较任意的议论、编造和翻案。它们虽然给观众带来了打破传统意识形态历史框架的兴奋，但为翻案而翻案，或者是迎合观众制造出来的临时性的轰动，都不会有长久的影响。观众的新鲜劲过去后，都会认识到这不过是一种时事性的"活报剧"，这不是五十年来的历史剧、历史片的老路吗？

如果《乾隆王朝》真要为和珅翻案，那是一种不会成功的"演义"。对有些清史人物，像李鸿章，从不同的立场看，用不同的理论分析，还有重新评价的余地。对和珅这个人，当时人，后来人，中国人，外国人，都没有过好评。按任何理论，哪怕到"后后现代"，政治腐败总是应该加以谴责的，是"演"不出什么"道"和"义"来的。

（原载《文汇报》，2003年5月30日）

乾隆皇帝与和珅"同志"

1793 年，英国马戛尔尼使团访华。乾隆皇帝的臣子们，从理藩院尚书和珅、大学士松筠到新任两广总督长麟，以及陪伴全程的天津道台乔人杰和通州协将王文雄，都对马戛尔尼使团很友好。访华期间，满清官员赐予了特殊照顾，许多做法不符合现代外交惯例。比如说，英国使臣需要一条内裤，陪同得知后，买来送给他，并不收钱，都在皇上的"款夷"经费中报销了。在这些枝节问题上，清政府保持着一贯的"以大事小"，居高临下的虚骄。按照乾隆皇帝的谕旨，就是要："速将英吉利贡使送走，于严切之中，仍寓怀柔。"

和英国人关系最僵的是"鹰派"人物，就是前任两广总督福康安。他在广州时，对外国商人采取过严厉限制。1793 年使团在北京和热河，福康安坚决主张让英国使臣行三跪九叩的谒见大礼。不过，在英国人南下回广州的时候，接近使臣的北京官员告诉他们，现任的浙江巡抚长麟，正直仁慈，已经获得迁任，要到广州接替福康安，接任两广总督的位置。他对外国人比较友好，一定会好好招待。

果然，使臣们到了杭州，长麟出面宴请使臣，邀他们到自己的府邸做客，请他们看戏班子堂会。在我们编辑的《大清帝国城市印象——19 世纪英国铜版画》[1]中，定名一幅英国铜版画为《官府宴请》，考证为巡抚长麟的家庭宴请。最后，长麟还决定提前赴任，陪英国人一路从杭州出发，跋山涉水，翻越庾岭，到广州履新。总督到了粤北城市韶州才和使臣们分手，为什么不再一路南下，欢谈到广州？据使臣们估计，这只是害怕广东人议论他与英国人过于亲近。

中国之行的后半段，和马戛尔尼使团关系最为密切的三个人是侯任两广总督长麟、乔人杰和王文雄三位官员。中国传统政治的待客之道，并不区分国家、政府和私人，谈得来的时候，就公私不分。官场之外的私下接触，官员把英国使臣迎到自己府第，个别对话，朝廷并不怪罪。乔、王二人从 1793 年 7 月 31 日在天津迎接马戛尔尼，到 12 月 31 日在广州和英国人一起玩过新年分手，五个月里，和英国人朝夕相处。长麟于 11 月 9 日在杭州初见，到广州告别，也有两个月。他们和使臣们有很好的关系。离开了北京官场，访华进入后半程，中外人士开始投机。在轻松随便的场合，长麟和乔、王等人告诉英国人许多朝廷秘闻，一些不该说的话，也透露出来了。

令人惊异的是，总督和两位大人，居然透露给英国人一项当朝的宫廷秘闻：乾隆和和珅是同性恋的情人！据他们说，乾隆一生，三次坠入爱河。第一次是爱上了父亲雍正的妃子马佳。这是一次乱伦，皇后私下召见了妃子，以白绫赐其自经了事。第二次是"回族香妃"，乾隆被自己俘获的西域女子的不屈、坚贞和美丽倾倒，执意要娶回宫中，结果又被太后阻止，香妃也被赐死。"最

---

1 《大清帝国城市印象——19 世纪英国铜版画》，(英) 托马斯·阿罗姆绘画，李天纲编著，上海古籍出版社，2002 年。

后，乾隆六十岁时爱上了和珅，在乾隆看来，他就是马佳再生，并把他当成了嬖幸。他违背了天朝的规矩，把没有为公众建立过任何功勋的情人提拔到首要的位置上来。二年以后就要去世的母后这次对这事情未加干涉，因为这不是女眷们的事，而是男人间的事。"[1]

英国人对秘闻并不十分震惊，欧洲宫廷也有这样的故事。"皇帝也是人"，这样反而正常。但是，他们对大臣们告知皇帝秘闻本身深感意外，"马戛尔尼忠实地记下了乔、王两人的谈话。因为他认为两人十分了解情况。不过皇帝的实际年龄又让他觉得乔、王两位在皇帝的风流艳史上的能力有些夸大其词。中国的君臣关系过于拘泥仪式，他们两位伴同官能对他们的君王作这样的评价，令他十分奇怪。"[2] 因为这个关系，马戛尔尼的副使乔治·斯当东写《英使谒见乾隆纪实》，只隐晦地提到和珅"相貌不凡，……是皇帝唯一宠信的人"，没有明说。由于各种原因，《马戛尔尼日记》一直没有公开出版，其中便详细地记录了这段佚闻，直到近年来被法国历史学家佩雷菲特（Alain Peyrefitte）挖了出来。

这段佚闻，乾隆时代北京很多人知道。除了乔、王大人在杭州告诉他们外，马戛尔尼刚到北京时，接近乾隆皇帝的法国遣使会神父罗广祥就告诉过英国人这段故事。为什么乔、王两大人在杭州向英国人证实了皇帝的密情，一种解释是：长麟他们都不喜欢和珅。长麟是蒙古旗人贵族，在陕甘总督任上有政绩和武功。厌恶和珅出身微贱，恃皇帝宠幸专横于朝。1792 年，因为替一项

---

1 《停滞的帝国：两个世界的撞击》，（法）阿兰·佩雷菲特著，毛国卿等译，生活·读书·新知三联书店，1993 年，第 297 页。
2 同上书，第 296 页。

冤案辩护，受到和珅贬斥，此后一直在巡抚的位置上赋闲。这次总督两广，正是他重新振作的时候。对朝政不满，对和珅怨恨，影响乔、王两大人。他们三人在杭州，泄露了对贪官和珅的义愤，对着不着边际、回去以后再也不见的外国人发泄不满，笑谈丑闻，确实是情有可原。

英国使臣的回忆录表明，长麟是个比较正直的官员，他希望能与英国政府合作治理广州贸易秩序。他说将允许英国人学习中文，请英国在乾隆如期退位后派使臣参加新皇帝登基大典，承诺为广州中英贸易提供便利等。长麟准备在广州施行与和珅规定稍有不同的"新政策"。可惜，长麟在广州任职两广总督只有一年，否则，中英之间因有这样密切的私人关系，会有不同的前景也未可定论。还有，鸦片战争也未必打得起来。

这里还有一个历史编纂学上的启示：外国人游记，可以补充中国正史缺陷。《清史稿》中当然绝无说乾隆与和珅是同性恋。陈康祺《郎潜纪闻》、薛福成《庸庵笔记》中提到和珅的劣迹，但也没有明确说明这层关系。民国后的清宫野史偶有披露，史家却未敢置喙。另外，从陈森的《品花宝鉴》中我们可以知道乾隆朝北京城里盛行男同性恋，所谓"男风"，但从来不知到底是上行下效，还是下行上效，皇帝也成了"龙阳之好"。现在，因为有了当朝大臣对着外国人的诉说，我们可以比较严肃地考虑这段史实了。

（原载《文汇读书周报》，2013 年 2 月 1 日）

外眼看中国：阿罗姆画中的明清社会

一

《中国：那个古代帝国的风景、建筑和社会习俗》（*China, The Scenery, Architecture, and Social Habits of That Ancient Empire*）标题下，有书名解释说："由托马斯·阿罗姆先生根据原始并可靠的素描稿重新画出，另由赖特先生从历史角度作描述性的注释"（Drawn, from original and authentic sketches, by Thomas Allom, Esq, with historical and descriptive notices by The Rev. G. N. Wright, M. A.）。出版者是"彼得·杰克逊，即伦敦费塞尔公司"（Peter Jackson, Late Fisher, Son and Co. London）。这部大型画册的初版是在 1843 年，即鸦片战争刚刚结束的那一年。

原书分四小册，每册领三十幅左右的画作，共一百二十八幅作品。在 19 世纪上半叶的英国，要凑集一部完整的中国风俗画，仍然不易。阿罗姆（Thomas Allom）企图集中国风景画之大成，但从体系上看，画册毕竟浮光掠影，比较凌乱，难以统系。经过重新组合，以城市划分，统为一大册，并改名为《大清帝国城市印象——19 世纪英国铜版画》[1]。这样，中国读者也可以借助 19 世纪

---

1 《大清帝国城市印象——19 世纪英国铜版画》，（英）托马斯·阿罗姆绘画，李天纲编著，上海古籍出版社，2002 年。

的英国版画，窥得大清帝国的城市风貌。

把19世纪的英国版画介绍给21世纪的中国读者，在不同时空的转换过程中，当然有很多意义要考虑。对现代中国读者来说，阿罗姆的这套画册有两大欣赏价值。第一，通过英国人的绘画，我们可以看到中国的过去。那时，照相、电影技术还没有发明，人像、建筑、风景的存真手段全靠绘画。中国流行的"文人画"，用写意笔法，不是现实主义的风格。例如，18、19世纪，鸦片浓烟弥漫全中国，但文人画中，找不到一幅《鸦片图》。阿罗姆的版画里就有鸦片题材作品，给我们留下了中国文化遗产里没有的东西，可以参看。第二，我们可以通过这些绘画，看英国人、欧洲人如何看中国。这是更有意思的事情。外国人画中国，有他们独到的角度。正是这种外来的"偏见"，反而造成了"文化比较"的视野，让"身在庐山"而"不识庐山真面目"的中国人恍然大悟。中国人本来并不自夸"地大物博"，更不知自己给世界贡献了"四大发明"。这都是自16世纪起，葡萄牙人、法国人、英国人陆续到了中国后，发现了，告诉中国人的。《大清帝国城市印象》的《序言》里，文章作者赖特（George Wright）说：

> 在这个美丽的国度里，有世界的最高峰，广阔的驿道，无数的运河，许许多多的拱桥和宝塔，更不用说还有那绵延北疆的万里长城。在这个人口众多的国家里，人们普遍爱好古玩，不屑与外国人作文化交往。因为他们拥有举世无双，富于创造并异常出众的历史。他们的农业和工艺制造业是别的民族不可比拟的榜样。推动了人类现代文明发展的三大发明：印刷、火药和

指南针，都是由中国人贡献给世界的。

清末以前，中国人并不把"万里长城""四大发明"作为中华文明之象征。最早使用这些赞美的，还是欧洲人。我们的自豪，原来是别人的表扬。

欧洲把中国看作世界上的"超级大国"。画册中，中国不但没有被"丑化""妖魔化"，相反被描绘成其大无边的天堂帝国。在"序言"里，作者赖特说中国是一个"一千多万平方英里（相当于二千五百九十万平方公里），三亿六千万人口的广大帝国"。三亿六千万的人口数大致准确。可是说中国有二千五百九十万平方公里的国土面积，即使考虑到后来在蒙古、新疆、东北地区失掉了大片领土，中国也不会如此"地大物博"吧？可是回想一下：中国北部和俄罗斯的边界很晚划定；南方福建、广东人不断向南中国海地区殖民。因此，帝国的疆域都是开放的，既有的"中国"（十八行省）也没有仔细丈量，清政府自己也搞不清楚到底有多大，这个估计数字还是有点依据。清朝固然是"大"，但是，欧洲人夸大"地大物博"的中国还有自己的原因：英国人倾向于把中国夸张成一个市场无限广阔、人口不可胜数、社会极其富裕、欧洲各弹丸小国根本无法比拟的大帝国。

19世纪前期的欧洲对中国还是具有敬意。于是，我们就看到了这本画册里的中国，烂熟了的中国。当时，社会不安但不动乱，民生凋敝但不破败；中国南北的各个城市，死气沉沉，却还井然有序，保持着最后的体面。偌大的中国，依然顶袭着康乾盛世的华衮，尽管夹里爬满了虱子，表面却还光鲜。

唯其如此，阿罗姆的中国风景风俗画，弥足珍贵。在向世界彻底暴露之前，我们很少看到这一时期的中国。中国内地是在1896年中日《马关条约》以后才彻底开放的。此前，很少有外国艺术家获准进入，他们难以用现代笔触勾勒铁幕之后那个酣睡着的中国；甲午战败之后，辛丑再败，中国彻底垮了。清朝腐败、颟顸、无能、愚昧得一塌糊涂，随着官僚体制崩溃而来的便是中国民间社会空前规模的大混乱、大贫困。20世纪中外艺术家笔下的中国，都是《流民图》《五子登科》般的惨象怪相，阿罗姆笔下的悠闲、旷达、富裕、繁琐、神秘，都成了"光荣的回忆"。

二

阿罗姆没有到过中国，他借用了别人的素描稿，重新画中国，并获得了"中国风景画家"的名声。目前所知，阿罗姆主要借用了1793年访问中国的英国马戛尔尼使团随团画师威廉·亚历山大（William Alexander）的画稿。亚历山大在自己画作上的缩写签名是"WA"。19世纪初，亚历山大的中国画在欧洲风行一时，单张的画片，结集的选本、全本等等，有许多不同版本。其中最流行的是1814年伦敦出版的《中国装束》（*The Costume of China*），其中收集了亚历山大最成功的五十幅绘画。这本画册中关于北京、天津、杭州、宁波、运河沿线、南方商路等城市的许多题材取自亚历山大。广州、澳门和香港的画作，多取自于法国画家波塞尔（Auguste Borget）。波塞尔于1838年到华南旅行，画了大量中国风景和风俗画。他的作品是《中国和中国人的素描》（*Sketches of China and Chinese*）。

画册中还有不少数量的中国沿海沿江城市作品，成于刚刚结束的鸦片战争期间，如反映英军在香港、厦门、宁波、乍浦、镇江、南京等城市作战的事迹。这些战争题材，或因战舰所到而作的作品，都是取自于鸦片战争期间的英国海军画师达特（R. N. Stoddart）和怀特（Lieutenant White）的画作。这部分作品时期最晚，但也占了相当数量。

另外还有一些原画，是17世纪航行家荷兰人尼霍夫（Johannes Nieuhof）画的。清初，荷兰东印度公司为求全面通商，以政府名义派使团访问中国。尼霍夫无功而返，但他留下了不少绘画，在西方流传。阿姆斯特丹在1665年就有他的游记和画册出版，书中介绍了17世纪的中国文化、风景、艺术、建筑和节日，是西方最早的中国题材绘画作品之一。目前可辨的是阿罗姆画的南京，有不少是根据尼霍夫的画稿。

17、18、19世纪的欧洲，重视中国文化。思想史家从启蒙主义、人文精神的角度加以说明，莱布尼兹、伏尔泰赞美中国思想的著作是其高峰。其实，在欧洲传播得更加广泛的是东方艺术。欧洲的"中国文化热"，最热点在艺术领域，有所谓"中国风"（Chinoiserie）。尼霍夫的画册，从17世纪中叶后一直受欢迎，因为书中泄露的东方装饰图案特别受到艺术家的欢迎。当时欧洲的财力、人力、物力和创造力都达到顶峰，到处建造宫廷、教堂、城堡、市政厅和庄园等，艺术家在各处寻找精美图案作点缀。中国的亭、台、楼、阁、宝塔等户外建筑，还有窗棂、门户、梁柱上的木雕木刻，文人用具、闺房摆设等家庭装饰都成为设计师的模仿和创作来源。隔了好多年，威廉·亚历山大在18世纪末有机会来中国，画了大量风俗画，使得欧洲对中国的感觉又焕然一新，又掀起了英国人对东方文化的热情。

在尼霍夫和亚历山大之外，另有一批西方人画了不少中国图像，传回欧洲。他们就是我们稍微熟悉一些的耶稣会传教士，有郎世宁、王致诚、蒋友仁、马若瑟等人。他们不单为乾隆等皇帝设计建造圆明园，还为欧洲画了不少画。这些绘画，和他们在《耶稣会士通讯集》中所作的对中国情况的报道，都是欧洲了解中国文化的第一手资料。耶稣会士的文字资料，大量出现在赖特对画册所作的文字解说中。

三

研究 1893 年马戛尔尼使团访华的法国学者佩雷菲特，把当时的中西礼仪冲突比作"大清"和"大英"两大帝国的遭遇。"帝国"是欧洲古代政治家们的一贯理想。文艺复兴时期的意大利思想家但丁在《论世界帝国》中提出：为了人类的利益，必须由一个世界帝国来统治世界；这个世界帝国的政治必须由罗马人来主持；而罗马人的正当权力是因为他们的法律制度来自上帝。

马可波罗以来，欧洲一直称中国为"帝国"，耶稣会士正式称之为"中华帝国"，许多历史学家都这样估计世界历史：两千年来，能够和罗马帝国相比较的帝国，只有中华帝国。德国汉学家夏德（Friedrich Hirth）在他的名著《中国和东罗马》（*China and Roman Orient*，1885）中，把中华帝国和罗马帝国的关系作了详细研究，使人们越发地愿意把这两大帝国相提并论。今天美国学者研究中国的明清史，仍然称作"晚期帝国史"（Late Imperial China）。

中国人也有类似但丁那样的"世界帝国"理想。"普天之下，莫非王土"，儒家理想并不是区域性的，而是"世界主义"的。儒家主张"大同之世"，但有严格的"夷夏之防"。中原地区的汉民族，和罗马人一样，具有较高文明，掌握典章制度，因此自认为有开化四裔的职责。除了认为自己种族和文化优越外，中国皇帝还自认为是"天子"，从上帝那里获得了"道统"，能用"仁政"治理世界。在这些理念中，中国和罗马确实很像，都是"帝国主义"。

帝国的特征是殖民、扩张和侵略，是外向的。同时，帝国还有内敛的性格。帝国是世界的中心，外邦人万方来朝，所谓"条条大道通罗马"。晚期的中华帝国，更多表现出"内敛"性格。中国和周边国家维持朝贡关系，不派使节。经济上都能自给自足，不假他求。帝国生活造成自我的心态，老是从自己立场出发看世界，不能反过来从世界的视野反看自己。"自我中心主义"，是一种可怕的心态。然而，清朝初期到中叶，中国人深深地陷在这种类型的"帝国心态"中不能自拔。已经是日薄西山，却还在"怀柔远人"；已经在科学技术上大大落后于欧洲，却还在高叫"礼仪制度"天下第一。"日不落"的"大英帝国"，在全球航行做生意，已经在审时度势，权衡利弊，准备对付像中国这样的"老大帝国"。

既然中国人怀有"帝国心态"，不能从外部看中国，那就必须引入一种外来的眼光，打消那种虚妄的自以为是，采纳客观的标准看自己。借用17、18、19世纪欧洲人的绘画来看中国，应该是摆脱局限，了解自己的好方法。画册中，阿罗姆有两幅画面画了官僚鞭笞犯人的情景。其实，这是欧洲人讨论中国社会性质的一部分。我们知道，法国思想家伏尔泰认为中国是一个仁慈的国度，他们用《论语》治世。孟德斯鸠早就知道中国的"鞭笞"，他反对说：中国是一个暴政的国家，他们靠鞭笞和恐怖来统治。是孟德斯鸠的"专制社会",还是伏尔泰的"礼法社会"？近代中国人接受了孟德斯鸠的理论，认为中国是专制社会。外来的眼光，"发现"了中国的一条鞭子，还化入了中国人的自我意识。

还有，传统生活对很多东西熟视无睹，有了外来人便忽然发现它的真价值。阿罗姆画了两幅乾隆时期广东英德煤矿的图景，中国历朝的画家和文人从不去画去记这黑乎乎的煤块。《马可波罗游记》里记录了煤（"石炭"），但中国人没有像英国人那样，把煤看作工业革命的动力。鸦片战争以后，英国人一直觊觎华南的煤矿，和这两幅画的影响不无关系。历史必然要联系在一起，"洋务运动"中的中国人惊呼煤矿、铁矿开采太晚，急起直追，唯恐不及。读这两幅画，不禁感叹中国人对煤炭、盐铁忽视太久，很多次错失了自我发展产业的早期机会。

四

阿罗姆的画，成了我们的历史。几千年来，中国的史官们"左史记言，右史记行"。帝王的起居言行被记录下来，称为"历史"。清末学者梁启超、章太炎说过相似的话：一部廿四史，其实就是帝王将相的历史，是他们的相砍史，宫廷的谋杀史。这样的历史，忽视民间生活，只有唐尧禹舜，本纪列传，儒林文苑，烈女贞妇，历史被片面地记录，很难窥得活生生的人类经历。

儒家传统依靠文字和书籍来传承历史。相反，希腊、罗马的欧洲文化传统，比较重视用图像造型记载历史。西方中世纪，《圣经》故事和王族的历史，大都是用绘画的形式记录下来的，绘入教堂，画在宫殿。罗马教皇最重视的就是雕塑、壁画，欧洲的史诗，连很多思想和教义，都是靠图像记录下来。也难怪，英文、法文、德文的历史都不足千年，用来书写历史，比三千年的中文差得太远，只有依靠图像器具、文物来写历史。

中国士大夫热衷文字，用长长文字记录了两千多年的历史，这是长处。但忽视图像，并不是优点。现在我们已经知道，图像留下的历史信息，有时是超过文字的。马王堆帛画出土后，使我们当代人对汉代的认识终于跨越了《史记》《汉书》。20 世纪中，人类发明了照相机、电影、电视，出版报纸、画报、杂志，大量的图像信息作为历史的载体，为历史学家使用，因此我们的近代史研究领域大大地拓宽了。通过图像来研究历史，越来越成为历史学不可分割的一部分。非文字的图像历史，是我们这一代历史学家应该努力探索的。

阿罗姆的画册，包含了大量的清朝历史信息。把他的图像和利玛窦的《利玛窦中国札记》、斯当东的《英使谒见乾隆纪实》、宾汉的《英军在华作战记》，以及屈大均的《广东新语》等中国传统笔记文学书参照阅读，可以发现许多有意义的信息，而许多方面是文字无法替代的。到今天为止，东西方很多历史学家都在自己的专著和教科书中，不断采用阿罗姆的作品作插图，说明中国历史。

一般认为：欧洲人不了解东方，他们投向中国的眼光是大可怀疑的。他们会随心所欲地歪批东方事务，扭曲中国的形象。这种状况在近几十年里被美国"后殖民主义"学派的文学评论家萨义德（Edward Said）评论为一种欧洲人的"东方主义"。"东方主义者"歪曲了东方文化的本来精神，按自己的审美标准丑化东方。我们可以把阿罗姆的画作，当作一个例子，来审视一下"后殖民主义"的批评是否正当。我看到的情况是：从亚历山大、波塞尔等人的一手素描，到阿罗姆的二手画稿，确实有不少变异。但是，中国文化的基本的真实性都还在。画家们在题材选择上的主观性是有的，属于"恶意歪曲"的却是很少。

法国、英国学者的中国观，可能是"东方主义"的例外。在英国19世纪40年代打败中国以前，西方对中国的看法是积极、正面的。19世纪以前的欧洲学者、画家，没有丑化中国，反而对中国怀有敬意，因而笔触之下大都是美妙的境界。之所以出现这种状况，和早期来华的耶稣会士的竭力宣传有关，他们在书信中描绘了康乾盛世的繁华、富裕和仁慈。这种"宣传"固然有夸张自己传教成果的嫌疑，但不能不说当时中国文化确实发达，欧洲人确实为之瞠目。18、19世纪欧洲的"中国文化热"不是没有根据的。他们对中国文化的看法是崇拜、羡慕、借鉴、模仿，而不是歪曲、丑化和歧视。

伏尔泰说，由于耶稣会士的介绍，现在我们对中国的了解，恐怕要超过我们对一些欧洲小公国的了解。由于耶稣会士的介绍，19世纪"东方热"兴起。维克多·雨果说："路易十四时代的希腊主义者，现在都成了东方主义者。"这就是说，18世纪以后，人们对东方，对中国有了热切的探求。看阿罗姆的画，很惊讶在中国人对欧洲懵懂无知的时候，西方人对中国已经有这么深入的了解，也真的了解图像在文化传播过程中的普及作用，超过文字。

五

托马斯·阿罗姆是19世纪中叶英国维多利亚风格的建筑师和

画家。他在英国皇家艺术学院（Royal Academy of Art）学习设计
和绘画，和威廉·亚历山大是校友。他参与设计了英国议会大厦，
创建了英国皇家建筑师协会（Institute of Royal British Architects）。
著名的英国圣彼得教堂、海伯利教堂都是他设计的。他还设计了
伦敦肯星顿公园、斯坦利花园和许多大楼，以自己的风格，为英
国开创了一种新的城市建筑样式。

阿罗姆以水彩画家称誉世界。赖特在本书前言中赞誉说："他
的画笔要比他的制图笔更出色。"1834—1837 年间，阿罗姆画过很
多切尔郡（Cheshire）的风景画。此外还有苏格兰、爱尔兰、英格
兰的风景画。中年以后，他开始画东方风景，最初是土耳其风景。
他先前出版了一部画册《松柏的国度》(*The Land of the Cypress and
Myrtle*)，是土耳其的风景画选集。

乔治·赖特，是本书的文字撰稿者。有人说他到过中国，是早
期的传教士。但查过早期来华的外国人名录，并无这个赖特。他
有著作《兰开夏：历史、传说和制造业》(*Lancashire: Its History,
Legends, and Manufactures*)[1]。这本著作和他与阿罗姆合作的画册在
同一年里，都由伦敦的费塞尔出版社出版。从他的文字看，能够
规范地使用中国和西方的历史资料，并不断将中国历史和欧洲及
英国历史加以比较，可见是一位职业的历史学家。

威廉·亚历山大，生于英国肯特郡。当时没有照相技术，无
论是使团来东方谒见皇帝，还是派军队作战，总是要安排画师随
团，以便记录当时的外交过程，和当地的风土人情。在马戛尔尼
的谒见团中，安排了"特使随员，包括乐队、工匠、兵士及仆役

---

1 George Newenham Wright, *Lancashire: Its History, Legends, and Manufactures*, London, Fisher,
1843.

等共一百人左右",其中就有画师威廉·亚历山大。

1784年,亚历山大进入皇家艺术学院学绘画,直到1792年被马戛尔尼使团选中到中国。回到英国,亚历山大整理他的旅行画稿,画了大量中国题材作品,让欧洲人大开眼界。大多数的英国人、法国人是看了署名"WA"的作品,才知道中国有万里长城、紫禁城、大运河。大约到了1802年,画画的收入渐渐不能支撑他的生活,于是他去了皇家军事学院(Royal Military College)教授风景画,还在大英博物馆的文物部工作过。1816年7月23日,因急性脑炎去世。

亚历山大的部分遗作后来由他的叔孙爱德华·休斯(Edward Hughes)保存,休斯后将此收藏给了大英博物馆。亚历山大的另一些作品,曾经放在家乡的梅德斯通博物馆(Maidstone Museum),后散失到英国印度事务部图书馆(India Office Library),有八百七十件之多。还有流失到伦敦的维多利亚和阿尔伯特博物馆(Victoria and Albert Museum)、美国纽黑文的耶鲁英国艺术中心(Yale Center for British Art)、美国加州圣马力诺的亨廷顿图书馆(Huntington Library)。亚历山大还有不少作品流散在民间收藏家手中。亚历山大的作品,尤其是他关于中国的作品,是收藏界的抢手货。1976年4月1日,英国索斯比拍卖行对亚历山大的作品执行过拍卖。

(原载《文景》2003年第1辑)

版画里的历史

"后现代"批评家们认为：人类已经进入了一个图像阅读时代，文字作为文化的载体，开始退居二线，濒临淘汰。对此，坚守文字传统的作家和学者则颇有微词，很不甘心。其实，这样的命题还是不争论为好。稍作区别，道理不证自明。很少有人会相信，孔子、老子、庄子、苏格拉底、柏拉图以来的人类思想史可以用连环画来完成。人类许多最基本的概念和观念，一定要通过文字才能辨析清楚。然而，在文化普及过程中，雕塑、绘画、照相、电影、电视、卡通等具象作品，肯定要比艰涩文字更具魅力，传播更便捷。"图胜于文"，古今亦然。早在明末，《金瓶梅》的绣像集，就比原书更加的不胫而走。还有，前人的文化观念，许多是经过家中堂屋画栋雕梁上的故事传奇习得的，比私塾里"四书五经"传授的还要多。图像和文字，各有功能，不可替代，这甚至是一个历史的事实。

《大清帝国城市印象——19世纪英国铜版画》的编辑初衷，就是想恢复历史编纂学中的"图文并茂"传统，并不是来附和时下的"图像替换"风气。欧美学者的作品都努力做到"图文并茂"。我们读西文精装本的学术书，纯哲学的除外，历史学、人类学、社会学、文学书常常是插图、插画的。反观中文著作，多半是纯粹的文字和图表，相关的图录很少。原因肯定不是作者、编者和读者不喜欢图像，而是中国近代积贫、落后，印刷和制作条件不够，读者负担不起，才因陋就简，不得已也。以19世纪"大英帝国"出版界为例，印刷出版繁荣，伦敦书商找人创作了很多精美的版画，放在书籍、杂志和报纸上。关于中国的消息，英语世界的读者，愿意读理雅各（James Legge）《中国经典》的人究竟不多，但是19世纪西方人关于中国的知识如此丰富，又是怎样得到的呢？原来，大部分人是在阿罗姆这套版画作品中了解中国的。中国的长城、运河、圆明园、景山、午门、虎丘塔、雷峰塔、报恩寺、琉璃塔、金山寺，龙舟、灯笼，闸门，捕鱼，宴请，鸦片，辫子……都是从这本画册流布全欧洲的。正是这种事实，构成了文化传播中的"图文并茂"的传统。对于这传统，我们要尊重，要利用。

阿罗姆的版画里，蕴藏着明清帝国的历史。欧洲人眼中的中华盛世，从收在画册里的一百二十多幅精美作品中一目了然。阿罗姆没有到过中国，他是英国皇家建筑师协会的创建人，画得一手好风景。他收集访华画家，如荷兰人尼霍夫，英国人威廉·亚历山大、钱纳利，法国人波絮埃等人画作，把不同风格和题材的原画，再创作为自己风格的水彩画。他的画作，配上了历史学家赖特的文字说明，1843年由伦敦费塞尔出版社出版。阿罗姆的画卷发行后，迅速成为英国和欧洲最有名的图画本中国历史教科书。

长城和运河，现在已经成为中华民族的骄傲。在明末尼霍夫、清初亚历山大到中国访问之前，并没有中国的山水画家画过"万里长城"和"大运河"。换句话说：当代中国人引以为自豪的两大民族象征，还是外国人帮我们画了下来，宣传出去。当他们在欧洲大惊小怪地称道"世界第八奇迹"的时候，中国人还在一座接一座地拆毁着自己的城墙，一次又一次地扒开运河。还是"外来的和尚会念经"，外国人口口声声的"运河""长城"，最终让国人认识到断壁残垣乃是"国之瑰宝"。中华文明在今天世界上确立的形象，并不是我们的自画像。"不识庐山真面目，只缘身在此山中"，今天我们描述自己的文明，还必须借用欧洲人的描绘。我从不认为外来者的这份先见先描就是西方人的霸道，或曰"西方中心主义"的倨傲。这完全是在中国人还没有走向世界，而世界已经先走向中国的状况下自然形成的。外来者一定要来看，一定会有发现。他们有独到的眼光，但无所谓歧视和歪曲。相反，阿罗姆画作中的中国，是广角镜里更加世界化了的中国。

虽然中国刚刚在中英鸦片战争中被打败，但阿罗姆画册里的中国并不是一个妖魔化的丑陋国度。战后，英国人还在继续18、19世纪赞美中国文化的风气。早在1793年，马戛尔尼使团带着画师亚历山大到访中国的时候，他们已经看到了一个表面光鲜，内里爬满虱子的"康乾盛世"的尾巴，记在日记中。但是，花掉国王大量钱财，却空手而归的使臣们，在报告和画作里甚至不敢暴露在长城内外、运河沿线看到的混乱和贫困。因为英国人仍然把中国看作遍地白银、人人绸缎、天天看戏的国度。英国商人都在等着和中国通商，说中国的坏话，岂非得罪舆论。

画册中还是有一些中国的负面形象，但不是故意的丑化。嘉道时期，鸦片烟雾缭绕全中国，然而没有见过当时国人的"鸦片吸食图"。阿罗姆的作品中就有一幅写实笔调的广式鸦片烟馆图。现在研究鸦片问题的学者，如获至宝，放在专著中，仔细考核。

中国当代学者严重地忽视着图像中所包含的丰富文化信息,历史学家尤其如此。张隆溪教授曾在他香港九龙塘家中,指着他收藏的阿罗姆的原画说:现在很少有人到杨柳青、桃花坞年画里查一查当年风俗,把生活细节和人物形象弄仔细些,结果屏幕上的清宫戏慌了腔,走了形。还有,学者研究"中国近代化",谈论西方对东方的"妖魔化",但很少有人去查一下西方的"东方画家"到底在中国画了些什么? 18、19 世纪西方人是如何看待"大清帝国"的? 中国在欧洲人心目中是怎样的一种形象? 历史形象,无形无象,玄谈"历史",如何可信? 怎会有趣?

(原载《文汇报》,2003 年 4 月 4 日)

那时代还不是上海

　　二百多年前，整个 18、19 世纪，吸收西方文化最多的城市是当时的广州，而不是现时的上海。最近上海古籍出版社出版了一本《18—19 世纪羊城风物：英国维多利亚阿伯特博物院藏广州外销画》，生动地反映了这一点。

　　广州的"外销画"，卖到欧洲，散落在民间，原来只是他们放在家中认识中国人的风情画。从 1860 年开始，英国的维多利亚阿伯特博物院开始收藏这类画作。从欧洲本位艺术的眼光看，这些作品都应该只是些不入伦敦"学院派"法眼的俚俗作品。但是，全盛期的英国人还是把这些东方艺术品收齐了。这样的眼光，突破了"欧洲中心主义"，在 19 世纪是超前的。

　　"外销画"，是当年在广州批量制作，专供出口欧洲的中国风俗画。画家都是广东人，因为要满足英国顾客的审美需求，用的是宣纸，颜料却是西洋水彩，画风也与内地江南地区的山水、人物、花鸟画很不相同。"外销画"的画风来源其实很可探究，在中国画还很不重视素描、透视、光线、比例和方位的时候，他们就学到了认真的"西洋画"。在这本画册中，1790 年无名氏画于广州的那一批"各行各业人物"画，和 1793 年随马戛尔尼使团来华的英国画师威廉·亚历山大的中国风俗画，两者在风格、选材和表现手法上都非常接近。比如说，一前一后，两人都画了一幅《卖书图》（*A Book Seller*）。一个书生，边卖边读，传递了"知书达理"的中国人形象。读到这批"外销画"，我们知道：广州画家在清初就接触到了欧洲绘画艺术，比上海的任伯年等"海派画家"吸收西洋画风要早得多。

1843 年"五口通商"之前，中国和西方的交往已经有三百年的历史，中心一直落在广东省的澳门和广州。此后的一百多年，上海才成为中西交汇之区。在中国和西方国家的交往过程中，广州得风气之先，上海则后来居上。这当然是一个很大的区别。但是更大的区别还在于：广州人和外国商人打交道，是在明清帝国鼎盛时期，那时的"满大人"是出口就骂"番鬼"的。"三元里抗英"，"反入城"，广州官绅在外国人面前一直很牛、很自大。相反，上海人走向世界时，中国已经陷入困境，官绅们就比较能够放下架子、平等待人。近代上海画家，从任伯年到刘海粟，无论国画、西画，都是学习西法的，因此说上海人"崇洋"也是可以的。

开埠后来上海的外国人，都说本地人比较友好，不像广东人那样"排外"。说起来，又是上海人、江南人的温顺软弱，缺乏阳刚。其实排外不排外，以"夷夏观念"来分别人，都是官员士大夫的情怀。一般老百姓，打工谋生，才不管是中是外。拿"外销画"画工们的话来说，就是"揾两餐"。按外国商人的趣味和风格画画，卖给外国人，做买卖赚钱，广州的老百姓一点也不排外。相反，历史地看，广州画匠和"海派画家"一样，兼容了西方艺术，非常先锋，毫不保守。

上海开埠后，也有"外销画"销售到欧洲，数量和影响都不及广州的大。很遗憾的是，上海的"外销画"，还没有一个系统的收藏。既然有同样的作品出口，自然也应该有广州"外销画"师来上海开馆设坛，不过还没有在历史文献中查到记录。找到"外销画派"和"海上画派""岭南画派"的联系，将会接上中国艺术史的重要一环，从风格上看，相信是有此环节的。上海是19、20世纪中外势力碰撞、东西文化相遇的前沿。在一百五十年的历史上，"海派画家"，继承了广州"外销画家"面向西方的精神，变法画风。当年的上海画家们，无论是卖画求生，还是为了艺术的永恒追求，都吸收了"洋场风"，汲取西方艺术精华，建立起属于自己风格的各种现代画派。从"外销画"到"现代画"，中国的当代艺术，从来就是这样走过来的。

（原载《东方早报》，2003 年 11 月 11 日）

墓前遐思

徐光启墓前遐思

　　明朝万历末年，文官出生的徐光启（1562—1633），被委以挽救大明江山社稷的要任，练兵抗清。1633 年，徐光启临去世的前几个月，崇祯皇帝越发赏识和依赖这位上海人，把他"东阁大学士"的头衔，升级为"文渊阁大学士"，身系国运，位居人极。那时，朝中人称他为"徐上海"，家乡人就称他为"徐阁老"。直到20 世纪 80 年代，大家仍然把位于上海徐家汇南丹路 17 号"光启公园"内的徐光启墓地唤作"阁老坟山"。徐光启逝世后，朝廷给的谥号是"文定"，于是，上海人又尊称他为"文定公"，徐家汇西南块坟地附近的僻静处，至今还有一条"文定路"。

　　1988 年，"徐光启墓"被列为"全国重点文物"。历年来，上海市文管会和徐汇区文化局精心维修，社会人士众襄共举，目前这块"国宝"已成规模，容有可观。每次引他人参观墓地，学生、朋友和学者中都有怀疑整修过的墓地如此光亮，历史上有否被盗过？这时，都会略带自豪地说：上海地区，古来就没有盗墓风气，徐光启，还有他的孙子尔觉、尔爵、尔斗、尔默，以及徐氏祖孙的女眷们，应该都还尸骨安然，躺在这座已经很不显眼的坟山下面。其实，能够肯定这一点，相当不容易。我们周围，有几个人敢说自己三代以上的祖宗，乃至上溯到民国、清朝、明朝的老祖宗，都还尸骨完好，安然地躺在原来的墓地里？

徐光启是 1641 年下葬在徐家汇的。死后停厝八年，终于赶在明朝灭亡前三年，匆匆下葬。一定是家中拮据，无钱办理，才拖延如此。徐光启真的是廉洁，他的俸禄用来补贴图书翻译、农业试验和军事训练，最后他带资练兵，自掏腰包，帮皇帝垫付了很多钱，用来买炮、铸炮。在北京官寓离世的时候，《明史》本传说他"囊无余资"，肯定是真的。《上海县志》称："潘半城，徐一角"，意思是豫园潘家占据了北城泰半，徐光启家族蜷缩在南城"九间楼"一角，这说法也是真的。后来，同样拮据的崇祯皇帝，赐了一眼眼铜钿，才在徐家汇修了这座很不宽裕的墓地。以"阁老"的身份，徐光启墓地规制狭小，远远没有达到"大学士"的级别。2003 年，负责墓地修复的文物工作者们都犯难，徐光启墓前的牌坊低矮，墓道短小，和江南和全国的同类墓葬相比，属于拮据，做出来气派不大。但是，窃以为这是一种"光荣的拮据"，并不可以拿来证明上海人的"小气"，知情者都以为：这是另一种"大气"。

三四百年间，中国大地经历了无数变故，出于复仇、嫉妒、谋财、商业和意识形态等等原因，国人热衷于挖人祖坟，平人墓穴。五陵之间，多少墓地已成了空穴；中原大地，无数文物都陷在魔窟。据记载，陕西的周公墓，在公元前 10 世纪和公元 21 世纪，都被人用"洛阳铲"盗发过。1928 年，曾经不可一世的慈禧太后，躺在东陵还来不及腐烂，就被孙殿英军长挖出来暴尸荒野。盗墓行径太厉害了，历史学家至今都不能肯定秦始皇、孔夫子、唐太宗的尸骨是否还躺在自己的大墓里。这几年，北方"文物之邦"的盗发之风几近癫狂，稍成规模、看管稍稍不严的墓葬，恐怕又被洗劫一遍。触目惊心之下，我们还能够断定"阁老坟山"

安然完好，是不是一件异乎寻常、值得庆幸的事情呢？

徘徊在徐光启墓前，很容易联想到四百年来世态之变幻，人生之起落。把徐光启等群体人物的遭际联系起来，一条跌宕曲折的连线，暴露出中国近代社会的很多特性。墓前凭吊，从来都让人叹物咏史，这就是文物古迹之功效。人们知道：徐光启义无反顾地决计和欧洲文明交往，他不是一个人，而是一个群体。徐光启周围还有一批江南的儒生士大夫，信仰"西学"，皈依了天主教。他们都是中国第一代自觉投身于中西文化交流的重要人物，当时都有成就，身后也有名声。上海徐光启，杭州李之藻、杨廷筠，合称中国天主教会的"三柱石"。如今，徐光启墓地幸运地保存着，李之藻、杨廷筠的墓地和尸骨却不知所踪，连它们是如何消散的，原因也不清楚。如今沧桑变异，这些都成为非常可惜的事情。

据记载，"三柱石"之一，杭州巨绅杨廷筠在天启二年（1622）把自己家族一块位于杭州大方井的地皮送给了天主教会，专门用来安葬在江南长期居住后去世的欧洲耶稣会士，就是今天还位于西湖西北角老东岳西溪路 549 号的"卫匡国墓"。2008 年圣诞节前，和同好友人一起去探访的时候，恰逢祭日。墓地肃穆整洁，当地天主教会和园林部门派了专人管理，还有杭州市民来献花。碑文显示，"卫匡国墓"在 1987 年被列为杭州市重点文物，1989 年升为浙江省重点文物。其实，来自意大利，稍晚去世的卫匡国（Martino Martini，1607—1661）神父，只是大方井墓地中的一位后辈，他以一部详细描述清朝征服中原的《鞑靼战记》，一幅精确绘制中国各省疆界的《中国新地图》闻名于世。早于卫匡国，徐光启的"西儒"朋友郭居静（Lazzaro Cattaneo，1560—1640）、钟巴相（Sebarstiano Fernandes，1562—1622）、罗儒望（Jean de Rocha，1566—1623）、黎宁石（Pierre Ribeiro，1572—1640）、阳玛诺（1574—1659）、金尼阁（Nicolas Trigault，1577—1629），还有稍后在江南活动的伏若望（Jean Froes，1590—1638）、庞类思（Louis Buglio，1607—1630）、洪度贞（Humbert Augery，1616—1673）、徐日升（Nicolas Fiva，1645—1708），都安葬在大方井墓地。后世之所以命名大方井为"卫匡国墓"，大概是因为传说1679年教会为卫匡国等人迁移墓穴，发棺以后发现：去世十八年的卫神父，尸体完好，"如初死然"，杭州人民视为神迹，"竟移卫公之尸于座椅，置诸堂中，诵经祈祷"。这件怪事，见于高龙磐《江南传教史》、徐宗泽《中国天主教传教史概论》的记载。

江南地方习俗，有不少出于亡灵护佑，风水保持的传统想法，对家祠、宗祠和墓地的看护，尤为慎重。年节里的祭扫之外，落葬后若干年，要破墓发棺，把尸体朽蚀以后留下的尸骨归拢来，装殓在坛瓮里，以安亡灵。杭州大方井外国神父们的尸骨，后来被分别安置在一只只坛瓮里，存放在墓地中央高台上的一间石室中，外有勒石："天学耶稣会泰西修士受铎德品级诸公之墓"。江南地区确实较少"盗发古墓""挖人祖坟"。明、清、民国以来，大方井墓地一路无事，和徐光启墓一样，在民众的看护下，安然度过了三百年。"文革"期间，石室曾被打开，坛瓮被红卫兵敲破，尸骨散了一地。不过，马上又被装殓起来。

徐光启的外国挚友，中外史籍中一贯以"利徐"并称的利玛窦（1552—1610）神父，死后下葬在北京西郊的"滕公栅栏"，利墓没有徐墓的幸运。利玛窦去世后，因父亲去世在上海老家"守制""致仕"的徐光启，赶赴北京，为老友主持了葬礼。墓地就在今天西二环外的车公庄大街6号，北京行政学院校园内。后来，生前客居中华，死后留在北京的耶稣会士们，如龙华民（Nicolo Longobardi，1559—1654）、邓玉函（Jean Terrenz，1576—1630）、汤若望（1591—1666）、罗雅各（Giacomo Rho，1590—1638）、南怀仁（1623—1688）、郎世宁（Giuseppe Castiglione，1688—1766）等百多名"西洋人"，遗骸也都葬在这里，历史上称为"栅栏墓地"。栅栏墓地是万历皇帝破例御赐的，让外国人葬在中国的首都，当时不合礼法。所以破例，实在是利玛窦毫无劣迹，非常和善，大家都喜欢的缘故。墓地逐渐扩大，清末民初时期，周围发展出一大片教会财产，包括了教堂、修道院、神学院、葡萄酒庄（和"龙徽"有渊源关系）。至1958年，形势改变，因入不敷出，所有财产陆续出售和移交给了北京市，北京市委党校和行政学院现在使用这处房地产。去北京参加学术会议，好几次参观利玛窦墓。听院内的同行老师讲解，看着碑记，还有墓地肃穆的松柏，陵园完整的格局，都会让人忘记一个事实：栅栏墓地其实经历过"义和团"（1900）和"文革"（1966）两次浩劫。利玛窦墓初次毁于"义和拳"。《辛丑条约》后，清朝费银一万两，修复了栅栏墓地，美轮美奂，把利玛窦等人的墓碑挪动后，重新竖立。利玛窦墓再次毁于"文革"。这一次有人把利玛窦墓碑深埋，1978年"拨乱反正"，墓碑挖出来，重新凿刻后竖立，更不是原来的样子。栅栏墓地的维护者和参观者都息事宁人"向前看"，既往不咎，大家都觉得墓碑下面，似乎还以某种形式埋葬着利玛窦等人的尸骨。1984年，"利玛窦墓"被公布为"北京市重点文物保护单位"，据北京行政学院的朋友说，北京申办2008年奥运会主办权的时候，最后一稿的申办宣传片，听了他们的建议，用"利玛窦墓"作画面媒介，拉近了与欧洲评委的心理距离。利玛窦和徐光启一样，被认为是促进中西文化沟通的正面人物。

2005年10月，为了拍摄纪录片《徐光启》，我们一行去意大利罗马和马切拉塔（Macerata）探寻利玛窦来华前的踪迹。让一行人大吃一惊的是：在一家档案馆地室仓库的铁柜里，我们看到了利玛窦的遗骸——两根腿骨！它们盛装在一只景泰蓝框架的玻璃盒内，用一副铁架子支撑着。原来，利玛窦的遗骸早已不在北京栅栏墓地里面了，它们已经被人送到了罗马，在档案馆里保存！在上海，我们拍了徐光启墓；在北京，我们拍了利玛窦墓。忽然，我们真真切切地意识到：太多的历史事件，横亘在上海、杭州、北京、罗马、巴黎之间，四百年前的亡灵，仿佛犹在诉说和沟通。按照景泰蓝玻璃盒上的拉丁字铭文，信教民众在"义和团"平定之后，赶到栅栏墓地，把散乱一地的传教士尸骨收集起来，用礼盒装殓，送到罗马保存。这段以前不为人知的珍贵镜头，已经剪录下来，放在纪录片《徐光启》中公映了。可是说老实话，我对这两块骨骸是否真的属于利玛窦，内心是有保留的。1900年的北京，那么的狂乱，如何保证这些尸骨没有错辨，就是利玛窦？档案馆馆长没有提供证明这些骨骸身份的证书，回来后也找不到关于此事件的线索。不知中外生物学家能不能合作，有没有办法，作一个DNA的鉴定，敲定就是利玛窦。

历史的经验告诉我们，每当人群当中遇到一些经济、政治、军事上的利益冲突，就会有人移情到双方的文化和宗教差异，揪住对方的衣冠服饰，作"非我族类，其心必异"的对待，乃至于迁怒古人，必要挖人祖坟，鞭其骸骨，焚尸扬灰而后快。百多年来，无数事实都证明，这样的做法，都是些鲁莽行为。任何人，任何民族，都要为这种鲁莽付出代价。一旦做出，就会载入历史，永远被人铭记，很是不堪。在这方面，我真的相信，江南之人的文化性格比较温和，他们不轻易走上极端，不容易陷入狂热。他们守护祖先的坟茔，看顾自己的家园，努力保存自己的生活方式。归根结底，只能相信文明的力量，以柔克刚，春风化雨。

手上有一本由上海市徐汇区非物质文化遗产保护办公室编写的《徐光启》，是给本区中学生当课外读物用的乡土教材，刚刚出版。其中有一段《七十二只阁老坟墓》的民间故事，讲道："有一年，皇帝听信谗言要根除徐光启。松江府家乡的老百姓闻讯后心急如焚，纷纷思谋计策。官差到上海后，非常惊讶，竟然一夜间从南市到徐家汇出现了七十二只徐光启墓。官差四处打听，老百姓都说当时出丧棺材确实有七十二只，而且一模一样。谁也不知道哪只是真的。于是，官差开始挖掘坟墓，百姓得知官府要把七十二只坟墓全部掘掉，就设法把徐光启的棺材迁移到已掘过的坟墓里，官差掘了七十二只坟墓，只只是空的，只得无奈而回。"故事很有趣，难道徐光启墓是这样才被保下来的吗？从来没有在正史、野史和笔记中看见过。询问本书编者黄树林老师后得知，故事得自20世纪80年代徐光启家族后裔们的口头传说。

这条真真假假、难以考辨的传说，传达出上海人爱戴"阁老"和捍卫祖坟的历史。它的真实性，在于清朝入关后，曾经追究徐光启《庖言》中的诋清言论。徐光启在疏稿奏文中，照例称满洲人为"北虏"，满族大员，记恨徐光启。清初的"文字狱"，《庖言》在"严禁"之列。"满大人"扬言要掘掉徐光启的坟墓，是可能的事情。不过，一夜之间，"七十二只阁老坟墓"，肯定是夸大了的传奇故事。故事传说里的市民们，面对满洲人的暴力，用太极翻舞般的柔术，拆解掉征服者的铁马金戈，"以柔克刚"，或许也是真实有过的。

明朝历史上，上海出过两个"文渊阁大学士"，一县二阁老，即使在人才辈出的江南，也算是相当突出。除了崇祯年间的徐光启之外，另一位是嘉靖年间的徐阶，位居"首辅"，号称"总理"，权位高过徐光启。但是从德、才、学、识，还有政绩来看，徐阶都远不如同乡同姓的这位后辈。四百年来，徐光启光耀后人，启迪乡土，故事尤其多，此地不容细说。这些年，我们常常称徐光启为"上海第一人"，当属无可争辩。如今，每逢清明等年节，徐汇区内的学生、徐光启的后裔，还有各类机构和组织，会在徐光启墓地公祭这位城市先贤。经过修复，阁老坟前，有牌坊，有神道，有象牲，有碑记，有铜像，有十字架，有纪念馆，还常常可见后人零星供上的黄、白鲜花，顿时令人觉得我们这座城市的精神传统，其来有自，源远流长。

（原载《悦读》，第 13 卷）

附："徐光启奖"获奖答词

近十年来，汉语基督教文化研究所在中国大陆蓬勃兴起的宗教研究热潮中起了非常重要的组织、引导和推动作用，在这方面已经被公认为世界上几个最重要的推动团体之一。学术研究，在形式上是个体行为。从事个人研究，提出独立见解，解决独到问题。但是，作为这十多年宗教文化研究热潮的见证者和参与者，我深感有研究所这样一个团体的推动，个人的研究能够变得更有效，更有意义，并更为快乐。

《中国礼仪之争：历史、文献和意义》是我在复旦大学攻读博士学位时的论文。因为时间仓促，这还是一个比较粗糙的作品。由于中文世界缺乏同类研究，而这个问题又相当重要，所以著作出版以后得到同行们的鼓励和肯定。这次汉语基督教文化研究所把今年度的"徐光启奖"授予《中国礼仪之争：历史、文献和意义》，是我迄今为止受到的最大鼓励。虽然在此之前已经有过一个半官方的奖项，但这个奖项完全来自同仁和民间，我会把"徐光启奖"作为我终生的荣誉。很凑巧，我是上海人；我的第一篇宗教研究论文是《徐光启与明代天主教》；刚毕业时，我的研究所在上海徐家汇，靠近徐光启的墓地。我和徐光启有缘。

我目前还在从事基督教和中国近代文化的关系研究。我觉得，基督教和中国的近代性有密不可分的关系。这和基督教在世界其他地方所起的作用既有相似，也有不同。学术研究并不是来判断什么是好，什么是坏。这种方法，是过去大陆学术研究的缺陷。学术研究首先是寻求理解，而非批评。这样，不同的文化和信仰才能沟通，互相补充。17世纪的时候，徐光启曾经提出"补儒易佛"的口号，用作基督教和中国文化对话的方案。这个方案今天看来还不够开放，我们要把基督教跟中国诸信仰平等看待，不是去变易对方，而是相互地理解和补充，这样我们的世界就会变得既丰富多彩，又合乎理想。我衷心地希望汉语基督教文化研究所能够成为东西方宗教和文明对话的舞台，利用香港文化的有利地位，为中国的文化建设，发挥更大的作用。

（原载《汉语基督教文化研究所通讯》，2002年第1期）

顾炎武：性情中人

康熙宠臣李光地作《顾宁人小传》，把传主顾炎武的籍贯从昆山错搬到长洲，谬托知己如此，却以半官方盖棺论定的口吻，貌似公允地权衡顾炎武之短长："孤僻负气，讥诃古今。人必刺切，径情伤物……然近代博雅淹洽未见其比。"显然是以理学正统作标准，取其学而去其人。这种隔膜的批评，首鼠而乡愿，却比较易于流传。

清初，江南两大老，黄宗羲是王学的殿军，顾炎武是经学的开山，身上都有豪侠和狷介之气。以年资、学问论，明清陵替之际原还有钱谦益等辈，终因晚节不保，被保存着明代人物臧否标准的士人摒弃。当时和稍后的士林，重学问，更重人品，大家至少是部分地冲着他们的个性而推为泰斗的，因而顾炎武的人格正好用来观察那个丧乱的时代。

晚明的江南，当时当地的文风鼎盛到把少年才俊视为一邑之财富。顾炎武自小在群英荟萃的复社交游，耳濡目染，养成了"落落有大志，不与人苟同，耿介绝俗"的性格。他与少年伙伴，后来的文章大家归庄在一起，被长辈评为"归奇顾怪"。"奇怪"在今天是个贬词，但在崇尚个性、标新立异的明代，这是赞语。顾炎武的个性是到了提倡谨言慎行的清朝才突出起来。倘仍在明代，他的任性言行虽不会讨好每个人，但会被视为一个有"性情"

的苏松士人，成为每次"雅集"的重要人物。在明末最后十几年里提倡"性情"的复社、几社人物在易代之际都感到文化上的不适，失去自己的生活方式，比马踏家园的高压统治更加痛苦。

常有理论说，议政和论学的冲突构成中国知识分子人格中的基本"tention"（紧张）。不知大家如何定义这个"tention"，至少这种"紧张"不能全面解释顾炎武的狷介之气。不少研究者曾把顾炎武的学问和人品归诸严酷的清朝政治，实际他的个性锋芒所指，从来只是"世道人心"，而且在明末与清初一贯如此。这种愤世嫉俗的秉性，在明清政治中的反映，不像是"紧张"，他文集中的底气，更像是对明清学风人情的"厌倦"。"厌倦"不是"紧张"，就像"学术"有别于"权术"一样。

谤世偶尔也批评社会，朝中御史甚至以此为职业。顾炎武的"耿介绝俗"，不同在于他有自己的精神支持。"实事求是""知必有行"，负智逞才的士人，坚信自己的理念，在许多地方要比庸常之人走得更远，而不避其身其心都已沦为独行客的境地。人们佩服顾炎武"博学以文""行己有耻"的治学标准，但他以此批评明末文人"无文无耻"，便引来唏嘘之声。顾炎武讲经高于时人，康熙御前经筵讲官如熊赐履等也侧耳愿听。但他接着说"舍经学无理学"，权儒腐儒便只有张口结舌，顾左右而言他。

顾炎武能以"耿介"展示其性情，部分是他摸透了当时社会对才识之士的宽容程度，因而借此与权贵周旋。他的"通海案"发，归庄代请降清的钱谦益出面求救，钱以让顾炎武称为门下为条件，却被他拒绝。钱对此不以为丢面子，反而称赞不已。大学士熊赐履以皇帝名义招致，他辞谢曰："刀绳俱在，无速我死"，与李白"天子呼来不上船"的浪漫洒脱遥相呼应。顾炎武似乎是料到，常年在谎言和小人包围下的天子，倒会容忍或尊重这种冒犯权贵的真性情。

身处乱世都不免愤激，顾炎武的情绪不对乱世本身发泄，转而对乱世里的人性丑陋作无情剖析。表面上看，顾炎武也是抱着儒家准则来批评刁钻浮华的江南民风，但他的求是精神是主张洗去当时王学的空洞，理学的崖岸，指说："今日人情有三反，曰弥谦弥伪，弥亲弥泛，弥奢弥吝。"他想让所有披着道袍的人无处隐身。他还讥讽家乡吴人不及古代小人，从"行伪而坚"颓坏为"行伪而脆"。

以南人而北居，以士人而负贩，看起来顾炎武是个合群的人。他的个性中有不避下层社会的世俗精神，但他在气质上绝对是个南北之大也不能相容的天地之人。他对南北风气都有批评："江南之士，轻薄奢淫，梁陈诸帝之遗风也；河北之人，斗狠劫杀，安史诸凶之余化也。饱食终日，无所用心，难矣哉！今日北方之学者是也；群居终日，言不及义，好行小慧，难矣哉！今日南方之学者是也。"说这话的时候，失望是显然的，孤独也是必然的。

顾炎武在清朝的处境，是身前孤独，身后显荣。先是他的学术主张为他儿孙一辈的学人推崇，成为乾嘉考据学的主流。道咸之际，他的"经世致用"口号又为人记起，贺长龄、魏源的《皇清经世文编》推他为本朝先驱。"戊戌变法"之后，他在清初坚不出仕的气节，又为反清人士所景仰，在《民报》《复报》等留学生刊物上大量谈论。尽管如此，他的"耿介绝俗"的个性并未被人理解，这方面他仍然孤独。或许只有章太炎是懂得的，他不但以顾炎武的名号作自己的名号，称"章绛""章太炎"，而且还有人

顾炎武：性情中人

121

格上的想象，这才完成了清朝一头一尾的呼应。"耿介绝俗"需要大智大勇，不是人人都能仿效的。因此，顾炎武的人格最容易得到的评价，仍是像李光地所给的那样，毁誉参半。

（原载《书城》，1994 年第 4 期）

"百年之子"马相伯

　　1875 年，一位三十五岁的中年神父告别了孤寂的教会生活，离开了土山湾这幢罗马式的小楼——徐家汇藏书楼，走进了正在蓬勃发展的上海洋场。这位神父一身儒雅，十分了得，当时已经精通拉丁、希腊、法、英、意大利文，后来，又学会了日文、朝鲜文。这位中年"下海"的神父，是被急需洋务人才的李鸿章召唤出来的。举目"大清王朝"的十八行省，找不出第二个"精通七国语文"的人。李鸿章办外交，最需要这样"一以当十"的"西学"人才。从此，李鸿章的幕府人才库中，多了一位全才人物，他就是和近代中国文化紧密关联的马相伯先生。他的"下海"，给中国新文化的成长带来了一大笔财富。

　　马相伯是近代中国的"百年之子"。1840 年，马相伯在江苏省丹徒县马家村一个天主教家庭里诞生，那一年，林则徐开始在广州禁烟；1939 年，马相伯从上海辗转到越南谅山，在一个山洞里逝世，那一年，中国东部的大片疆土沦陷在日本侵略军的炮火中。按中国人的记岁方法，马相伯活了整整一百年，是一位不折不扣的"百岁老人"，称得上是"人中之瑞"。这一百年，中国人在灾变中手足无措，清朝人拖着辫子艰难曲折地走向世界。真所谓"寿则多辱"，在这种屈辱的环境中长寿过百，对老寿星本人来说并不尽然是一件幸事。1939 年，抗战大后方的《中央日报》《扫荡报》《新华日报》用大幅版面为这位"人瑞"祝寿，历经沧桑的马相伯却自嘲地说："我是一条狗，只会叫。叫了一百年，还没有把中国叫醒。"

拿破仑有一个著名预言，说"中国是一头睡狮，醒来将震动世界"。马相伯生活的一百年里，中国文化发生了剧烈的变动，但是远远没有"振兴"，甚至还谈不上"苏醒"。一百年里，变则变矣，皇帝、总督和巡抚不见了，变之以军阀、省长和大总统；县学、书院和翰林院不见了，变之以中学、大学和科学院；秀才、举人和进士不见了，变之以学士、硕士和博士……不断的社会运动，并没有解决中国的根本问题，贫困、混乱、腐败、贪婪，不公正、不负责任的现象到处都是，中国仍然是一盘散沙。但是，"多难兴邦"，"乱世出英雄"，激荡的一百几十年里，中国出现了一大批仁人志士，他们担当起"振兴中华"的大任。在"三千年未有之大变局"中，特立独行，艰难问学，最终卓然成家，称为"文化大师"。

马相伯是一个语言能力特别强的人，不但外语出众，口才也是天下无双。说实在，作为一个学者，他的著述不多。尽管复旦大学的学者和出版家编订的《马相伯集》是厚厚的一本，恐怕已经是近年来最厚的单本书了，但是和马相伯学富五车的中西学问相比，这本集子实在是九牛一毛，而且——独步一时的文章大多是他的演讲稿。现代学者大多追求"著作等身"，可是古人却更加推崇"述而不作"。孔子、苏格拉底，都是靠"聚众讲学"和"身体力行"留下自己的思想和学问。清末的上海，是一个言论自由的社会，谁都可以登台演讲。文豪大家，热血青年，聚集在著名的沪西张园里，总是马相伯的演讲最具魅力。梁启超听过马相伯的演讲，不得不佩服地说：马老是"中国第一演说家"。辛亥革命前后，上海人民心高涨，天天在福州路的戏园、茶楼里边看戏，边谈政治。京剧"海派"名角潘月樵喜欢在唱戏时高喊革命口号，马相伯的演讲则绘声绘色，诙谐有趣。于是，上海的报纸把两个"反串"角色评论为："马相伯演讲像唱戏，潘月樵唱戏像演讲。"

　　徐家汇蒲汇塘路慈母堂附近的一座三层楼房门前，一直有青年学生来叩门。到徐家汇跟马相伯老人学拉丁文，听他讲"西学"掌故，是当时上海学界的时髦。这些青年人在马相伯面前执弟子礼，拜这位历经沧桑的老人为师。1902 年，蔡元培在南洋公学举办一个师范"特班"，他带领全班二十四个学生，天天到徐家汇来跟马相伯学拉丁文。按马相伯的回忆，蔡元培每天清晨五点，带着学生从公学（今交大）步行来到土山湾，等候马相伯醒来，做完晨祷，跟着老人的口型练习外文。无论寒暑，亦步亦趋，毕恭毕敬的样子，当得上古人"程门立雪"的故事。这批学生中，有后来彪炳中国近代文化史册的黄炎培、李叔同、谢无量、胡敦复、胡仁源、于右任、邵力子等。

　　1898 年，康有为、梁启超获得光绪皇帝的信任，急忙开始"百日维新"。曾经在上海跟马相伯学习拉丁文的梁启超，从北京急电上海徐家汇，邀请已经退隐的马相伯，出山主持"译学馆"。梁启超还向光绪皇帝推荐这位奇才人物，主持全国教育、科学、文化领域的新学科建设，可惜因为"百日维新"的夭折，没有成功，否则马相伯就会是第一任的"中国科学院"院长。直到 1907年，梁启超在日本东京筹办立宪团体"政闻社"，特请老师马相伯前往主持。一百年前，清朝的读书人都知道：严复是"西学大师"，章太炎是"国学大师"。这两位"学界泰斗"，都对马相伯精湛的中西学识肃然起敬。章太炎是一位以学问傲视天下的"文豪"，谈起"西学"，他说自己只佩服"严、马、辜、伍"四个人。"严"是严复，"辜"是辜鸿铭，"伍"是伍廷芳，"马"就是马相伯。马相伯确实是位超级别的西学大师，不但是蔡元培，就是梁启超、张元济等戊戌人物，也认相伯为师。"戊戌变法"前后，梁启超在上海办《时务报》，张元济在上海办商务印书馆，他们也都曾到八仙桥马寓，甚至驱车到徐家汇来，跟随马相伯学习"西学"。

六十岁之前，马相伯把所有的聪明才智都贡献给了清朝。为了那个扶不起的清朝，马相伯白白贴进去二十五年的壮年生涯。1900 年，天下大乱，马相伯已经因为"甲午战争"后对局势的失望，退居上海，息影在徐家汇。他的弟弟马建忠继续担当李鸿章的大幕僚，签订《辛丑条约》的时候，和八国联军代表没日没夜地谈判，陷在翻译不完的英、法、德、俄、意、日文的谈判文件堆中，活活累死在案桌前。"甲午战争"前，朝鲜危亡。李鸿章曾对马相伯说："大清国我都不敢保他有二十年的寿命，何况高丽？"清朝从内里腐败掉了，快要灭亡，李鸿章、马相伯这样参与机密的官员看得最清楚。六十岁以后，马相伯决计离开官场，为中国的年轻人，为民族的新文化作一点贡献。就在科举制废除前二年，他开始在上海举办新式的大学教育。

《左传》说："国之大事，在祀在戎"，对于一个古代君主来说，军事和宗教是根本大事，一支强大的军队，一座宏大的宗庙，就是国家强大和繁荣的象征。但是，中国要走出专制制度，步入文明社会。对于 19、20 世纪里迫切需要建设的新中国而言，能够开辟、继承和传播现代学说的学术机构——大学才是最为重要的。

大学是民族之魂，国家之本。现代社会的基础是教育，不是军事和宗教，没有大学的引导，中国走不出中世纪。在传统的私塾、书院和县学里，背"四书"，查"五经"，不学外语，不读数、理、化，国家便没有出路。更重要的是，没有大学，不培养专业精神，不鼓励独立人格，青年人蒙昧、成年人颟顸、老年人固执，正在把这个传统文化深厚的民族拖入深渊。大学之道，是使中国摆脱困境的正途，老马识途的马相伯，是最早认识这一点的中国人。

近代中国最早的高等教育，起源于基督教传教士举办的教会学校。1903年，马相伯决心举办自己的大学，他的周围已经有了几所"私立学校"。1879年，英美传教士从美国募来巨款，在上海创办了"圣约翰书院"。1901年，英美传教士又合并了几所中等学校，在苏州创办"东吴大学"。此外，在北京、武汉、杭州、长沙等地都陆续出现了一些"教会学校"，成立了中国最早的"私立大学"。另一方面，面临崩盘的清朝政府为了挽救局势，不得不在甲午战败后开始创办新式高等教育。1895年，由李鸿章策划，盛宣怀筹办了天津的"北洋大学堂"；1896年，盛宣怀又筹建了上海"南洋公学"；1898年，为了落实"戊戌变法"，朝廷创办了"京师大学堂"。这些学校，只能传习一些简单的英、法文字和零星的"声光化电"知识，程度相当于中专，但已经算是最早的"国立大学"了。

"国之大事在教育"，举办高等教育是国家大事，应该由政府大力推行。但是，从官场上退出来的马相伯深知朝廷做事，十九是不成功的。历次挫折，他对清朝早已失望，他决心以一己之力创办大学。马相伯要办一所欧洲样板的"私立大学"，消息在上海不胫而走。开工厂赚钱，办学校烧钱，大学需要的大笔资金哪里来？这时候，上海中外人士目睹了一场令人惊诧的豪举：马相伯把自己名下的财产全部献了出来，作为办学基金。1900 年，"即光绪庚子又八月一日"，马相伯立下了这样的遗嘱："愿将名下分得遗产，悉数献于江南司教，日后所开中西大学堂，专为资助英俊子弟资斧所不及……"这笔财产不是小数目，它们是位于松江泗泾的三千亩田产、上海法租界的十几亩地产，还有其他不少零星的工商业资产。用这些基金，办一所"私立大学"绰绰有余。

马相伯是一介书生，两袖清风。当修士和神父的时候，穿圣袍，吃食堂，手不摸钞票。"下海"后虽然给李鸿章当幕僚，参与"洋务"，但是他从来不掌管经济实权，加上是富家子、读书人的洒脱性格，视金钱如粪土，无心为自己私蓄财富。马相伯的巨额财富来自他的家族，来自马家的大哥和大姐。马氏兄弟中，大哥马建勋从太平天国动乱时期就给李鸿章的淮军采办军火、粮草，是淮军的"粮台"。马家在上海八仙桥地区，开有大型商号，日进斗金，财富地位不下于在杭州为左宗棠办"粮台"的胡雪岩。马家的大姐嫁给了上海董家渡的朱家，马相伯的外甥朱志尧，是上海最大的民营机器业主求新造船厂的老板，同时还是上海总商会会长。马家、朱家，同为 19 世纪后期上海的商界翘楚。大哥去世后，因为没有子嗣，把全部财产都分给了两位弟弟。马相伯这样的上海人，真的是时代骄子。在官场，马家兄弟是淮军的智囊，可以深入到朝廷机密；在商场，马家是少有的成功者，借着上海的崛起，富甲一方；在学界，马相伯、马建忠是全国公认的人才，在外语方面无人能匹敌。马相伯完全可以留在政界、商界，充分享受权力和金钱能够带来的各种俗世间的快乐。但是，就在人人都为财富奔忙，个个都嫌收入太少的上海，马相伯拿出巨额的财富，抛却洋场的繁华，毁家兴学，重归教会。如此出神入化的举动，天下为之一震。

马相伯是真正的"裸捐"，全部财产捐光后，留下他的媳妇带着孙女马玉章在租界生活，自己只身回到徐家汇。光阴荏苒，生命已经逝去了整整一个甲子。息影在耶稣会慈母院一所三层小楼里，马相伯本想推却一切尘缘，在这郊外教堂的钟声中，捧读《圣经》，了此残生。但是，谁也不能预知，马相伯还有不算短的四十年生命路程要走。他也不知道，历经曲折的中国，在1900年以后还会发生那么多的重大变故，还会把他这位跨世纪的老人反卷到冲突的中心。徐家汇离上海市区只有十几里路，当上海越来越陷入20世纪中国政治、经济和文化变革的中心漩涡的时候，不断地有拍岸惊涛冲撞到马相伯的居所，各党派的青年人，不断叩开土山湾的大门，邀请马相伯出山。这位"与世无争""无党无派"的"青年导师"，只要是对新中国建设有利的事情，他都愿意参加。

1903年，用马相伯捐献的基金，法国耶稣会派出师资，借徐家汇天文台旧址开办了"震旦学院"。马相伯自订章程，自任校长，这是一所后来以"Aurora"闻名于世的精英大学。"震旦学院"的开办，正逢中国教育史上的大事变。清朝"废科举"的议论，已经搅得天下读书人一片惶恐。士大夫们十分害怕一肚皮的"四书"功夫将要烂在肠子里，对马上就要开考的"新科"知识却一窍不通。很多人急忙从各地赶来上海，到新式学堂进修数理化，恶补"西学"。马相伯说，震旦招收的一年级新生中，居然有"八个少壮的翰林（进士），二十几个孝廉公（举人）"。震旦学生中，还有南洋公学转来的另一批精英学生。当时，正逢南洋公学的学

「百年之子」马相伯

129

生闹学潮，一大批学生退学。退学学生们一部分跟随辞职的蔡元培，加入了新成立的"爱国学社"，另一部分则来到震旦学院，其中就有后来成为中国第一个留美博士的胡敦复，此外还有民国元老于右任、邵力子。

20 世纪的头几年，上海、北京的学生们动辄闹学潮，这是有原因的。科举制废除前后，江南和全国的读书人忽然明白：20 世纪将是英文、法文和声、光、化、电等自然科学主宰的时代。于是，他们把"四书五经"弃之如敝屣，一等有钱留"西洋"（欧美），二等有钱留"东洋"（日本），三等有钱就到上海去，挑一个公立、私立的新学堂，算是"小出国""穷留学"。于是，上海那些冷冷清清办了几十年的新学校，忽然遇见了办学的"黄金时代"。由于学生们对学校缺乏认识，入学、退学，出国、回国成为时髦，一遇不满，就闹学潮。大量年轻的秀才、举人抛弃"旧学"，涌到上海补习"新学""西学"。他们其实是清朝一次次失败改革的受害者，在内地积累了很多不满，遇到上海的学校里鼓励独立自主，租界里保障言论自由，就天不怕地不怕地爆发出来。

1905 年，震旦学院也闹起了学潮。于右任、邵力子等学生，带领学生向掌管教学的法国耶稣会士抗议。这一次，学生们不是要脱离学校，而是要占领学校。学生们带走了部分实验设备、动植物标本和书籍等，赶走法国老师，宣称自己独立举办"震旦"。按马相伯后来的解释，争端的起因是震旦的"教授及管理方法与我意见不合，遂脱离关系而另组一校，以答与我志同道合的青年学子的诚意，这就是复旦"。其实，当初的情况比马相伯回忆的要复杂得多。震旦学生们的不满情绪缘自不愿意学法语，要求法国老师多开设英语课程。学生们已经知道，法语在上海洋场，没有英语那样通行有用。把自己的语言文化视为珍宝的法国教授一时很难接受学生们的要求，于是，于右任、邵力子等人，再度造反，又脱离了震旦。

学潮不是马相伯发动的，于右任、邵力子领导了学生脱离震旦的运动。于右任和邵力子，是马相伯最好的两个学生，"好"就好在他们年轻，具有马相伯一直没有表现出来的造反精神。"辛亥革命"前夕，马相伯这两位"高足"在上海前赴后继地编辑《神州日报》《民呼日报》《民吁日报》和《民立报》，关了一家，再开一家，被人戏称为"三民报"，不怕坐牢，不怕威吓，大无畏的气概，确实是他们的老师缺乏的。后来，他们从造反派转为职业革命家，中华民国成立后被尊为"元老"。于右任后来长期担任监察院长，邵力子担任过国民党中央宣传部长。正是受到这些热血青年的激励，花甲之年的马相伯毅然决定再创办一所大学，这就是日后发展为复旦大学的"复旦公学"。

"复旦公学"的创办，基本上也是马相伯一个人的功劳。于右任、邵力子和担任教务长的法国耶稣会士南从周（F. Perrin）闹翻后，带着学生们来见马相伯，要求校长抽出基金，脱离法国人，自办震旦。但是，马相伯捐款给教会办大学的时候，已经立下不得反悔的字据，学校基金不可能收回。在震旦和学生的僵持之中，学校难以为继，学生将要失学，马相伯甚至哭泣起来。万般无奈，马相伯还是亲自出山，站在学生造反派一边，把"震旦"留给法国耶稣会管理，继续开办，自己另起炉灶，创办"复旦"。

"复旦"的寓意，既古奥又平实。"旦复旦兮，日月光华"，出自《尚书大传·虞夏传》，表现了古今人民对于天地自然的永恒崇拜。同时，"复旦"就是"恢复震旦"的意思，很是简单。《从

"震旦"到"复旦"》，是马相伯后来的一篇回忆录，从中我们可以看到，马相伯为了创办这两所大学，可谓呕心沥血。"复旦初办的时候，经济非常艰窘，校址又没有。我们在吴淞看好了一座房子，是吴淞镇台的旧衙门，地方很宏畅，既远城市，可以避尘嚣；又近海边，可以使学生多接近海阔天空之气。大家决定了，我打了一个电报给两江总督周玉山（馥），请他把这个旧衙署拨给我们，并请他帮助些许经费。他回电很鼓励我们，吴淞旧衙署照拨，并汇了两万两银子给我们做经费。"两江总督周馥之所以如此慷慨，也是因为办新学堂是这批洋务大员的一贯理想。

马相伯不是一个强人，三十五岁以前的耶稣会士训练，使得他养成了豁达、服从的个性。六十岁以前给李鸿章做幕僚的生涯，更发展了他敏锐、谨慎的个性。马相伯极擅长演讲，但那是作为一个神父的基本功训练出来的，诙谐幽默，而不是那种争勇好斗的强辩。回到徐家汇后的马相伯，夙愿是要为中国天主教徒翻译一本《圣经》，后来他确实翻译完成了中国天主教历史上的第一本《圣经》——《新史合编直讲》。马相伯出生在一个传统的天主教家庭，据说在明末耶稣会士利玛窦来江南传教的时候就加入了天主教会。马相伯的母亲是一位特别虔诚的教徒，当初她把马相伯（建常）、马建忠两个幼子献给教会，侍奉天主，请耶稣会把他们培养成神父。马建忠、马相伯先后离开教会后，母亲非常痛心。晚年马相伯，是带有对母亲的歉疚，带着对教会的赎罪重回徐家汇的。天主教徒的身份，还有他曾经是耶稣会神父的经历，都让他能够看破 20 世纪初年的诡变风云，成为当时超然于党派政治之外，为中国的文化事业考虑长远利益的少数几个中国人之一。马相伯是一个失败的政客，一个未能尽职的神父，但确实是一个文化上开了风气，创办学校的大师。

　　一般历史学家仍然是把"鸦片战争"看作中国文化由盛转衰的"关节点"。一百年间，大师辈出。以年龄论，生于1840年的马相伯正可以说是这"鸦片战争"后涌现的几代伟人中的第一位大师。马相伯出生以前的"儒者"，可能饱读经书，旧学精湛，但是对西方文化终究隔膜；马相伯逝世以后的"学者"，留学欧美，新学熟练，但是与中国文化传统渐行渐远。马相伯和他的学生们，夹在"古今中外"当中，既熟悉深厚的中国文化传统，又刚刚经受了西方文明的洗礼。这是他们的时代特权，他们奠定了中国"新文化"的传统，马相伯，真的是"大师"中的"大师"。

　　（本文原为上海电视台纪实频道《大师·马相伯》（2006）一
　　片的策划稿。纪录片《马相伯》为《大师》系列的开篇之作）

李鸿章的"痞子腔"（外七篇）

　　中国地大物博，人情风俗各不相同。19 世纪西方历史学界有一种"地理环境决定论"，认为人的性格是被当地的地理条件决定的。因为某一地方出生的人，确实有一些基本相似的性格，不同地方出来的人就有比较大的区别。中国近代史上，湖南人和安徽人非常活跃，这两个地方的大人物层出不穷，出了不少军阀、官僚，甚至总理、总统，所谓"湘军""淮军""皖系""湖南派"。当然，出道最早的是湖南人曾国藩、安徽人李鸿章，后来的湘淮人物，都是他们俩带出来的。地缘关系，两人的性格很不相同。曾国藩的底气是湖南农民的质朴苦斗，李鸿章的秉性中则有江淮地主的世故油滑。

　　1870 年，曾国藩被"天津教案"弄得焦头烂额。他信服"理学"里的一个"诚"字，以为能以此贯行天下。曾国藩知道在天津杀死了法国人，中国理亏，世界公愤。他一个内地出来的湖南人，打了半辈子仗，一下子和外国人打交道，不懂得外交是利益的计较。外国人其实是要借中国违犯"人权公法"之机，逼中国开放，让他们进来做生意。而曾国藩以为，他们只是要"讨个说法"，"求个公道"。他只有用杀中国人的老办法，向洋人显示诚心。于是他杀了二十个天津人，以谢天下。结果是外国人并不满意，天津人反倒要造反，朝廷对他的谤议纷纷而起。曾国藩的大业就败在天津，从此闷闷不乐，两年后就死了。

这一年，李鸿章在上海做过南洋大臣后，到天津从曾国藩手里接过直隶总督兼北洋通商事务大臣，等于是把曾国藩没有做好的事情接过来。交接那天，两人个性在谈话中表露无遗。李鸿章是曾国藩一手提拔起来的，老师问学生："你与洋人交涉，打算作何主意？"李鸿章答："门生也没有打什么主意……不管什么，我只同他打痞子腔。""痞子腔"是安徽土话，翻译成今天上海流行语就是"捣浆糊"。曾国藩听后，不语，良久，说："呵，痞子腔，我不懂得如何打法，你试打与我听听。"李鸿章急忙改口，认错，请教。老师这才传授说："依我看来，还是用一'诚'字。"曾国藩这个"诚"字，就是"说一不二"的意思。

据李鸿章自己讲，这个"诚"字他后来是奉行不渝的。但是熟悉清末历史的人都知道，李鸿章的外交一直是在"捣浆糊"。比如说，中法战争爆发的时候，为了在海上躲开法国军舰的炮火，李鸿章在上海轮船招商局的货轮上挂上了美国星条旗，结果被人臭骂为"卖国"。好在美国商人还讲信用，最后把船都还给中国了。

李鸿章的痞子气，还表现在他有时候故意不遵守国际惯例。有一次，他参观英国兵工厂，拉过一个技师问他工资有多少。以总理大臣之尊，问这样的小问题有失身份，而且西方习俗也忌讳这私人问题。李鸿章却不以为然。他要做出中国领导人体察民情，与外国老百姓交朋友的样子。当那位技师告诉他工资额时，他又忍不住他的痞子气，戏谑地对人说，那他手上的钻石戒子是从哪里弄来的？

按照现代人的历史观念来看，曾国藩这一代人是被"理学"

的意识形态束缚住的，满脑子旧意识。外国人相信保护私有财产、人权、公正的国际公法，根本不理会你的"仁义道德"。到了李鸿章，他知道外交是各民族的利益平衡之事，谁的力量大，谁得的好处就多。但是因为朝廷太腐败，不愿意牺牲自己的利益来遵守国际惯例，换取民族的进步。所以李鸿章还是没有办法在外交上履行国际公法，只有拿了他的"痞子腔"，一会儿双手后背，在外国人面前虚张声势，一会儿又用江淮之人的油腔滑调打马虎眼。

梁启超评论说：李鸿章不学无术，但有才情。这是确实之论。他的这种性格，其实就是一个"痞"字。曾国藩的精神武器，是所谓"诚"字，这在中国近代乱世里是混不下去的。李鸿章的精明油滑，做事只讲捞取实利的"痞子"做法，居然是合理的。可见中国的近代糟糕成什么样子了。

（原载《劳动报》，1995 年 10 月 28 日）

口没遮拦

甲午战争前，朝鲜还是中国的附属国。为避免朝鲜落入日本人手中，李鸿章的办事幕僚马建忠和马相伯兄弟俩在 1885 年建议：要么让平壤赶快独立，让世界各国承认；要么中国出兵，干脆收为中国的第十九行省。总之，让日本早断这条野心。那个时候的朝鲜，国际社会称为"小中国"，因为那里的内忧外患、宫廷争夺、腐败保守都和中国如出一辙。同治年间救清朝于南京太平天国的是曾（国藩）、左（宗棠）、李（鸿章）并称，到光绪后期已经是曾左谢世，李鸿章一人独任了。然而，他却说："大清国我都不敢保他有二十年的寿命，何况高丽？"李鸿章口没遮拦，不幸言中。高丽十年而亡，清朝之亡也不过就是二十几年。

（原载《劳动报》，1995 年 5 月 28 日）

皇袍打补丁

清朝皇帝比明朝皇帝来得节俭。有一次，道光皇帝的裤子在膝盖的地方破了，就送到内务府织造局里去补了两个对称的月亮形的补丁。在报销奏单上，这笔账是库平银五十两。上行下效，皇帝以身作则，风气就容易形成。当时苏州状元潘世恩在朝廷任大学士，上朝的时候也穿了一条打了两片月亮补丁的裤子。这其实是一个高级马屁，让皇帝看着高兴，觉得臣子们也是艰苦朴素，励精图治的。道光皇帝不但节俭，还很细心。他指着补丁问道：你的这两个月亮补丁花去了多少钱？潘中堂知道说少了会得罪内务府，就夸大了说：费了二十两。道光听了，惊讶地说：为什么我这两个补丁费了五十两？这帮子人全是在蒙我。

中国人一向认为君主的个人品格很重要，皇帝的裤子打两个补丁，老百姓就愿意打十个补丁。不过，老百姓不知道，紫禁城里的窝窝头，比前门外的白馍不知要贵多少倍。道光皇帝身上两个补丁的价格，可以让众多百姓买裤子，穿上一辈子。

许多节俭的皇帝真是以为自己省钱，同时也真诚地希望皇族、大臣、百姓都能跟他一起简朴，渡过王朝危机。但是，皇帝怎么可能知道，外面街上的粮贱多少，肉贵几何。不知底细，又怎样真的知道手下的人是在帮自己省钱，还是乱花钱？

（原载《劳动报》，1995 年 3 月 28 日）

库银流失

清末的北京，政治混乱，贪污横行。六部中，照例是工部、兵部、户部的缺比较肥。工部管工程，有经费；兵部可以吃空饷；户部有各地的税赋，经手的都是钱财，近水楼台，最能中饱私囊。

户部最肥的缺，就是银库郎中、司库、书役和库兵。任用的时候，都是选择亲信。他们都是满人，汉人不得染指。即使如此，也不能完全放心。所以都是三年一轮换。然而，三年的差使，每人就可以有三四万至十几万两银子的收入，全看各人的贪心大小而定。

发财的财源就是银库本身，监守自盗而已。说来叫人吃惊，他们这群人的赃银，全都是夹在库兵的肛门里，一次次地偷带出来的。银子运进运出，每月要开库堂九次。每个库兵每月大约能轮到三四班。每班又进出三四次、七八次不等。如此月积年累，三年或许能带出不少，但每人能运出十几万、几十万两的银子，就有些不可思议了。

库兵入库，无论寒暑，都是赤身裸体，由堂官检查。两肩平张，表示胁下无物；口张舌动，表示上腔空空。清朝从开国以来，一直是规章井然的，事事讲的是体统，库兵的裸体，在堂官部吏面前晃来晃去，已经是十分的不雅，当然更不能规定上前贴身再查。不想这群国有资产的盗窃者，就是把规章变成一纸空文，就在你不好意思检查的部位里夹带银子。

一般人的肛门只能夹很少的东西，自然还是很不舒服。但是库兵的肛门是经过训练的。旗人家里准备当库兵的，就像太监那样也要从小培养。少年的时候，就用鸡蛋抹了麻油往里塞，以后换鸭蛋，换鹅蛋，最后是铁蛋。一枚、二枚，至七枚、八枚，最终可以一次夹住五十两银子。银两中，江西产的江西锭银较圆润、无棱角，比较容易夹带，库兵带得最多。即使如此，沉重的银子还是对身体有害。库兵到年老时，没有不患上脱肛和痔疮的。

库兵偷出的银子，取出后都放在他们的更衣处，等到洒扫的日子（因为北京的沙尘很大），在水桶的底下做夹层，一起挑出来。国库银子如此流失，清朝重用的自己人如此内盗，孤儿寡母，西太后和光绪皇帝，怎能看守得住，不亡国？

记录这一见闻的，是民初的一位"坐观老人"。他在自己的《清代野记》中感叹说："清之亡，亡于内政之不修，不亡于新政之不善也。"

（原载《劳动报》，1995 年 1 月 26 日）

洋械与洋操

清末处"三千年未有之大变局"。变局中的最初几步，是在同光之际走出来的，所谓的"师夷之长技"。说起来令人沮丧，这一辈人是从念 ABC 起始学习西方的。李鸿章到上海后，淮军长矛易枪，鸟铳换炮，一式的英国武装。连今天响彻校园的"稍息""立正""齐步走"，在当时也是用英语。1863 年，英法教官在上海九亩地、徐家汇训练淮军，队中湘西、淮北的田垄之人，齐声"One、Two、Three"，带乡音，别扭、滑稽。

一百三十年过去了，如今都知道军备的重要，然而当初中国是否要用洋枪确是有争议的。同治元年九月，曾国藩写信给曾国荃，告诫："制胜之道，实在人不在器。"同年冬，又在给人的信中说："鄙意攻守之要，在人不在兵，每戒舍弟不必多用洋枪。"文正公不读西方哲学，否则他还会指责这是"唯武器论"。

曾国藩到底是清朝军事政事、文章道德的代理总管，在此问题上比急功近利的李鸿章、曾国荃更深思熟虑。他预见到这样的结果：洋枪面前倒下的固然是长毛士兵，而枪炮的后坐力震毁的将会是湘军的整个体制。湘军的选兵之道是："胆气第一，朴实耐劳次之，巧滑懦怯者为下。"识字的不要，城市的不要。闭塞如湖南，还须到湘西招募更不见世面的山里人。蓄着这股山野之气，湘军才屡败屡战，与太平军从湖广缠到两江。江南浮嚣场、销金窟、温柔乡，为保持湘军本色，曾国藩不惜遣散兵油子，重募新营，要的就是这股质朴之气。倘若忽然在军中弃精神而学技术，非但是赶鸭子上架，更是推泥牛入海。技术化的浸淫，湘军会失去原有的凝聚力。曾大帅主张在不触动传统的前提下用洋械。他把传统兵械兵制比"八股"，洋械洋制为"杂艺"，说："若借杂艺以抛弃经书八股，则浮矣。"他深恐"部下将士，人人有务外取巧之习，无反己守拙之道"。事实证明，曾国藩的这些话除了有些头巾气之外，并非迂腐到不识时务。丧了气的湘军，果然在江南不服水土，人心散了，被淮军李代桃僵。

保湘的"守拙之道"，与保清的"中体西用"像是同出一辙。以翰林的智力，当然知道西方文明是一个整体，不能分割利用。问题是他们更知道，新佛进门，不能砸老庙，赶旧僧。否则，宁愿抱残守缺。新建的淮军能够采用洋械洋操，就是李鸿章敢于踢一脚。然而，淮可而湘不可，后世中国的许多症结系于此。

有一点是李鸿章想通，而曾国藩不太明白的，那就是用洋操训练新兵也可以挑动起一股精神，振作士气的。李鸿章请来华尔，还有上海商团里另一些洋教练，他们说的是英语，"口号难解，领会稍迟，鞭笞立加，情谊不属"。开始的时候，将士都不理解，日久之后，这种看似无谓的操练养出了守纪奋发的新士气。操练初为英式，练六月。后又用德制，改为一年。李鸿章尝到甜头后，说："（淮军）战胜功取，固由枪炮之精，亦由纪律之严。"曾国藩哑然。张之洞在1888年比较湘、淮军，称："湘军营坚战勇，而于洋式军火每为不屑深求；淮军于洋械素知讲求，而步趋洋操，颇嫌太板。"张之洞仍想调和中西，不肯抛弃旧精神。书生谈兵，终有此局限。

（原载《新民晚报》，1993 年 11 月 22 日）

口岸与商埠

鸦片战争前，东印度公司解散后的英国商人，一脑门的做生意，抢市场，把一大堆西餐刀叉和钢琴之类运到中国。卖不掉，便以为是口岸不够，于是就逼政府把大英帝国的舰队开过来。1842 年，闯到了南京，要到了广州、福州、厦门、宁波和上海；

1862 年，打进了北京，又要到了天津、营口、烟台、台南、汕头、琼州、汉口、九江、南京、镇江。不能说英国人不明白中国市场，他们早有"阿美士德号"（1833）的调查。说起来，今天的先沿海、后沿江的区域开放，还是他们路线的翻版。英国商人企图在这根"丁"字形的水线上，按尺寸分割，把每个城市都变成新孟买、新广州，这个做法实在是一厢情愿。

自马克思到费正清都认为，期望过高的外商忘记中国是一块"自给自足的次大陆"。经济学泰斗亚当·斯密当时评论：中国各省间的流通市场"和欧洲各国合起来一样大"，与欧洲贸易无足轻重。清末名士王韬不太懂得这套"市场经济"理论，但在 1886 年《烟台条约》英人又索要北海、温州、宜昌、芜湖四口岸时，他不禁在香港《循环日报》上劝说："旺贸易不在增商埠"——开发区并非多多益善。

王韬指出，许多新埠"既开之后，去者寥寥……绝少西商前往"。同时，由于贸易秩序破坏，上海、广州等老埠反而"货物滞销，居奇折阅，中外巨商无不外强而中槁"。王韬的解释虽不摩登，却也有理："盖贸易之道，当观其所聚，而不当观其所分。苟得其地，则一二埠胜于十余埠，所谓握中权而左右咸宜，据其要道而小大无不包也。"这个观点，和人类学家斯金纳（Burrhus Skinner）区级贸易体系，及今天所谓"中心城市"策略相近。按王韬的说法，上海、武汉、广州是较为适宜的口岸，足够了。

唯一可以辩究的是，王韬未受过"大进大出""外向型""转轨接轨"等理论训练。他似乎不懂，只要进出口总量增加，改造自然经济，纳入国际大循环，口岸还是需要开发的。但是，当时的王韬并不错，他看到的是，中国的经济结构未调整到每个地区都能支持一个外贸口岸，因而"口岸愈多，经费愈广，而利以渐分而渐薄"，最终损失的是商民。

英国人开了那么多口岸，最终也只有上海成了远东的金融、贸易、产业、商业和信息中心。至今在沿海、沿江城市看到与上海外滩同式样，却都小一壳的洋楼，孤零零的几幢，就可以想见当年的开发计划是如何破产的。文人王韬，还是有他的预见之明。看来，人无分中西，倘是被商业利润驱至盲目境地，一样都会失算。外商亏的是自己的本，华官损失的就是民脂民膏了。

王韬幸而没有活到北洋时代的晚期。那年月，沿海各口岸既不属于洋商，更不听命中央，被张作霖、张宗昌、孙传芳、卢永祥、陈炯明等大小军阀占据，商埠税收成了他们的饷源。据记载，那年月除了上海靠租界制度维持了商业秩序外，各口岸的收刮地皮比清朝更厉害，生意更难做。

（原载《新民晚报》，1993 年 9 月 8 日）

乱国无外交

阿拉上海人擅长办外交，这是近代史上很突出的现象。李鸿章不是上海人，但他的外交助手，像冯桂芬、马建忠、丁日昌、盛宣怀，都可以说是归化了的上海人。北洋时期，总统必是北方军阀，可外长位置常常为上海人留着。像唐绍仪，广东香山人，自幼随父在沪读书做茶商；汪大燮，浙江钱塘人，家族居上海；曹汝霖，上海人，早年留学日本；陆征祥，上海人，广方言馆出身；颜惠庆，生于虹口，上海圣约翰书院，美国弗吉尼亚大学毕业；王正廷，随当牧师的父亲生长于上海；顾维钧，嘉定人，上海约大、美国哥大毕业……这种情况其实很自然，北将南相，是明清的通例。江南人文鼎盛，近代留欧、留美、留日，开风气之先。上海更是华洋杂居，外事繁剧的地方。李鸿章、袁世凯，革命党、国民党都在上海施展外交，本地交涉人才便得以辈出。

上海人固然通洋务，可军阀、政客、党魁在后台的反复操纵，却使傀儡外长们无所适从。本来外交部决定在"巴黎和会"中对日持强硬态度，却不料曹汝霖没有办法，已经和日本签署密约，使外交官们为军阀、政客的决定而蒙羞。1919 年 5 月 3 日晚上，汪大燮脱离政府的外交委员会，以国民外交协会的名义，夜访北大校长蔡元培，告知签约消息，策动次日的"五四"大游行。前外长串联学生运动，实在是对无原则政治的失望，和对有原则外交的维护。当天，同样是上海人的曹汝霖住宅被烧，后又与另外两位半上海人陆宗舆（海宁人）、章宗祥（吴兴人）一起，被称为卖国贼而撤职。然而，"二十一条"岂是他们的意思？南北军阀和政客，为了自己的私利，早都已经把民族利益待价而沽，只是这次大家觉得卖得太便宜罢了。

外务部在清末民初内阁中居各部之首，乃是因为借款、赔款、签约、开埠成了政府的生命线，不得不倚重，否则上海人还无缘入阁。军阀、官僚、政客气浓重的北京，其实一直排斥外交官的"洋派"。马建忠从小在上海徐家汇受法国式教育，虽然发誓："不为法国用，要为中国用"，然而只有为李鸿章和清朝累死的份。陆征祥在 1912 年 6 月奉命组阁，会上"洋派"习性不改，演说中"以西洋文迁曲之故，演成中语"，把内阁名单比作"菜单"，顿时被斥为"猥琐"，受到否决。陆征祥是基督徒，还娶了比利时太太。中国的官场终究混不下去，去比利时圣安德鲁隐修院出家当本笃会隐修士去了，他被外交部这火炉烫怕了。

巴黎和会毁了陆征祥，却成就了顾维钧。顾维钧的即席演讲，博得了美国总统威尔逊、英国首相大卫·劳合·乔治（David Lloyd George），还有会议主席法国总理克里蒙梭对中国的同情。他晚年感叹说："将国内政治和对外关系混为一谈，一直是中国的灾难之源。"

民国外交官一般都有基督教和出洋留学的背景，来自上海及江南一带的外交官，虽然占着文化和经济的优势，但在政治和军事格局中却无足轻重，常常被人摆布。为人驱使，充作门面而已。上海人擅长办外交，没有成就，还要代人领过。顾维钧说：弱国无外交。其实，清末民初的中国，首先还不是弱，而是乱。弱国固无外交，乱国更无外交，信矣。

（原载《新民晚报》，1993 年 8 月 6 日）

"道在屎尿"

过去八股取士的时代，儒生都是戴方头巾的，所以满口"之乎者也"的人就被人讥笑为有"头巾气"。和李鸿章比起来，曾国藩就有"头巾气"。李鸿章虽然是进士出身，但却有股"痞子气"，敢于玩一点小花样，做人也是比较滑稽有趣。有一些关于他的逸闻。

李鸿章在下属面前不总是道貌岸然的。一次，他向他的一位同乡道员不耻下问：什么是抛物线？这位下属按照数学原理讲了一大气，讲到克虏伯大炮的弹道路线走的就是抛物线。李鸿章还是不大懂，急起来的道员反问："中堂大人，您撒不撒尿？撒尿就是抛物线呀。"李鸿章不禁哑然失笑，周围幕僚更是哄堂大笑。等大家笑完，李鸿章挤出来的话更妙，他说："这就是庄子所谓'道在屎尿'了。"

不学有术袁世凯

　　除非十年前有几个"新权威主义者"，很少有几个人会喜欢上袁世凯的。揣度民国初年的心态民情，袁世凯被骂作"窃国大盗"，主要还不是因为他反对革命，背叛共和，而是因为他出身下层，不学有术，窃得国柄，僭为君主。《走向共和》演到张之洞和袁世凯文武联袂，推动慈禧废科举，行立宪。两人举手投足，有高下之分，编导好像已经悟出了这一点。

　　袁世凯的毛病就在看不起学问。连学问与事功兼长，最后几年成为清朝顶梁柱的张之洞，他也是倍加揶揄，说张是做学问的，自己才是做事的。这话惹得张之洞的幕僚辜鸿铭写了一篇《倒马桶》，大骂说：天下哪有做事不讲学问的，除非是上海弄堂里"倒马桶"的老妈子可以不讲学问。按辜鸿铭的推崇，张之洞著《劝学篇》和《书目答问》，有学问，是"儒臣"。比较起来，曾国藩只是"大臣"，李鸿章不过是"功臣"，而袁世凯，差不多就是"老妈子"了。

　　有清一代，康熙、乾隆朝是讲学问的。朝廷上规定用"理学"，讲"四书"。编《康熙字典》，修《四库全书》，民间讲讲"经学""红学"，对官方的意识形态也无伤大雅。道光朝以后，王朝的锐气没有了，内部腐败了，外强打进来了，那套迂腐的学问讲不下去了，应该要"变法"了。可是，朝廷却没有人懂得新学问。老一套不行，从各处冒出来的新臣子们自然就不讲学问啦。管他"中学""西学"，搞得定清朝的局面就是好学问。袁世凯之前，李鸿章已经是以不讲学问为荣。李鸿章也一直说，他不是做学问的，是办事情的。不承认"维新"事业中有一种学问原则，只要能够"富强"，不择手段都可以，这就是清朝为"救亡图存"而发展出来的"实用主义"。袁世凯正是借着这股思潮蹿上去的。

袁世凯没有功名，但还念过"四书"，习过八股，也曾经练习过诗文。说他没有学问，还不是指他的学历有问题，而是说他们这一代人做事毫无理想，毫无原则。他们在骨子里都不相信儒家"正诚格致、修齐治平"这一套了，但却要把这些挂在嘴上，来应付外国人和老百姓们。对于19世纪中国社会真正需要的新学问、新思想，他们是既不信，也不懂，钻营而已。袁世凯在甲午年卖了李鸿章，戊戌年卖了谭嗣同，辛亥年卖了清朝，四年后又卖了共和。这种人全然没有政治主张，只是想着如何为自己搞定局面。这样的人物，肯定是个丑角，《走向共和》的编导们大约不会替这样的人翻案吧？

到现在还好笑曾有人把袁世凯的"宪政"，牵扯为"新权威主义"。"练兵""兴学""维新""行宪"，袁记的口号，都是拿来应付潮流和世态的，全是权术，哪能称得上"学问"，更遑论"主义"。要是这样的案也可以翻，那是真没有学问可以讲了，辜鸿铭的辫子又气得翘起来了。

（原载《文汇读书周报》，2003年5月16日）

翻译的自尊：读《清史稿·辜鸿铭附传》述感

怪杰辜鸿铭，时人和今人都如是说。但百年来人们对他理解吗？他有些怪癖，比如爱嗅小脚女人的裹脚布，很像古代那位"逐臭之夫"的作风。他在清朝未亡前剪着披肩发，在清朝倒台后却留起了辫子。假如只抓住他那条辫子，一讲到底，怕又失之简单。我们必须另辟理解渠道去接近他的基本性格，而进入理解之门的钥匙，是辜鸿铭那异乎寻常的自尊。

辜鸿铭生活于衰败的大清帝国和鼎盛的大英帝国之间，他至少是半个中国人（其父是马来亚华侨，有说其母是西方人），是生于斯、长于斯、服务于斯的东方人，但却在欧洲完成的高等教育。像许多具有类似经历的中国人一样，辜鸿铭的心态中最难平衡的便是这中西关系，理智、情感、信仰、意志上混乱分裂，使保持自尊成为一种痛苦。

曾有不少英国绅士不因辜鸿铭是爱丁堡大学的毕业生，就收起殖民主义者的傲慢，当面说："你们中国人非常精明，且具有惊人的记忆力，但是，我们英国人仍然认为你们中国人是一个次等民族。"面对这种侮辱，辜鸿铭通常不予理睬，但内心却蓄积愤懑。抑久必发的愤懑最终在《尊王篇》（*Papers from A Viceroy's Yamen*）中用英语吐出，以一种咒骂，为了黄皮肤的自尊："在所有有争议的英国国民性中，最坏的还不是他们那傻笨的骄傲，不是那寻机便尝试要用的‘不列颠精神’，那惊诧着蔑视你的傲慢。不，最坏的是那种伪善和欺诈，是他们那作为北欧海盗唯一子孙的伪善和欺诈。”这种反击似乎有失于他素所景仰的君子风范，却可以说袒露了他一种不可侵犯的自尊心。

心理分析医生照例要询问病家的童年，然而等到我们认识辜鸿铭时他已是一位成年学者了，至今我们很少知道他十到二十四岁在欧洲求学时的心理经历。虽付阙如，但不会离时代对一个黄种东方人的规定太远。

辜鸿铭固然可称是张之洞的幕僚，可职务就是个“洋文案”，只是“总督的通事”（A Viceroy's interpreter）。清末的督抚有些外交自主权，张之洞的八方来客，辜鸿铭都能应付裕如。后来他到外务部任事，自称辜部郎，其实仍是个翻译。既是翻译，便有翻译的遭遇。晚清的三百六十行中，翻译是最不可少而人格上最为难堪。在两种文字、两套观念、两类人物，说到底的两种文化之间，折中周旋。他们被清朝政府看作会说洋话的工具，往往被迫转述那些颟顸大臣极无知又可恶的意向，因而不得不代替上司直接承受列强代表的讥嘲或抨击。即便是这样，他们仍被中国人斥为汉奸或假洋鬼子，被外国人防范为刁民。他们是最先直接承受中西文化冲突的一群人。

这种“翻译人格”是租界“高等华人”的常规心态，以位居大班之下，脚踩同胞之上为荣，但南洋的辜鸿铭不是这样，他生命中第一位的是自尊。使他与这班人区别开来的固然是他纯熟的西方语言、举止教养，固然是他对西方文化正面、负面的透彻理解，但更直接的原因，恐怕只是一种文人的洁身自爱，对人格完整的追求，他超逾了“翻译人格”。

辜鸿铭的内心深处，有着一种西方式的为文明发展承担责任的近代普世精神（Universal Sense）。这精神出现在19世纪新教神学中。辜鸿铭就学其中的爱丁堡大学以及苏格兰地区正是当时的神学大本营。携带辜鸿铭去那里生活的布朗夫妇，跟传教会有某种关系。从教养来看，辜鸿铭的心态便不是徐桐、倭仁式的妄自尊大，他说："那长久以来伤害了中国人的东西最终必将同样地伤害外国人……（因此）所有愚蠢的、感情用事的仇恨心理，理所当然地应予拆除。"如果承认这种普世精神是真诚的，我们对他借此来维护民族自尊便很难挑剔，他那"微中国礼教不能弭此祸"（《清史稿》卷四八六）的断言亦得重新评价。他这位中国的民族主义者、"保守派"，倒乐意把自己当作"世界公民"，自称是生在南洋、学在西洋、仕在北洋、婚在东洋的"东西南北客"。中国近代谈民族自尊时，很少有人能摆脱狭隘的种族、地缘乃至皇权、皇帝关系，不管怎样，辜鸿铭至少在理智上，在英文著作中意识到这种褊狭。

辜鸿铭不可能成为英国式的主教，或者哲学教授、伦理学家，只可能到中国来转变成"醇然大儒"，把西方式的人类拯救精神转换成儒家式的"道义感""仁爱心"。他仰慕的是大陆性的具有世界意义的整体文明，他认为大不列颠不过是个岛屿文明。于是他从南洋来到中国大陆，在儒臣张之洞麾下，颐养起了浩然之气。

他欲借重一种大陆文明来捍卫自尊，但他接近的却是一个丧失尊严的老大帝国，这是他一生悲剧的另一次开端。在清廷丧失了道义、实力和民心的时候，他的官员所佩戴的自尊只成了一种奢侈品，在鸦片烟雾中散去，在教案哄闹中流失，在八旗子弟的腐朽无能中掉落。辜鸿铭半个局外人，一介穷书生，何能？何为？

对外国人他还有些招数，那便是"忤"。他对洋人知之甚深，在官场惧洋、媚洋（他以为是李鸿章养成的）的风气下，只有"忤"西人，方能为西人所重。这方面，他有许多杰作。1891 年，辜鸿铭任翻译，接待俄国皇家代表团。席间，俄皇储与希腊亲王（俄皇姻亲），换用法、俄、希腊语谈话，谈中国文明及总督个人的坏话，他当场斥责，迫使他们向张之洞表示尊敬，承认"各国无此异才"（事见《辜鸿铭小传》，载《惜阴杂记》）。每有这种事情，幕府官场为之盛传。然而，一个翻译哪怕能忤遍世界，又怎么能忤出他内心所需的豪情。大厦将倾，道义不存，自尊难觅，又确实的无可奈何，这恐怕是辜鸿铭后半生的最大悲剧了。

于是，对他那原该爱，更应敬的皇帝、上司、同僚，民心、风气、习俗便只有一"骂"字了，当然，这是一种智者的骂。也正是这"骂"的坏脾气，使得清朝史官在《清史稿》中只给了他二百六十九字的附传，恶谥之曰："好辩，善骂世。"他骂得确实厉害，1902 年，张之洞为西太后做寿，他骂："天子万年，百姓花钱；万寿无疆，百姓遭殃。"盛宣怀向他问《中庸》，他敢给他一句："贱货贵德。"他在袁世凯炙手可热的时候，说他那"只讲办事，不讲学问"的得意之谈，直如上海倒马桶的老妈子言。他还敢骂晚清末世是不仁不义的"亡八蛋之道"。他最先讥说五大臣出洋考察宪政是"看洋画耳"。他也真的"善骂"，因为他骂与不骂中有分寸，有原则，这就是他固守的"礼义廉耻"。他说："人必有性情而后有气节，有气节而后有功业。"所有这些内心执著，翻译成日后的白话，或者当时的英语便只能是"自尊"（self-respect）。

他骂中国人、外国人，骂皇帝、百姓，骂保守派、革命党，唯一不骂的是中国文化。他知道，这是他自尊的最后维系。他是年近三十才来到中国大陆，中文根底实在很糟。在张之洞幕府中，他开始简直被同僚们冷遇。"是固精于别国方言，邃于西学西政者也"（罗振玉：《读易草堂文集·序》)，如同许多"通事""译员"一样，他的自尊也受到来自中国文化方面的侵犯。张之洞本人就认为"中学为体，西学为用"。招辜鸿铭入幕，最初只备咨问驱使之用，用用而已。没有外务活动时，辜鸿铭是十足的闲客，同僚们编书的编书，办学的办学，而他"客幕下久，温温无所试"。张之洞作《劝学篇》分"内外学"，辜鸿铭的显然是"外学"。确实，他肯定不能为张之洞代撰一部《书目答问》。这种尴尬处境对魂归故土，心系儒学的他又是一重压抑，他的自尊肯定在此受到更深的伤害。

他出人意外地用"外学"作工具，干起了"内学"的活。他用英文翻译《论语》《中庸》，写《尊王篇》《清流传》(*The Story of the Chinese Oxford Movement*)、《春秋大义》(*The Spirit of Chinese People*)。内行人都知道，这工作不简单，它是借用西方文化来阐释、转换传统文化。这与那些泥古保守的"原教旨主义"是不同的工作。例如，他把张之洞所在的"清流党"，比作牛津大学出生的红衣主教纽曼，于是《清流传》便成了"中国的牛津运动"。不管这个比较恰当与否，他力图把中国文化纳入世界主义的做法在晚清是最为突出的，事实上也被后人继承。就凭这一点，我们也应该好好地认识一下辜鸿铭的自尊，以及这自尊的内涵。

辜鸿铭的保守，还有一些英国保守主义精神特征。他总是怀着这种文化的优越和自尊去臧否时代和人物。他以人的尊严保存与否判断张之洞为"贵种"，袁世凯为"贱种"，而不论其标语、口号和政见主张的进步与否。他不反对变法，也批评"中国士大夫夜郎自大"，但更痛心疾首"今日慕欧化者，又何前倨后恭也"（《张文襄幕府纪闻·自大》）。他不反对开办新学堂，但到了一技一艺均设学堂，滥得没有规矩的时候，他便嘲笑说：何不设州县官学堂、督抚学堂。可见他在为中国人和中国文化的尊严而忧。

知者谓其心忧，不知者谓其何求。辜鸿铭这种先判中西，后问新旧的是非标准，在晚清必然是要失败，晚清的当务之急毕竟是输入西学。辛亥以后，他的行为走上了极端，人们从此便由同情和赞赏他的自尊有恒，一变为责备他的抱残守缺。问题当然不在他一贯要维持的民族文化自尊，而在于他借以维护自尊的具体主张已随清朝的覆亡而失效。归国后，他已逐渐地变成一个士大夫。至辛亥后，他失去了耐心。一切行事，唯求与世道相反而已。他本来对剪辫持无可无不可态度，可民元以后，不易服色、不剪辫子他坚持最久。他娶妾，反对起码的女权运动，理由却是要达到汉字的文从字顺，找一"立女"，让男人靠靠歇歇。他冶游，或许只是为排遣他内心的什么不适。当然，他不会承认失败、灰心和恐惧，这将彻底摧垮他的自信。然而，失败是事实。他颓唐、无聊、心力交瘁，终于也由自尊，滑向了自卑。

辜鸿铭从中年以后皈依中华文明，由夷狄而华夏，似乎是找到了归宿。然而，他的命运不幸与一衰败帝国联系在一起。于是他追求文化和人格自尊的企图因腐败的现实而泡汤了，他做了错误的文化认同，乃至最后竟把一种原不属于他要认同的文化的东西——辫子，作为民族自尊心的象征，作为爱国、爱种、爱教的象征，认同了下来，自己也成了清朝衰亡的殉葬品。他至死不悟的道理是：没有清朝，中国的民族精神照样存在。

（原载《书林》，1990年第2期）

翻译的自尊：读《清史稿·辜鸿铭附传》述感

"超越东西方"的吴经熊

"中国文明是一间博物馆（a museum），西方文明是一个马戏团（a circus），印度文明是一座墓园（a graveyard）。你因好奇去博物馆，你为好玩去马戏团，你为冥思去墓园。"

上面这段文字的作者是"若望吴经熊"，选自他的回忆录《超越东西方》（*Beyond East and West*）[1]。原文是英文，风靡世界后，还有法、葡、荷、德、韩文译本，中文译本反在其后，最近才由北京社会科学文献出版社出版。悄然出版，不事炒作，本书并没有引起读者圈的足够重视。

读到这一类妙言隽语，就可以知道作者一定应该是那种在东西方之间游走，时而如蜻蜓点水，时而如巨鲸沉潜的跨文化类型的思想家。中国最近百多年的历史上，出过不少这样的思想家。早期有严复、辜鸿铭，后来又有林语堂、梁实秋、钱钟书。他们在学术上，有的偏文学，有的偏哲学，或史学，或法学，还有神学，而共通的特点就是中文外文都极好，能捻出不同语文的韵味，体会各种文化的精髓。

其实，吴经熊（1899—1986）在他从事过的所有领域内，都不是什么小人物。他生于宁波，1917年入学上海东吴大学法学院，

---

1 《超越东西方》，吴经熊著，周伟驰译，雷立柏注，社会科学文献出版社，2002年。

1920 年留学美国，次年获密歇根大学法学博士，随后在巴黎、柏林和哈佛从事比较法研究。1924 年回上海，任东吴法学院教授，后任院长。1927 年出任上海会审公廨法官，不久就是"首席大法官""法院主席"，名气大到妻子到南京路看橱窗，店家都抢着要赊货给她。1933 年，吴经熊担任过中华民国宪法起草委员会副主席，是"国家大法"的实际起草者；1935 年，他在上海创办《天下月刊》（ *Tien Hsia Monthly* ），可称中国出版史上最具品位的杂志；1942 年，吴经熊开始翻译《圣经》，出版后被称为"经熊本"，与天主教"思高本"、新教"和合本"并称。1946 年，出任中华民国驻梵蒂冈教廷公使，卸任后在夏威夷、新泽西和台湾等地讲学任教。1986 年以高龄在台湾逝世。

如此重要的人物不应忽视，谈论上海的历史，尤其不能遗忘这位"老上海"。吴经熊一生在美国、在欧洲、在台湾地区，的确是"超越东西方"。但是他住得最久，贡献最大的城市还是上海。我们可以抛开他在政治、法律、宗教上的重要活动不论，单说他策动创办《天下月刊》，就足以说明他的文化贡献。这份杂志是全英文的，读者对象除了内地的大学教授，上海的"海归"留学生外，主要是向欧美世界介绍中国文化，沟通中西。这样一份"小众"杂志，却代表了二三十年代上海的文化巅峰。几十年里，学界一直缅怀《天下》，很多人都想在台北、香港、北京模仿这份杂志，全没有成功。《天下》集中了上海一批欧美派学者，温源宁、全增嘏、姚莘农任编辑。作者阵容更强，有林语堂、邵洵美、钱钟书等。

以前，学界总以为《天下》是温源宁一手操办的，读过《超越东西方》，方才知道是吴经熊担任中山文教进步研究所宣传部长的时候，说动了孙科，才顺利办成的。吴经熊在官场涉足很广，但学问和人品终究不错，所以还能办杂志，做学问。吴经熊还有妙语："中国学者在官位时，就搞道德；不在官位时，就作诗"，"穷则独善，达则兼济"。二三十年代的学者"在官"，心里还恋着"诗"，关心着世界文化的未来，所以还能有《天下》。这样的官文化，如今也是古风不存了。

（原载《新民周刊》，2004 年第 3 期）

重建"公共性":"文人论政"的近代轨迹

"天下有道,则庶人不议"。《论语·季氏》里的孔子,百般维护"礼乐征伐,自天子出"的中央权威,但总算还给"庶人"们留下了一丝口风:既然是"有道……不议",那相应的逻辑显然还是说"无道……可议"的。换句话说,中国人一贯认为:"礼崩乐坏","天下无道"的时代,政治是可以在民间公开议论的。士大夫们总是援引孔夫子的这一条,让"谏议"更具合法性,"文人论政",古已有之。或者更时髦地说:中国的历朝历代,原亦有一个文人议政、参政的"公共空间"。

确实,自古以来,中国文人的"议政""参政""理政",具有相当的合法性,几乎是一件天经地义的事情。都说"封建专制"的时代,"万马齐喑","防民之口,甚于防川"。记得是以赛亚·柏林说的,"公共空间"和"市民社会"只是基督教社会的特产,东方社会天然缺乏"公共性"。其实不然,中国的王朝政治,通过科举制,一直划出某种"公共空间",专向读书人开放。倒是欧洲中世纪奉行权贵政治,加上基督教会垄断人才,"知识分子"直到18世纪才崛起为政治群体。万历三十七年(1609),意大利人利玛窦目睹了当年举行的"乡试",仅北京、南京两个考场,居然各有"超过四千人"参与"硕士学位"(举人)的竞争。看到这些读书人在通都大邑里"讲学""雅集"和"党争",利玛窦感叹地说:

"标志着与西方一大差别，而值得注意的另一个重大事实是：他们全国都是由知识阶层，即一般叫作'哲学家'的人来治理的。"[1] 熟悉中西文化交流的人知道，利玛窦企图把中国的儒生，演绎成柏拉图的"哲学家"，好像明朝就是《理想国》中的古希腊政治，社会由一群精通政治的城邦学者统治着。黑格尔以前的欧洲学者，坚信中国由"文人执政"，中国人享有着欧洲人缺乏的"公共空间"。

　　二十多年前，来自加州大学的年轻学者华志建（Jeffrey Wasserstrom），还在写作他那本后来著名的"五四运动"著作，我们在上海讨论过"公共性"的问题。那个时候，"改革"十年，面临关口，中国学者哄谈政治，美国学者反而在冷静超然地研究学问。华志建按一般原理，把新一次"文人论政"的风气追溯到"五四"时期，肯定这是陈独秀、胡适等人提倡"科学、民主"以后出现的"新文化""新空间"。我则根据明清史，不无标新立异地辩称："五四"一代中国知识分子，还有很重的"士大夫"气，他们结社、立党、游行、抗议的方式，乃至于他们对待政治的态度，早见于明末士大夫的"党社"运动，原就有个"旧空间"。几年之后，发生了难以预料的政治变故，全球局势发生了巨大变化。中国文化中有没有"公共性"？中外学者们用哈贝马斯的"公共空间"和"市民社会"理论来检验。经此变故，我们又有机会在伯克利、波士顿和上海几次见面，继续讨论同一题目。交谊和见识都在探讨中增长，去年见面，面对中国的变化，我不得不承认，当时自己对于中国明清社会"公共性"的估计太高了。中国式的

---

1 《利玛窦中国札记》，（意）利玛窦、（意）金尼阁著，何高济等译，中华书局，1983年，第59页。

"文人论政"，毕竟是"内廷供奉"，是"朝政野议"，和现代民主体制下的"公共性"，有很大的距离。

思想史研究中的结论，有时很难用简单的对和错来判定，这是很多中国学者认为思想史不是门真学问，太容易滑向诡辩论的重要原因。其实，企图把思想史和人的社会实践一一对应起来，逐个检验，判其对错，本身是受了欧洲 19 世纪机械唯物论的影响。思想史家更看重的是不同分析方法，所能带来的各种启示。比如说，和华志建教授一起观察"新文化"运动冲决开来的"新空间"，可以理解民初那一代"知识分子"如何急切地想要告别过去，洗心革面；而顺着我原来那个想法，从明清史看近代，则可以从后面捋一捋中国文人在转型过程中那根藏不起来的"士大夫"尾巴。

在此意义上，最近出版的一本新书——《文人论政：知识分子与报刊》[1]，正好可以拿来作为中国近代社会"公共性"问题的参考。我们可以认为：中国古代政治有一定程度的"公共性"。即使"称孤道寡"，"朕一人"，中国社会自有中央统一王朝以来，皇室还是给文人士大夫让出了一定的空间，让他们参政、议政。中国读书人特有的"士大夫"意识，还有那"文人论政"的传统，都在这个"类公共空间"中培养和表现。说中国古代社会具有一定程度的"公共性"，还是能够成立的。但是，更加正确的说法应该是：中国古代形态的"公共性"和近代社会普遍公认的"公共性"殊不相同。从古代"士大夫"转为现代"知识分子"，既有其延续性，更有其革命性。夹在我们和"五四"中间的老一辈海外华裔

---

1 《文人论政：知识分子与报刊》，李金铨主编，广西师范大学出版社，2008 年。

学者，以余英时、林毓生、张灏等人为代表，强调中国传统文化的"现代转型"的问题，应该也属于此种关怀。别的不说，明清"士大夫"的"公共空间"在殿堂、在翰林、在书院、在县学、在雅集、在讲学、在社会……现代"知识分子"的"公共空间"则完全转移了。随着1906年清朝在风雨飘摇中"废科举"，"士大夫"的生路一下子断绝，传统空间猛然失去。"士大夫"必须转型，改换自己的知识结构，变更自己的职业角色，做起教师、作家、医生、律师、谋士、自由撰稿人……如当年左宗棠叱骂的那样，效"江浙文人之末路"，进沪、京报馆当主笔、编辑和记者，赖"新媒体"以活。本书的书名，标识得很清楚：近代的"文人论政"，是新派"知识分子"以"报刊"为"公共空间"的参政、议政。或许，也可以顺着上面提到的那条思路，反过来说："文人论政"，也表现出民初那一代旧式文人身上仍然残留着的"士大夫意识"。

从《文人论政：知识分子与报刊》的作者们涉及的"知识分子"和"报刊"当中，我们看到民初社会的"公共性"，明显地有着新旧掺杂的"转型特征"。说起来，"士大夫意识"未必就是"落后思想"，我们现在还常常缅怀着章太炎、王国维、陈寅恪等人的个人气节，赞誉他们是"最后的士大夫"。但是，事实还有另一面，民初还有一批有些貌似新派的"知识分子"，实在是拖着一根根长长的"士大夫"辫子，被那扇朱红大门夹住，拖累着他们难以进入现代之门。书中高力克《民初陈独秀与胡适的自由民主理念》一文，分析"新文化"运动的左翼，把"德先生""赛先生"尊奉成"德菩萨""赛菩萨"（张灏语），未把"两先生"作为现代社会"公共性"的基本价值来培育，令我们看到20世

30年代以后中国社会迅速滑向集权专制的思想动因。说穿了，从"帝制"中走出来的那一代人，有几个真正有能力抵御专制思想之反复袭击的？中共党史学者认为：陈独秀的"封建（士大夫）意识"，导致了本党早期的"家长制"。我却以为这是整整一代人，甚至几代人的事。你很难指望一批用"科举制"造就，靠零散新思想装点的年轻人，在既缺乏现代生活体验，又不在现代体制生活的状态下，建立起一整套现代中国的"公共性"。

用报刊"新媒体"推动民国"公共性"建设方面，胡适表现最突出。人所共知，民初学人中，胡适身上那种负面的"士大夫意识"较淡。这和他生于上海，学于美国，养成了现代生活的秉性有关，也和他成名后游走于京沪学、商、政界，于腐朽中看见了生发，始终保持着要将混乱的中国带入现代社会的坚强信心有关。其实，通常所说由胡适代表的"新文化"运动的右翼，并不都是"民主派"。如陈谦平《抗战前知识分子在自由理念上的分歧》一文分析，北平《独立评论》关于"独裁"与"专制"的讨论（1933）中，"我的朋友胡适之"边上的朋友们，都以"不依傍任何党派，不迷信任何成见"的"公平的态度"和"独立精神"（见胡适《独立评论·发刊词》），选择了"专制"和"独裁"。蒋廷黻，还有丁文江、翁文灏、傅斯年、吴景超、钱端升，都是废科举以后的第一代留学生，但为了建立起像日本、德国那样强盛的"民族国家"，都主张搁置"民主"，奉行"专制"。《独立评论》在主张"专制"方面还不属极端，20世纪30年代，上海、南京有"蓝衣社"；20世纪40年代，昆明有"战国策派"，还主张过"法西斯主义"。胡适等少数人，顶住潮流，坚守"民主"和"自由"理念，几十年的风雨过后，越加显得难能可贵。

　　传统"士大夫"如何走出"内廷供奉"的宿命，步入到一个有着更多"公共性"的"市民社会"，这是每个中国近代"知识分子"都会面临的问题。具有更多"公共性"的现代空间在哪里？对民国知识分子来说，他们坚守的"大学""研究院"是一处；他们兼职的"书局""出版社"也是一处；他们创办的"同仁刊物"——报刊，更是另一处。民国社会的"公共性"，相当程度上赖上海、北平的"知识分子"的文字新媒体表现，这是值得新闻史、文化史、政治史和思想史家们一起认真研究的综合现象。《文人论政：知识分子与报刊》一书中有陈建华《共和宪政与家国想象》一文，讨论"周瘦鹃与《申报·自由谈》"。陈建华似乎是认为：《申报》《上海画报》《良友画报》《礼拜六》《紫罗兰》等"鸳鸯蝴蝶派"周瘦鹃编过的报纸杂志，也属"市民社会"下的"公共空间"。他们倡导都市意识、文明态度和良好生活方式。在清末民初的"专制"和"腐败"之下，他们追求国际时尚，保守都市制度，注重维护自己当下的生活空间，并不为过，反而具有健康的"公共性"，是心存魏阙的传统士大夫意识中没有的。如此看来，近代上海为代表的"都市空间"，应该是中国社会"公共性"的一部分，值得好好谈论。

　　近年来，已经有很多学者指出：中国近、现代思想史的研究，一直高估了"士大夫""知识分子"领袖人物的"宏大叙事"（Grand Narratives），忽视了实际生活领域发生的深刻变化。还有，在思想人物和社会变迁的关系上，主流的思想史还是不自觉的"英雄史观"，过分看重人物言论的重要性、代表性。如果我们只是单单从"文人论政"的言论来看，不去分析他们自身的认同危机和身份意识，就不会看到更多的事实。很多"知识分子"领袖人物貌似华丽、听上去激进的言论，其实都是一些马虎见解，糊涂主张，盖因不懂现代社会，旧文人积习使然。近日朱维铮先生在《上海书评》中提示顾颉刚等民国学者群给蒋委员长"献九鼎"的行为，这是明清学者也会不屑的阿谀之举，连"士大夫"都够不上。相反，许多不被重视的人物，却自觉地告别那些不合时宜的"士大夫意识"，以现代"知识分子"的姿态，推进中国社会的"公共性"建设。当初为上海电视台"纪实"频道《大师》栏目策划《马相伯》《蔡元培》《黄炎培》《吴贻芳》，他们中有的甚至还都是科举中人，却勤奋开拓"公共空间"，努力建设"市民社会"，这样的民国先驱人物，更令人动容。他（她）们做得多，说得少，一样留下了丰富的文化遗产，如震旦、复旦、交大、南高师、金女大、江苏教育会、商务、中华……他（她）们并不是最为突出的"论政文人"，却称得上鲁迅说的"中国的脊梁"，真正的"大师"。

（原载《东方早报·上海书评》，2009 年 3 月 22 日）

"与官不做，遇事生风"：黄炎培"在民间"

　　中国现代历史舞台上的"重要角色"，都是些非常脸谱化的人物。因为政治动荡，社会失序，文化断裂，在政坛上生存的人都用赤裸裸的方式追求权力，俗所谓"争权夺利"，令人性中最丑陋的一面暴露无遗。蝇集在传统政体上的王公贵族、军阀政客、文人官僚追逐的权力，是一架腐败躯壳里面的残余权力，行为因此扭曲，嘴脸自然难看。然而，中国近代历史终还有它光明向善的一面。视野往下转移，在民间，终是有一小批人，他们没有去抢夺那盛宴将散之前的残汤剩羹，而是用建设性的方式营造着另一种权力。这是一种新生的权力，是人群中自己培植的新生力量，因而他们才是撑起民族新生的骨架和脊梁。如果说这样的人物很不显赫，似乎只是历史舞台上的配角，那是因为时代的悲剧性质使然。其实，他们在中国近代史上扮演的角色更加重要，以至于我们至今都难以忘却他们。

　　黄炎培就是中国近代历史上一个容易被忽视，却值得反复申说的重要角色。黄炎培，1878 年出生在江苏省川沙县一个塾师幕僚家庭。川沙是所谓"浦东"乡下，黄浦江对岸魔兽般成长起来的现代化上海，对黄炎培心目中形成的未来中国起了决定性的影响。少小时代，他便时时感到一个新的社会方式，一种新的权力出现了。他也念过"四书"，考过秀才，但他早已不再心存官阙，迷恋功名和官爵。

1911年辛亥革命以后，黄炎培作为上海和江苏光复政府的代表，北上和袁世凯协商政治。袁世凯有意笼络年富力强的黄炎培，拉他进入位高爵重的"政事堂"参事议政，后又两次发布名单，要求他来北京担任"教育总长"，授予实权。面对总统的"垂青"，黄炎培一口回绝，坚决要回上海。他底气十足地说："黄某不宜做官，外边也要留个把人。"紫禁城的"外边"，是广阔的民间社会，黄炎培的老师们，有如马相伯、张謇、蔡元培等人，都是从清末官场退下来的资深人物，十分清楚官场腐败不可扶持。黄炎培决计走民间道路，尽一己之力，建设一个新社会。对此婉拒，袁世凯也不得不佩服，他曾经半是酸楚，半是赞许地对人说，江苏人最难弄，黄炎培这个人就是"与官不做，遇事生风"。标榜"人才内阁"的民国北洋政府，捞不到黄炎培，觉得若有所失，可见他确实是个"干才"。

袁世凯不愧是"乱世之奸雄"，不负外间的"知人"之誉。他说的"与官不做，遇事生风"，真的可以拿来作为黄炎培大半生的写照。1901年黄炎培以秀才身份考入上海南洋公学（后来的交通大学）特别班。特班的总教习是蔡元培，宗旨是培养中国社会最高级的新式人才，在大学本科（"上院"）之上，相当于研究生，在当时所有的新式教育中，这是最高级别的。特班的大部分学生，确实都成为中国社会的中坚人物，其中有著名文人李叔同、著名学者谢无量、教育总长汤尔和、民国元老邵力子、司法部长朱履和、交大校长陆梦熊、北大校长胡仁源等等。黄炎培的特班同学中大部分当了政府高官，很少几位"闲云野鹤"如李叔同、谢无量一样的人物虽然一生不当官，也名满天下。

「与官不做，遇事生风」：黄炎培「在民间」

bar

167

黄炎培的道路，和其他特班同学都不同。他年轻的时候誓不为官，不投入官场，但他没有回避政治。辛亥革命的时候，他作为蔡元培的得意门生，代替成为上海同盟会的实际负责人，负责上海的光复起义，实在是中华民国的缔造者之一。黄炎培并不用与世俗生活隔绝的方式来标榜自己的清高，相反，他积极地从事社会建设工作，尽可能地和所有相同志向的人合作，从事民间的教育事业，目标就是为中国奠定一个合理的社会基础。在民国混乱的政治中，胡适之最喜欢标榜"有所为，有所不为"的主张，表示与政治持一种若即若离的关系。其实，这句拿来形容黄炎培更合适。黄炎培"做事不做官，帮忙不帮闲"的性格，比胡适更彻底、更明确，也更有效。

黄炎培最坚定的想法就是"办教育"。1903 年，"特班"成立两年便因故解散，黄炎培就携老师蔡元培"办学校唤醒民众"的教导，到家乡川沙镇，先后开办了川沙小学、开群女学、浦东中学，在上海开办广明小学、广明师范讲习所。他还经常去临县南汇、金山等地组织亲戚友朋，演讲发动，指导办学。他的办学得到同乡富豪杨斯盛的资助，得到前辈官绅张謇、蔡元培和马相伯等人的指导，上海循道公会慕尔堂的美国牧师步惠廉（William Burke）也在关键时刻支持他。在上海，黄炎培得到这样丰厚的社会资源，"办教育"成为他一生的事业。

"江苏教育会"和"中华职业教育社"是中国教育史上两个成功的大机构，后来成为黄炎培一生事业的两大商标。"江苏教育会"成立于 1905 年，初名为"江苏教育总会"，次年改为后来通行的名字。这一年，清政府宣布废科举，兴学堂，所有学子都面临前所未有的心理危机，人心惶恐不安。这时，黄炎培运动多年的新式教育理念——做对社会有用的人——忽然为大家所接受。当时江苏学界共推状元张謇为会长，二十七岁的黄炎培是"江苏教育会"的实际干事人。1913 年的时候，黄炎培被公选为副会长，和另一位地方人物沈恩孚一起，成为协助元老会长张謇的实际负责人。"江苏教育会"的章程规定："专事研究本省学务之得失，以图学界的进步，不涉学界外事。"由于中央拿不出切实可行的教育改革方案，几十年来，"京师同文馆""京师大学堂"的办学都陷入腐败不堪的境地，而"江苏教育会"一心一意搞改革，大、中、小学，国立、私立、教会大学都陆续兴办，取得成功，基础雄厚，因此成为全国教改的领袖。1911 年 4 月，安徽、浙江、福建、河南、河北、湖南、江西、广东、广西、奉天、山东等地的代表，都在上海开会，黄炎培作为东道主，要求清廷实施合适的教改方案。

长期研究黄炎培生平的朱宗震先生曾有概括："黄炎培和张謇走的道路在总体上是一致的，也是扬弃了'学而优则仕'的传统观念，而以理想主义的精神，立足于社会，在民间尽自己的努力，推动国家和社会的发展。""在民间"是黄炎培身上的突出特征，比在张謇身上更突出。张謇比黄炎培年长二十五岁，曾追随过张之洞等人在全国各地为官。晚年才退回上海，从事工商业活动，引导地方事业。黄炎培这一辈人，处在国家鼎革之际，政权交替之时，来去匆匆的政客们最需要像黄炎培这样的"人才"装点门面，可是黄炎培决不就范。"读书不为去当官"，他的事业，只有"教育救国"，他的实践，延续了张謇后期的想法，表明了清末江苏先进士绅认定的出路。

1905 年，张謇、黄炎培等人的"江苏教育会"接管了江苏省

「与官不做，遇事生风」：黄炎培「在民间」——

的教育改革。民间社团的介入，给全省学子带来希望。在"科举制"崩溃后的全国大绝望中，江苏省的新式教育办得最为出色。各地学生纷纷涌入上海、南京求学，使得上海成为内地学生游学日本、欧美之外的"国内留学"地区，新式教育冠全国。"江苏教育会"接管了由张之洞创办的"三江书院"，改名为"两江书院"，设址南京；1914 年，黄炎培领导的"江苏教育会"将"两江书院"升级为"东南高等师范学校"，并于 1920 年改称"东南大学"；1915 年，"江苏教育会"协同地方士绅，在南京建立"河海工程专门学校"；在上海，1909 年，"江苏教育会"协助邮传部，创办"吴淞商船专科学校"；1910 年，江苏教育会创办了"省立吴淞水产学校"。

黄炎培的"江苏教育会"由热心教育改革、懂得中外制度的士绅组成。同时，他们的社会资源也很丰富。重视教育是中国传统文化留下的美德，"毁家兴学"的慈善家更是在民族危机时刻常常出现。黄炎培的同乡，上海大营造（建筑）商人杨斯盛是黄炎培办教育的坚定支持者，提供了大量慈善款项。黄炎培两袖清风，每个铜板都花在学校里，办学成绩显赫，个人声誉日隆，有更多的慈善家都愿意把善款交给他使用，形成良性循环。每当黄炎培办学遇到困难，需要使用土地、楼房、资金、师资等，都有他当着官员、开着工厂、做着教授的朋友来帮助他。他的热情、成就、声望和资历，在辛亥革命前就已经建立。辛亥后，他的地位更加隆长，更多朋友来支持他，连闻人杜月笙也愿意巴结，黄炎培的资源更加充裕。

辛亥革命后，黄炎培把自己在上海多年经营的民间资源灌入政府体系，1911 年到 1914 年黄炎培担任江苏省教育司司长。凭他上海同盟会会长的功劳，中华民国政府的什么官他都不做，只是要了一个江苏省的教育司长，他要干实事。他的努力，使得原先的官场腐败局面略有改观。例如，为了不让腐败的中央政府无休止地掠夺江苏财富，他设定把全省的竹木、屠宰和牙行等几项税收，专门用来充当教育经费，为江苏省人民的子弟留下了两百四十万两"读书铜钿"。辛亥革命前后，江苏省是全国唯一由地方士绅完全顶替教育改革事业的省份，黄炎培和他的老师张謇、马相伯、蔡元培的个人努力起了关键的作用。辛亥革命后，任职江苏教育司长的四年期间，黄炎培在全省创办师范学校九所，中学十一所，还有很多工、农、商专门学校。黄炎培还领导制定了《江苏省五年教育行政计划》，计划在江苏省新建和改建二十四所省立高等、中等学校，兴建大批小学，普及新式教育，让全省子弟都有书读。这一时期，是黄炎培教育生涯中唯一一次使用来自政府的"公权力"，似乎是违背了他做事不做官的人生准则。但是，我们应该注意到的是，这项江苏地方的"政府公权力"是江苏士绅通过"辛亥革命"获得的，并非是中央政府任命的。其次，黄炎培把"江苏教育会"等机构的"民间公权力"带给了江苏地方政府，是"民间力量"对"官方政府"的改善。辛亥革命后黄炎培涉入官场，并没有丧失他的人生理念，相反，是他人生理念的成功。

民国初年的黄炎培，从内部经历了袁世凯政府的腐败，深知自上而下的改革之艰难。在辛亥后的情势下，中国的教育改革只有走自下而上的民间道路。于是，黄炎培又回到上海，回到自己的本色。在美国访问期间，他明白了"职业教育"对于现代社会的重要性，便于1916年在"江苏教育会"内部设立"职业教育研究会"。1917 年 5 月，黄炎培又推举和联络了张謇、马相伯、蔡元培、张元济、梁启超、伍廷芳、严修、郭秉文、穆藕初、蒋梦麟等四十八人，发起建立"中华职业教育社"。"中华职业教育社"比"江苏教育会"更进一步发展了黄炎培个人的教育思想。首先，"职教社"在全国范围内担负起责任，职志在于中华教育；其次，"职教社"把民间教育事业的重点从废除科举制以来所关注的普通教育，集中到发展新兴经济迫切需要的"职业教育"，更加体现黄炎培"教育救国""实业救国"的理想；再者，"职业教育"和普通教育不同，它能把教育和经济结合起来。在缺少政府拨款的情况下，"职业教育"更容易从慈善家和家长那里募得办学资金。

果然，黄炎培以解救民生凋敝为目的的"职业教育"赢得了广泛支持，南洋大商人陈嘉庚、上海大实业家聂云台、穆藕初、刘柏林都慷慨解囊，加上能够在上海等经济发达地区的学生那里收取部分低廉学费，"中华职业教育社"的经费算是充裕。1918 年 5 月，凑集到六七万元，在上海创办"中华职业学校"。"职教社"从事"平民教育"，"职教社"的宗旨是："使无业者有业，使有业者乐业。"学校用"敬业乐群"作校训，口号是"手脑并用""双手万能""劳工神圣"。从此，"中华职业教育社"的简称"职教社"，响彻上海、江南，乃至全国。1949 年前，"职教社"在上海的七所"中华职业补习学校"把八千多名子弟培养成技术员、工程师、会计师、总经理等专业人员。三四十年代的上海"白领"，除了"洋学堂"里毕业的之外，许多都是"职教社"培训的。"职教社"毕业的学生，艰苦朴素，很多都穿土布衣服，不追求洋场时髦，却刻苦钻研业务，口碑很好。这些都是黄炎培严格要求的结果。

在三四十年代，全国出现了许多"教育救国"和"乡村教育"的社会运动。陶行知在南京郊区的晓庄，试验举办乡村师范学校，提出"乡村学校做改造乡村生活的中心，乡村教师做改造乡村的灵魂"；梁漱溟在山东邹平县举办乡村建设研究院，也主张通过教育手段，改造中国乡村生活；晏阳初在河北定县创办乡村改进试验区，也是使用乡村培训教育，改造中国传统社会。通观所有的这些运动，黄炎培提倡的"教育救国"道路开始最早，早在"科举制"废除前，尤其在辛亥革命成功后，他已经完全献身于中国的教育事业。另外，黄炎培主张的"职业教育"，在所有的"教育救国"实践中最富成果。他的试验最为成功，是一项可以推广，显示成效的运动，很容易推广到全国。当时从事"职业教育"的学校，1918 年是五百三十一所；1921 年达到七百一十九所；1922 年更是发展到一千两百零九所。所以说，民国时期从事"平民教育"的众多人物中，黄炎培是最为成功的一个。

黄炎培是一个实际的人，却不是一个狭隘的人。他的眼界从上海出发，很容易观察到世界风云的变幻，也很深刻地透视着中国内地的种种问题。他意识到上海和江苏的成就，不能代表中国。"平民教育""职业教育"的完全成功，应该走出上海，走出城市，进入中国广大的农村和落后地区。黄炎培青年时期一直是以上海、南京为基地，以教育改造为核心，渐进地实施他的民族改造计划。后来，他意识到要把现代教育推向农村，否则中国社会的改造就会产生脱节。因此，黄炎培最早提出"职业教育走向农村"，他很早就在江苏省昆山县创办了"乡村改造区"。黄炎培自费考察过中国内地许多省份的教育，对乡村中国的命运十分忧心，也深深地知道，只有发展新式产业和新型教育，农村生活才能走上恢复和发展。因此，黄炎培并不是一个只关心本地区发展的地方绅士。这个受过最好新式教育的高级知识分子，这个参加领导过辛亥革命的民国元勋，这个在"十里洋场"上如鱼得水的上海人，这个受到城市市民广泛拥戴的一介寒士，对中国农村人的关心一点也不亚于梁漱溟、晏阳初和陶行知。相反，就"教育救国"的成就而言，黄炎培的功绩远远高过他们。或许可以说：只有黄炎培，才在动荡的中国社会，走出了一条成功的道路。他帮助中国的士大夫走出了"科举制"废除后的困境，帮助中国新兴的城市平民获得了生存技能，仅此二项，功莫大焉。

黄炎培是一个足以站立在世界教育舞台上的民间教育家。1920年，美国哥伦比亚大学哲学家杜威来中国讲学，在"江苏教育会"演讲，黄炎培作东道主招待；1921年9月5日至9日，美国哥伦比亚大学教育学院院长门罗（Paul Monroe，又译孟禄）教授在沪讲学，黄炎培、余日章等人也以"江苏教育会"的名义加以接待。和美国教育家同台讨论，黄炎培一点都不自卑，他有自己的办学成绩作底气。胡适尊奉自己的美国老师，引得他在北大和各省高学的年轻追随者们也把杜威教授的每一句话都奉若神明。杜威说："劝告学生专心在校攻读，但求于实际有用。至于政治，让政府负责，学生勿与过问，这就是实用主义教育。"黄炎培很不买账，当场就以"中华职业学校"的办学成果和杜威辩论。黄炎培说："我校制造国货，抵制日货。学生毕业，于国家有很大的贡献，还大大提高了青年爱国热诚，岂不更切实有用？"

"做事不做官，帮忙不帮闲"，大致可以概括黄炎培大半生。在黄炎培的一生中，只要能够保持他"教育救国"的民间道路，他决不参与中国的腐败政治。他并不是像一般传统的儒家士大夫那样抱着"独善其身"生活态度，回避政治。他是关注政治的，但是他把自己的教育事业看作中国政治的一部分，愿意把自己办学有成的教育事业，提供给民国政治，帮助中国社会走出困境。但是，恶劣的党派政治，甚至不允许有任何不在自己权势范围内的民间事业。1927 年，蒋介石占领上海以后，居然连清末以来为中国社会作出杰出贡献的"江苏教育会"也列为打击对象，加以整顿。蒋介石及其党徒们，封闭"江苏教育会"，捣毁"职教社"，抢夺"中华职业学校"的附属工厂，居然把革命老前辈黄炎培称为"学阀""反动派"，加以盯梢、搜捕，乃至暗杀，黄炎培只能东渡日本避难。后来，经过蔡元培的说项，蒋介石才放过了黄炎培。经过这场变故，黄炎培看清了蒋介石国民党的独裁面目，决不参政。抗战前后，由于对蒋介石独裁的不满，黄炎培决定组织民主党派，参与政治。1946 年 7 月，蒋介石请杜月笙、陈立夫出面拉拢黄炎培，要他脱离民盟，并许以高官。黄炎培坚决拒绝，为此他对朋友说："弟对职业教育，确信为能解决人类间种种问题之最扼要办法。若一行作吏，势须抛弃半途，实违夙愿。"

　　"不做官"的誓愿，黄炎培一直保持到 1949 年 10 月 15 日。这一天，中华人民共和国中央人民政府任命他为政务院副总理兼轻工业部部长，又兼财经委员会委员，七十二岁的黄炎培接受了。他的儿子问：为何年轻时在清朝、北洋和民国下都不做官，年过七旬，反而做起官来了呢？黄炎培回答说："自家的事，需要人做时，自家不应该不做，是做事，不是做官。"我们没有理由不相信，黄炎培说这话时是真诚的。他的"中华职业教育社"和"中华职业补习学校"还在上海存在，中央人民政府答应在全国推广"职业教育"，他或许并没有感得自己民间教育道路会经受挫折。

不过，我们在几十年以后看历史，时过境迁，这些话是应该重新认识的。

最近看到中共中央文献研究室王均伟先生披露掌故，意趣深远，可以看到黄炎培至死不渝的性格，抄在下面："黄炎培珍藏着一部据说是王羲之的书法作品，毛泽东借来一阅，讲好一个月归还。仅仅过了一周，黄就打电话问是否看完，什么时候归还。毛泽东对身边工作人员答复：到一个月不还，我失信。不到一个月催讨，他们失信。谁失信都不好。又过了几天，黄再打电话，毛泽东问：'任之先生，一个月的气你也沉不住吗？'到一个月期满，毛泽东让人把书法小心用木板夹好送回，并严命当天零点必须送到。毛泽东对黄的提前'索债'之举评价为：'不够朋友够英雄'。"黄炎培的私人生活习惯，和他事业工作作风是一致的，言而有信，不媚官上。他做的事业都是理直气壮，为的是中国社会的长远利益，即使是求人帮忙，他也不低三下四，因而他一直不会拍马溜须。毛泽东算是明白，多少文人雅士用各种雅和俗的手段来巴结权势。像黄炎培这样的朴实作风，靠本事，靠实力，不媚权，不媚上，在中国的官场是异数，他不得不佩服这一位老前辈。1965 年 12 月 21 日，"无产阶级文化大革命"爆发之前，黄炎培在北京逝世，其时，离开上海——他自己的城市，已经有十六年了。

（为上海电视台纪实频道《大师·黄炎培》撰写策划稿；
原载中山大学广东发展研究院、华南民间组织研究中心编

《民间》，2005 年 9 月号）

"我们的赫德"

《赫德日记（1854—1863）》[1]译成中文出版了。《赫德日记》是清朝"洋顾问"的一段传奇，但也暴露了中外之间的一场恩怨。赫德（Robert Hart，1835—1911）曾经被批评为窃取清朝权力的外国人。但是，一贯客观的哈佛大学教授费正清说："当利益不同时，他却为中国效劳。"[2]赫德是来中国谋生赚钱的，固然不是一个"志愿者""爱华人"，但至少也不是一个"窃取者"。公布的《赫德日记》，证明此说有理。

上海人对"赫德"这个名字有所记忆。1913年，海关大楼对面的汉口路外滩，落成了一座铜像，纪念中国近代海关事业的奠基人英国人赫德。碑座正面有中文赞词："前清太子太保尚书衔总税务司，英男爵赫君德，字鹭宾。生于道光乙未，卒于宣统辛亥，享遐龄者七十七年，综关权者四十八载。创办全国邮政，建设沿海灯楼，资矜式于邦人，备咨询于政府。诚恳谦忍，智果明通。立中华不朽之功，膺世界非常之誉。爰铸铜像，以志不忘。"清朝官方倒是一直感谢赫德的。

但是，中国历史似乎难以承受这个人物，赫德铜像，备受争

---

1 《赫德日记（1854—1863）：步入中国清廷仕途》，（美）布鲁纳、（美）费正清、（美）司马富等编，傅曾仁等译，中国海关出版社，2003年。

2 同上书，第323页。

议，在抗战之后的民族主义高潮中就消失了。堂堂中华的门户，清朝银库的钥匙，大小事务的关键，都被这个爱尔兰人掌握着，总是不爽。中文史书都尽量不给好评，说他是"代表英国对中国进行半统治的主要人物"。除了白求恩，正统史学家很少说来华外国人的好话。然而，"不爽"的历史终还是历史。问题是为什么清朝朝廷对赫德如此信任，授他一品衔，以至于奕訢、文祥、李鸿章都口口声声地说："我们的赫德"，如何，如何；"如果有一百个赫德，就……"[1]

中国需要"洋顾问""洋教习"，这是大量引进西方新式事业的必然要求。清末的各行各业，练兵、作战、造械、采办、教习、翻译、外交……用了大量的英、美、德、法、日籍的"洋顾问"。这不是清朝官员故意拱手相让的，而是离开他们，洋务事业无法运转，中国社会不能进步。但是，中国近代史教科书一概把他们称为"帝国主义分子"。其实，古今中外，聘用"客卿"，雇请"洋教练"的例子很多。只要他们对别国的事业有"职业心"，有"认同感"，就是一个好雇员。听中国官员的话，服从清朝国家的利益，这些规矩，赫德基本上做到了。历史学家不去追究本国官僚体制的腐败无能，反而把清朝政治落后的原因归结为赫德等"洋顾问"的僭夺，实在有失公正。

《赫德日记》表现出他对清朝的"忠诚"。1860 年前后，领事官威妥玛（Thomas Francis Wade）、前总税务司李泰国（Horatio Nelson Lay）、"常胜军"管带戈登（Charles George Gordon），还有上海的中外势力，暗中策反曾国藩、李鸿章，割据南方，推翻清

---

1 Stanley Fowler Wright, *Hart and the Chinese Customs*, Belfast, 1950, p. 221.

朝。梁启超的《李鸿章传》，提到戈登劝李鸿章做皇帝。戈登曰："中国今日如此情形，终不可以立于往后之世界。除非君自取之，握全权以大加整顿耳。"这类传言，踪影飘忽，很难稽考。现在有了《赫德日记》上的确凿记录，就可以作为定案了。1863 年 6 月 15 日晚上，赫德和威妥玛、李泰国三人聚餐。威、李议论"瓦解清王朝"，支持戈登的策反计划。赫德没有加入同胞们的密谋，在他看来，清朝再腐败无能，毕竟是他的老板，他不愿背叛。相反，他以自己的方式，向清朝告密了。1863 年 7 月 14 日，赫德把他了解到的湘军、淮军和外国军人的关系向清朝告发，他对主持总理衙门的满族人文祥说："外间对曾国藩是否忠贞不贰产生了怀疑。"靠这类的"忠诚"，他取得了清政府的信任，被认作"我们的赫德"。

一百五十年前，上海开埠不久。一个爱尔兰人会说官话、上海话、宁波话、广东话，还努力读《红楼梦》，是有点奇怪的。赫德的汉语能力在早期侨民中数一数二。《赫德日记》中记录了他跟宁波籍情妇阿桃学说吴语，跟杭州籍张老师学南京官话。赫德是当时最著名的"中国通"，很"中国化"。为中国出力，他越出海关，筹划了很多新式事业。他建议成立"京师同文馆"，后来发展为北京大学，奠定了中国现代高等教育的基础。清政府开矿山、造铁路、建舰队、派使节，都和他有关。他的《局外旁观论》，深切地关心中国的前途。在所有来华的外国人中，他真心希望中国能够举办更多的新式事业，把清朝引导到世界潮流中去。他不但和中国女子生育儿女，他大约也是爱中国文化的。有一位"坐观老人"在他的《清代野记》中说：赫德把两个混血的儿子送到北京，请了都中名师教八股，参加顺天乡试。科举考试的当天，"老毛子"混入考场的消息传开，北方举子群起而攻之。赫德父子，当然只能落荒而逃。李鸿章闻讯后，大摇其头："朝中无人，朝中无人。"

历史走到了 19 世纪，中国再一次被卷入世界潮流中。"闭关自守"再也不可能了，中国人下海去闯世界，西方人也到中国来冒险做生意。像赫德这样的"洋顾问"，无非是趁着清朝人对西方的无知，借着他久经考验的对清朝的忠诚，还有他对西方制度的了解，在中国谋到了一份高薪。和后来很多来中国打工的"洋教练"一样，既不能要求赫德崇高到为"振兴中华"作贡献，也不能说他比一般"洋教练"更不敬业，更贪婪。事实上，他做了他应该做的一切，把清朝国库的钥匙看得很牢。可以这样说，如果没有赫德的看守，清朝的财政危机早就会爆发了。当然，我们可以责备赫德，他帮助延长了清朝的寿命是罪过。但是，在清朝仍然代表中国的时候，赫德对清朝忠诚，为中国看守门户，至少是尽职尽责了。

清代以来，士大夫们以拒绝西方，排斥老外为爱国。同时，中国没有彻底摆脱落后、蒙昧之前，"洋顾问""洋教练"又会络绎来华。在很多问题上，本土人员和"洋顾问""洋教练"的矛盾很难避免，这就会起冲突，有危险。学会公正客观地评价他们，是赫德以来的老问题，也是当代人的新问题。读一读《赫德日记》吧。

（原载《新民周刊》，2003 年 7 月 19 日）

"中西医的调人"德贞

"中西医之争"，是 20 世纪文化史上的肉搏战。西方文化进来后，和传统儒家争，和本土宗教争，和王权体制争，讨论起来，都还属于"意识形态"的分歧，一下子难以验证。但是，"中医"和"西医"的论战，关乎器官，联系身体，或许生死，用语言和概念是掩饰不住的，必须分出胜负。治病吃药，必择良医；两军对垒，必分中西。

一般来看，"中西医之争"，常常是中医败下阵来。中国人几乎就是放弃了中医。1839 年，美国医学传教士伯驾（Peter Parker，1804—1888）在广州十三行新豆栏眼科医院给钦差大臣林则徐治疗疝气，立了一份编号为"6565"的病历卡，据说是目前所知的第一份"中病西医"记录。"医学传教"，先可以分开来说。如果说西方在中国的"传教"还不太顺利的话，那他们的"医学"无疑是成功的。在 20 世纪 20 年代中西医地位的讨论中，很少有人支持中医。鲁迅的态度最典型，他说：我"只相信西医"。他在《父亲的病》《药》，以及《日记》中，不断表明对中医的厌恶。在《〈呐喊〉自序》中，更说"中医不过是一种有意的或无意的骗子"。

鲁迅之外，康有为、梁启超、严复、孙中山、胡适之、陈独秀等"西潮"人物，全都拥护"西医"，厌弃"中医"。中国人对西医的信任，也到了执著的程度。近年来，为争论"中医"的地位，有人重提梁启超在北平协和医学院被"割错腰子"的旧事，还有披露康有为死于德国医生做的"睾丸移植"之手术。康、梁师徒两人，至死不悔，力挺西医。这些官司，当时没有定案，现在查证颇难。但是，民国以降的"意见领袖"们，都是西医派，这是可以确定的。

与此相反，一百年前有一位从苏格兰来的医学传教士，并不否定中国的医学传统。他在《脉论》（1874）中，把西医的"血液循环"理论，和中医的"气脉经络"理论对照，实际上开出了一条"中西脉学比较"的思路。直到现在，中国的医务工作者，还在坚持从"气脉""经络"和人体"循环"理论的关系，来论证中医的合法性。20世纪70年代，上海医务界用现代医学理论，攻关"经络"学说。2007年，南方医科大学某国家863项目组宣称找到解剖学意义上的"经络"系统，发现了人体的"第十个功能系统"。后世学者努力将"经络理论科学化"，其思路是一百多年前开始的。这位同情中医的"医学传教士"，就是德贞（John Dudgen，1837—1901）——哈维（William Harvey）《心血运动论》（*De Motu Cordis*，1628）的中文翻译者。复旦大学历史系高晞教授的《德贞传》[1] 向我们详细叙述了一个非凡的故事，提出了很多并不是随随便便就能打发过去的问题，令人深思。

《德贞传》提到了传主对于中医"脉理"的看法，很是典型。例如，1874年，德贞在《中西闻见录》上发表《脉论》，他对中医靠把脉诊断女子是否怀孕，是持批判态度的。他批评庸医们常

---

1 《德贞传：一个英国传教士与晚清医学近代化》，高晞著，复旦大学出版社，2009年。

常误诊，误用药方，以致胎儿和孕妇一起毙命。但是，留华日久，见闻愈多，德贞发现中医"脉学"常常是有效的，连宫中太后是否怀孕，太医们都是用脉理来判断的。1890 年，德贞在《万国公报》上发表《脉理论》，在提倡西医的同时，也肯定中医"脉学"，他说："惟有一脉，西医却无华医之神妙。即妇人怀孕按脉，即知其真系怀孕与否，究不知其理从何得者也。"还有，在早期发表的《脉论》中，德贞试图用西方现代医学的"心血运动论"来解释中医的"气脉"学说。但是在后期的《脉理论》中，德贞说："按西医所论之脉理，以较华医所论之脉理，只有附会之说，而无确实之证也。"高晞指出："几十年的观察和研究，他对中医脉学的认识较二十年前有所改变。"[1] "改变"就在于：德贞固然提倡现代医学，但他不全盘否定传统中医；德贞主张中西脉学比较研究，但他反对把两者牵强附会起来。中西医学，有各自的传统和价值，可以并存，可以互补。这样的包容态度，今天看来是平正公允的"文化正确"，但在 19、20 世纪"科学主义"全盛的时代，却是罕见。在 20 世纪的"中西医之争"中，这种"保守主义"的态度，显得很突出。

中国思想家反传统，自我批判，主张"西化"。外国学者也是出于对西方文化的自我批判，借鉴东方，认可中国，用他们的"汉学"（Sinology）来肯定中国。中西之间这种"逆向肯定"的现象，在世界近代历史上很明显。明清以降，我们看到很多肯定中国传统的外国人：利玛窦等早期明清耶稣会士对中国文化的赞美就不说了，德贞前后，卫三畏、理雅各、古德诺（Frank Johnson

---

1 《德贞传：一个英国传教士与晚清医学近代化》，第 289 页。

Goodnow）、庄士敦、辜鸿铭等"汉学家"，都是中国文化的"保守派"；林乐知（Young John Allen）、李提摩太、丁韪良、傅兰雅（John Fryer）等"洋顾问"，在批评清朝因循的同时，还给中国传统文化指出生路。德贞是中国"西医"的鼻祖，以某些国人"非我族类，其心必异"的种族主义心态来揣测，他应该排斥和打压"中医"才是。19 世纪，西方医学进步神速，中医望尘莫及，德贞完全可以借势主张"全盘西化"，取中医而代之。然而，德贞没有这么简单地对待中医，他主张中西医携手，共建近代医学，这样的"现代化"，在革新、进步和发展的同时，既尊重传统，又更新传统，是一种"和解"的理论。

按德贞这样的"西医"来看，"中医"不一定是"西医"的反动，"传统"不一定和"现代"对立。推广来说，中西文化之间，"东风""西风"不必互相"压倒"，社会"进步"，也未必要靠"革命"来实现。凡事不必对着干，跨文化运动中一样需要"中庸"的态度，否则也是"过犹不及"。虽然这些都是老生常谈，却在 19、20 世纪的话语氛围中非常稀少，迫切需要。德贞1863 年来中国，到 1901 年去世，在北京生活了近四十年，他一生的职责是传播现代医学，但对中国文化的态度却是越来越"保守"。1884 年，德贞在英国伦敦国际健康展上发表论文《中国人与健康相关的食、衣、住》；1895 年，在北京《东方学会刊》上发表论文，讨论"中国的饮料"（论证茶叶和卫生）、"功夫和医学健身"（介绍道教与健康），都是在肯定中国的医学和卫生。几十年里，他在国际社会散布一个观点，说北京是世界上卫生习惯最好的城市，比当时的伦敦、巴黎、上海等现代都市的发病和死亡率更低，同阶层的市民中，卫生状况更好，"中国最高级的城市就是北京"[1]。这个观点雷倒了很多人，大家嘲笑德贞在北京住得太久，被朝廷洗脑了，看问题糊涂了。其实，德贞医生很清楚北京之"脏"。在北京，男人在街上大、小便，粪便靠淘粪人背出城外，"没有专人负责公共街道的清理、打扫，不存在任何公共意识，每个人都把街道当作各种各样污秽物的容器"。但是，德贞说的是另一回事情，是在谈中国城市传统好的一面："西方是将城市最好的面貌都展现在公共的街道上，狭窄的里弄、巷子、小路与死胡同大部分都隐藏在视野所及之外"，卫生条件并不好，也很污秽。相反，德贞到北京的胡同和庭院里串门，"四合院"在水、空气、废物的处理，以及空间安置方面做得相当卫生。虽然北京的"公共卫生"很糟糕，但"家庭卫生""个人卫生"习惯却是更好。一个外国人，不老是厌弃和批评对方的坏传统，而是从正面发掘对方的好传统，却是一个比较可取的"中庸"态度。

　　"东方和西方的和解"，这是我们时代的重要话题。其实，在尊重中国文化传统上，近代以来的西方学者一直没有什么大问题，很少西方学者会情绪化地全盘否定中国文化。虽然他们确实是希望中国更进步，更科学，更民主，更人权，但对于"文化"和"传统"，他们很少横加批评。在这方面，德贞提供了很好的案例，《德贞传》则做出了很好的解释。生长在苏格兰，在动乱的中国住了近四十年；他和曾纪泽等开明的中国人交朋友，和李鸿章、崇厚、荣禄等洋务大臣有关系；他谴责西方商人的鸦片贸易，帮助中国人戒除缠足恶习；他去欧洲介绍中国的养生和卫生理论，把自己看作中国文化的"归化者"。德贞一生的言行，和不少来华传

---

1 《德贞传：一个英国传教士与晚清医学近代化》，第396页。

教士宣称的那样，是来成就中国文化，而不是败坏中国文化。《德贞传》告诉我们，德贞一到中国，"就对中医知识充满兴趣"，"研究中医古籍，发现疾病的起源和中医的治疗方法，由中医经典和传统习俗中寻找解释，提供给西方世界引作参考"[1]，这样的德贞，当然是一位和中医"和解"了的"文化调人"。

1873 年，德贞用中文作了一篇《哈斐论》，发表在《中西闻见录》上，第一次在中国翻译英国医生哈维的《心血运动论》。《心血运动论》揭示了"人体小宇宙"奥秘，和哥白尼《天体运行论》揭示"天体大宇宙"的奥秘一样，哈维的著作也是近代科学的奠基之作，"科学革命"正是从这里开始。读高晞《德贞传》的同时，正好读到美国"图腾丛书"收入的平装本图书《哈维的心脏：血液循环的发现》[2]。书中谈到欧洲人在"中世纪"（14 世纪前）、"文艺复兴"（14—16 世纪）和"科学革命"（16—19 世纪）三个历史时期中对待"传统"的不同态度。作者说："'文艺复兴'和'中世纪'泾渭分明，'中世纪'缺乏乐观和进步的观念；'文艺复兴'和'科学革命'也判然不同，'科学革命'总是想全盘地抛弃古代，用一些新玩意来取代古人。"[3]"中世纪"拘泥古人，迷信古代，不能进步；"科学革命"又太不顾及传统，只重未来。按这个通俗的表述，作者认为中间状态的"文艺复兴"比较好，比较平衡，比较中庸。"文艺复兴"像是一只双头鹰，一面朝向古代，一面朝向未来，既尊重传统，又进步发展。作者说：哈维采取的正是"文艺复兴"态度，他的"心血运动论"，不是凭空发明的，

---

1 《德贞传：一个英国传教士与晚清医学近代化》，第 397 页。
2 Andrew Gregory, *Harvey's Heart, The Discovery of Blood Circulation*, Totem Books，USA, 2001.
3 同上书，第 24 页。

而是从古希腊亚里士多德理论中改造而来的。哈维医生，以及西方医学，并不全盘否定传统。

德贞同情和理解中医，尊重和善待中国文化的态度，和他翻译和理解哈维学说有关系，和他们"文艺复兴"式的学术立场有关系。德贞把中医和中国文化，当作人类古代文化传统中的一种，因而表现出应有的尊重。他说西方医学在中世纪也拘泥于古人。中医只要发扬优点，修正错谬，照样能够进入现代医学。德贞，这位"中西医调人"，对我们今天还在延续的"中西医之争"，对我们今天重新审视"科学主义"的正负面，应该是会有所帮助的。

（原载《书城》，2010 年第 3 期）

一抹残阳：李叔同的"三个境界"

　　在共同经历了清末民初如许的苦难之后，同代人对李叔同遁入空门的举动仍然困惑，这现象本身倒更是费解。不困惑而出来解释的，是他的学生们。同是李叔同的学生，曹聚仁虽不像丰子恺、刘质平那样登堂入室，袭有衣钵，但快人快语，在一处对先生的大胆评论中颇为中的。他选了老师的三首词作为概括，说："《落花》、《月》、《晚钟》三歌正代表他心灵的三个境界。""人生之浮华若朝露兮，《落花》是中年后对于生命无常之感触"；"仰碧空明明，朗月悬太清"，《月》是一种"超现实的想望"；"钟声沉暮天，神恩永存在，神之恩，大无外"，《晚钟》奏响在最高境界，表现皈依后的弘一与天地造化同参共游的恬静愉悦。[1]

　　读书不如读人，中国社会的深刻意蕴，往往不在洋洋洒洒、重重叠叠的思想著作中，而在形形色色、奇奇怪怪的人物行为中。动荡的社会，出"奇人""怪客""独行者"，其中不乏从宗教意义上被尊为"先知""真人"的。处在惶恐、绝望的心境中，在沦丧中自持，在罪恶中向善，人性中求真的本能被压抑着，做"人"变得极为重要，"立言""立功"成了"立德"的陪衬。难怪许多思想家是兼做了演员的，康有为、谭嗣同是以其诡异壮美的表演，

---

1 《笔端》，曹聚仁著，上海书店出版社影印版。

才注解了他们肤浅的学说。从这一点说，李叔同也给我们演了一场，叫我们看他的心灵如何在这"三个境界"里渐渐升华，肉身又在其中步步进阶。他用生命向别人和自己展示，佛教的"空寂"是了却一切尘世烦恼的良方。

"长亭外，古道边，芳草碧连天……"这天籁之声确实令人陶醉，但只在刹那之间，就如酷热中的一丝微风。李叔同一直被看作闲云野鹤一般的凌波仙子，面对苦难，他的方法是独特的。他也留学，他也结社，也演讲反清，但他像是以艺术的超然在行事。在所谓的"琴棋书画""诗词曲调"中融进新世界观、人生观、审美观。他就此被公认是"公子哥气"，但更好的说法是他正在咀嚼着当时西方某种艺术人生的东西。他所留学的东京，是崇拜德国浪漫派的。

努力地学习西方是一回事，实际的审美观、宗教观仍是传统的又是另一回事。这情景就像李叔同借了大量西欧民间曲调，填词后仍是中国风格作品一样。面对罪恶和痛苦，李叔同是一种典型的中国士大夫式的逃避。在这个后来成为和尚的作家一生的作品中，我们看不见他对生活的抱怨、追究和控诉，而只是一味营造自己的虚幻天地。他没有像尼采、叔本华，或以后的萨特、卡缪那样沉溺于人生的古怪、残忍和荒谬做着批判，更没有像奥古斯丁那样对人性做深深的忏悔。李叔同不会没有品尝到生命的苦涩，但传统的"性善论"控制着他，生活中没有善和美，他便在虚幻中营造。乐观的宗教，给人以最后一抹残阳的余晖。

曹聚仁指出老师心灵的"三个境界"，固然是存在的。但是导引李叔同"渐入佳境"的，似乎还有一种相对稳定的心态，这应该就是那种道家和禅宗逃避现实的态度。1916 年他进入虎跑试验断食，事后刻闲章一方："不食人间烟火"，可以参证。再追溯得早一点，1904 年，他还徜徉于花丛柳间，在写给一位歌妓的《金缕曲》中就已经唱道："……奔走天涯无一事，问何如声色将情寄？休怒骂，且游戏。""且游戏"，李叔同的游戏人生，只是逃避人生，这或许是在"三个境界"之外另一个更起作用的基本境界。这境界美、崇高，但苍白、虚弱、不真，仍是如那一抹残阳一般。

（原载《青年报》，1991 年 3 月 15 日。原署名"信之"）

"恩人饶家驹"

　　"家驹"姓"饶"，非常上海的名，非常江南的姓，却是一位法国神父，法文、英文、日文并用，还有一口上海闲话。"一个法国人在上海"，在20世纪三四十年代的上海、南京、巴黎、纽约、伦敦和东京，每一份报纸都在谈论饶神父的人道主义精神。别的不说，饶神父每天都要为三十万难民支锅烹烧，一日断炊，万人哀号。难民营设在复旦大学的操场，徐家汇的土山湾工场……最大的一个设在法租界外面的南市、西门、北门一带，竟然收容了二十万人之多。"八一三事变"后，饶家驹是我们这个"孤岛"城市中万人仰仗的大恩人。

　　饶家驹（Robert Jacquinot de Besange，1878—1946），法国洛林人，就是那个都德《最后一课》里叙述的"曾经法国，后来德国"的地方。Jacquinot说法语，内心有"都德式"亡国之痛，饶家驹恻隐得到濒临亡国的华人之心。饶家驹是法国耶稣会士，1913年来上海，在虹口天主教圣心堂和租界商团的侨民当中传教。1932年，日军侵略上海，"一·二八"淞沪战火起来的时候，他担任"华洋义赈会"会长，开始了震动全世界的难民救济事业。在闸北，他被弹片击中右臂，不得已锯掉，从此上海人称他"独臂神父"。

　　旧时意识形态的缘故，外国传教士如何可以称为"恩人"，饶神父的事迹原不为我们这一代人所知。儿时父辈说"八一三"，依稀知道了难民营的情况。可是饶神父的名字，却很久不被历史提及。第一次听说饶神父事迹是 1998 年，多伦多大学博士生 James 选择饶家驹作论文，来咨询。遭人而问，惭愧地无以为告。此后，才从学长罗义俊的早年的文章中，得知这位"上海恩人"。2004 年夏天在巴黎，James 在讨论会上提交论文，专论饶家驹，事迹之震撼，远远超过我们今天知道的一鳞半爪，与会的各国人士都吃惊。按他的估计，饶神父的难民营里至少有三十万嗷嗷待哺之口。为此，他以"红十字会难民委员会"的名义，说服罗斯福总统，从白宫拿回了八十五万美元，才有了难民锅里碗里的一勺勺白粥。最近几年，有吴健熙者把饶家驹的事迹向媒体披露，纪实频道的《往事》说过一次。借着"南京大屠杀""《拉贝日记》""《魏特琳日记》"等话题，我们的城市总算又记起这位饶神父。

其实，饶家驹是"二战"中最早最突出的"和平主义者"，在拉贝（John H. D. Rabe）、魏特琳（Wilhelmina Vautrin）、辛德勒之前，比他（她）们突出。按 James，还有斯坦福大学出版社 2008 年出版的《饶家驹安全区：战时的上海难民》[1] 一书，饶家驹开创了"二战"难民救济的新模式。后来南京、武汉、广州等地的"国际安全区"模式，就是采用了"饶家驹安全区"（Jacquinot Safe Zone）模式。饶神父用《日内瓦公约》和天主教人道主义，要求日本占领军划出专门地界，保证平民安全，呼吁国际社会维持秩序，并救助。"二战"爆发后，"饶家驹安全区"模式在法国、德国、意大利推广，饶神父用他的"独臂"，指挥欧洲。饶家驹是从

---

1 Marcia R. Ristaino, *The Jacquinot Safe Zone, Wartime Refugees in Shanghai*, Stanford University Press, 2008.

上海出去的世界级重要人物，如果不是过早去世，他会被授予"诺贝尔和平奖"。1949 年国际社会修订《日内瓦公约》，其中"第四公约"——《关于战时保护平民公约》，参考了饶家驹的经验。

　　春节前，在澳门，民政总署大楼旁边一家古玩店的角落里，居然挂着饶家驹以"中国红十字会上海国际委员会难民委员会主席"名义，颁发给"徐汇收容所"的奖状，装在镜框里！奖状颁发于 1938 年 10 月，颁奖者是上海国际委员会的"委员长"颜惠庆，其次是"总干事"贝克（Baker），饶家驹列在第三。抗战期间他救济上海难民的功勋，有口碑，如今又有此状。发现奖状的陈耀王先生，20 世纪 30 年代生人，读过震旦，孩提时见过饶神父，一眼就认出。我们一行人，为徐汇区文化局筹建"土山湾博物馆"，在澳门寻觅藏品。掩饰了喜悦，暗示主事的宋浩杰局长赶快买下来。澳门店主固然不知饶家驹是一位大人物，爽快便宜地让给了徐汇故乡的来人。奖状，战乱中"人道主义"的物证，从此不再飘零，回到上海，证明我们这个城市正在渐渐地拾回属于自己的记忆，坦然面对，深入发掘。真的，我们应该让"恩人饶家驹"在博物馆里有一席之地。

（原载《新民晚报》，2009 年 2 月 15 日，有删节）

诗无达诂

诗无达诂

　　王之涣《凉州词·出塞》，千古流传："黄河远上白云间，一片孤城万仞山。羌笛何须怨杨柳，春风不度玉门关。"这首诗人人能咏，但对全诗还是有所不解。

　　"一片孤城"指沙漠中的玉门关隘；"万仞山"在关外今新疆境内，登楼可见。"羌笛"是西域人用陶土烧制的胆形乐器，士兵抱在手里，笛声中抱怨着这里杨柳不生，春风不度，也隐含了一曲《折杨柳》中的离愁别绪。这都好理解。

　　不能理解的是，王之涣为何在诗中提到"黄河"。玉门关在大漠深处，黄河在南面几千里外的青海境内，作者不可能看见。王之涣上一次见到黄河，应该是西行途中经过兰州。兰州的黄河，在山城的下面，根本不在"白云间"。所以，这首名诗头一句突如其来的"黄河远上白云间"历来不解。古代就有人疑惑说，应该是"黄沙直上白云间"，这属于改字解诗，臆断古人，而且也并不妥帖。现在的中小学教科书都泛泛地说，首句是写黄河之高远。其实，唐人写诗，极重场景意境之协调统一，不会蒙太奇式地乱扯。王之涣写诗时，出敦煌，在玉门关中，写的是身边的人事情感，不会把黄河从千里之外扯进来吧？

　　早秋的敦煌，晴空少云，和两位纽约来的教授，驱出租车一百公里去玉门关。司机姓李，上车便说今天幸运，气温高，无风，沙漠有水分蒸发，可以看到海市蜃楼。果然，随着他的指点，看到天地云际之间，微微一条白色汽带浮动，蜿蜒曲折，宛若河流。李司机说，经常驾车经过这里，天长日久，终于明白王之涣写"黄河远上白云间"，其实是把沙漠里的海市蜃楼景致喻作黄河。遥望中原，黄河远不可及，只见虚无缥缈海市蜃楼宛若江河。这一句，正合得上全诗戍人怀乡的意境。

出租车司机平淡地说出了他的新解，沙漠里的我们，当时震住了。历来的诗家、史家，现在的语文老师、文学史教授都没有猜透的千古绝句，被小司机解释得如此妥帖。它未必就是定论，但这个诠释有真知真感，唐诗研究者应该重视这个解释，尽管它出自一个小司机之口。

现在的唐诗研究，都是规规矩矩的学术活动，不是硕士、博士、教授、博导的敦煌小司机，当然没有资格著书立说，更是休想在古诗诠释上别出新解。所以，我们都还说"卑之无甚高论""人微言轻"，把很多社会上的真知，拒斥为俚俗怪论。很奇怪，在"平等"观念主导世界潮流的今天，中国学者还是能够高高在上，相互间只作纸上往来，不与其他社会人士沟通。也很诧异，周秦以来中国诗歌就有"采风"的习惯，《诗经》中民间之《风》，还在宫廷之《雅》《颂》之上。唐代诗人白居易更是与老妪孺子同歌同吟，而现在的学界精英们忙于争斗，疏于"下问"，不切实际，完全没了古风。今天的专家学者很少能像唐代诗人那样，深入大漠，问教于土著，与胡人贸易，向高僧求经。偶作"苦旅"，也是传媒炒作，哗众取宠。因此，像敦煌司机这样的妙解，就很难进入学术。这就难怪中国当下的学术界，浮光掠影的东西很不少，真知灼见却并不多。

"《诗》无达诂，《书》无的解"，这是古代经学留下来的两句老古话。《诗经》《尚书》的真实意义，消失在夏商周三代文明中。我们努力地作注疏、注解，但因为都已经不在那个环境中了，不可能和古人站在一起来理解《诗》《书》的意思。在这个意义上，历史阻断了我们去理解古人。其实，对今人的理解，也是如此。环境一变，原始的意义就很难完整再现。但是，历史还在延续，人性尚未泯灭，语言文字有沿革，能翻译。更重要的是，在今人和古人，我们和他们之间，都还有不少基本人性的相似性，这又为我们猜解古今作品提供了基本依据。唐诗的妙处，在于它们描写的都是基本的人性和情感，很容易为今天的中国人理解。像王之涣《出塞》中的怀乡哀愁，即使是有文化传统相隔的洋人们也能略知一二。玉门关已经废弃，汉长城也已颓败，但真正地站到戈壁荒漠的地理环境中，东望中原，凭吊之间，再听当地人讲"黄河远上白云间"，不由得使你对西域卫戍士兵和出塞旅人的孤独感，又有了更深一层的理解。

"诗无达诂"有二重意义：一是说，在解释作品的时候，很难说谁拥有一个无上的权威，绝对的定论，因为诠释中会涉及作者和读者的主观感受，并不相同；二是说，我们要不断地发掘自己的感受和体会，去努力接近作品，寻求更好的解释。理解唐诗正是需要这样的谨慎推敲。古人的诗歌文本放在那里，后人见仁见智，都是可以的。但是自以为熟读诗书，满腹经纶，事不亲历，便天文地理，妄断古人，就很不明智。顾炎武所说的"读万卷书，行万里路"，颜元提倡的"躬行实践"，乾嘉学者讲的"无征不信"，都是对读书人的基本要求。现代学术，提倡田野调查，注重使用文献以外的证据，重视平民百姓的口碑，也都是能够使得我们的文化理解力不断进步的有效做法。

李韧兄主持的《书城》，在近几年的杂志界属于"异类"。他所寻求的是一条流行而不时髦，有蕴含但不标榜的路线。走出学术的"围城"，寻求生活的新解，《书城》确实是在"边缘"地带作业。它在学者和读者的边缘，在文学和生活的边缘，在世界和中国的边缘，干着弥合补缀的活。杂志多做的，是把高高在上的学者拉进活生生的当下生活，又把在活生生的生活中生活的读者"拔"升为作者。目前为止，中国还是一个等级差别悬殊、职业分野明显的社会，在这些边缘地带，做沟通工作，想打破行业、职业、地区、地位间的隔阂，并不是容易的事。高雅学者可能以《书城》为俚俗，但李韧走出的"下层路线"，应该为学者重视。多少年以来，中国学者被限制在狭小的书斋里，身心受到约束，这是古代和外国学者都很少遇见的。当代中国学者面临着如何恢复其正常的社会感知能力的问题。因此，学者们更是应俯听和参与到当下的生活中来。虽不必个个都像顾炎武那样买田负贩，或像西方人类学家那样深入田野，但当社会生活中出现了新鲜生动的东西，我们至少应虚心倾听，而不是死吟死抠才是。

"诗无达诂"，《风》《雅》《颂》并存。古人的话不错，拿来题给这两年的《书城》，或许也的确。

（原载《书城》，2000 年第 11 期）

经筵讲"四书"

　　春节前，得到上海辞书出版社最新出版的《张居正讲评"四书"：皇家读本》[1]，一共四本。节中觅暇读来，兴味盎然。这套书，用启蒙的口吻，讲评《大学》《中庸》《论语》和《孟子》。有意思的是，这书原本不是写给百姓看的，是专门让当朝小皇帝万历朱翊钧（神宗）一人读的。因着这个缘故，这套书四百几十年来一直没有刻印过，是天津南开大学图书馆的海内孤本。现在用大开本舒展印制，"原文"和"张居正讲评"之外，加上"今译""今评"，仿佛一代名相张居正就在面前讲读，依稀间有点当着皇帝，被着教诲的感觉。如今连学者都差不多忘记了，中国古代的君王，也是要受学问约束的。明清时期，王朝制度中有"经筵讲"，授书者曰"师"，受书者曰"君"，讲的是"经"。"君"与"师"，在"经"面前，是被启蒙的关系，不是颠倒。尽管张居正也不算什么大学问家，讲的不过是些治乱兴替，但按照制度，他得了这个位置，正在训育皇帝。春节里，又在影视中看到很多像《满城尽带黄金甲》这类帝王崇拜的东西，编导们忙着给本来就不是那套衣服的假皇帝身上贴上假金箔，对帝王制度的本来面目却毫无兴趣。罢了，看戏不如

---

1 《张居正讲评"四书"：皇家读本》，陈生玺等译解，上海辞书出版社，2007 年。

看书。

（原载《文汇读书周报》，2007 年 3 月 30 日）

京畿消夏造大园

　　稍稍熟悉清朝历史的人，都很容易发现：清朝皇帝对园林的迷恋，超过了汉、唐、宋、元、明，清朝的宫廷，确实有一种"园林情结"。这个"情结"从何而来呢？电影《圆明园》的开头已经介绍了，康熙建造圆明园，是因为清朝的皇帝来自北方，不耐北京的酷暑，一到夏天就想出宫避暑，所以特别想造园林式的离宫，这是符合历史状况的。

　　我们从史料中看到，从顺治朝开始，康熙、雍正、乾隆、嘉庆、道光、咸丰，一直到同治、光绪、宣统，每个朝代都耗费大量钱财造园、修园，为的就是要躲过北京城里的夏天。北京的夏天，对于来自南方的朱明皇帝已经属于凉爽，可是对于来自满洲的清朝皇帝来说，实在是溽热难当。紫禁城里没有一棵树，一条河，溽热之外，还单调乏味，清朝的皇帝是能逃就逃。清朝灭亡以后，好事之徒算了一下，关内十个皇帝，有六个都是死在圆明园，或者承德避暑山庄。真正死在紫禁城里的清朝皇帝只有顺治、乾隆、同治、光绪四人，顺治是因为当时还没有造园，同治、光绪则是因为圆明园被毁，清朝太乱，实在不能离开宫廷，只有"太上皇"乾隆实在太老，不想避暑了，将就便宜地死在养心殿。

　　清代的交通条件，不能让满族皇帝随意回到满洲"龙兴之地"去消夏，也不可能每到七、八、九月就长途跋涉去北戴河海边避暑。这样，离开西直门二十华里的海淀一带，上风上水，地势高爽，从燕山上下来的水流汇聚，形成湖泊渊潭，适合造园休憩，成为清朝建造园林的上上之选。现在大家都知道，建造圆明园是从康熙开始的，到了他的子孙雍正、乾隆手里，圆明园的建造登峰造极，终于成为连欧洲人也赞叹的"万园之园"。

其实，汉族官员士大夫从一开始就不主张耗用国库，动用民脂民膏，修建皇家园林圆明园和避暑山庄。最近读魏特的《汤若望传》，知道顺治初年，摄政王多尔衮不耐北京紫禁城的酷暑，已经准备大兴土木，在京畿修建园林。这比现在大家知道的康熙皇帝修园时间要早三四十年。当时清朝还没有完全统一，建国平乱，耗费很多，财政空虚，汉族官员敢忧不敢言，希望有人出来阻止多尔衮。结果是德国耶稣会士汤若望挺身而出，他用星象和风水理论，阻止了多尔衮的造园计划。可见清朝一入关，就存着要建造自己园林的想法。后来康熙建造畅春园、圆明园，并不是首创，只是遵循了清朝的"祖训"而已。

汉、唐以降的皇帝，迷恋于宫殿建造，是"宫殿情结"。秦始皇造了"覆压三百里"的阿房宫以后，汉未央、唐大明，历朝历代的皇帝总是千方百计地要造出宏大的宫殿，压过前朝，显出自己的巍峨。清朝有点特别，它不是"宫殿情结"，而是"园林情结"。"清承明制"，清朝并没有建造自己的宫殿，他们只是修复了明朝留下来的紫禁城，住了进去。这一点很不容易，因为汉朝、唐朝、宋朝、元朝、明朝，都是焚毁了前朝的宫殿，建造起自己的宫殿，弄得我们在"六大古都"里，并不能看到真正的古代宫殿，只能看到考古学家发掘出来的遗址。清朝将就地住进明朝的宫殿，确实委屈了，所以他们是一定要造自己的园林。

京畿消夏造大园

203

满族文化落后，是从草原的木屋和帐篷里走出来的简陋民族。然而，园林却是比宫殿更难建造的高雅建筑，建筑、艺术、哲学等精髓思维包含其中，清朝面临文化难关。文化落后，固然是缺点。可是，一个民族如果能够有勇气承认落后，那就是莫大的优点了。清朝承认了自己的落后，就能认真地向先进文化学习。在建造园林的时候，清朝不遗余力地向南方汉族文化学习，向欧洲西洋文化学习，这使得他们能够造出第一流的园林。圆明园设计采用最多的是江南地区的设计师，康熙任用的设计师叶洮（字金城，号秦川），就是来自江南地区青浦。康熙、乾隆十几次下江南，沿途看到好风景，就设法搬到圆明园和避暑山庄去。海宁的安澜园、江宁的瞻园、苏州的狮子林、无锡的惠园、宁波的天一阁、杭州的苏堤……"圆明园四十景"中最多的是江南园林，没有一景是满族自己的。

对满族统治者而言，建造圆明园的过程，就是向南方学习、向西洋学习的过程。康熙、雍正、乾隆时期，清朝宫廷专门从澳门觅来不少西洋人耶稣会士，像王致诚、蒋友仁、郎世宁、马国贤等人，他们是"供奉内廷"的"洋顾问"，精通工艺、建筑、绘画和设计。圆明园的建造，包含了他们的心血。圆明园三园中，最壮观的要数长春园。长春园中，最华美的是欧洲巴洛克风格的"西洋楼"。"西洋楼"前的"大水法"，是法国耶稣会士从巴黎大喷泉直接拷贝下来的，精致异常。因为结合了中国江南园林和法国园林的精华，欧洲人称圆明园为"万园之园"，在17、18世纪的时候，已经名扬西方，甚至压过了同时期法国国王路易十四在巴黎郊外建造的凡尔赛宫。

（原载《新民周刊》，2006年9月27日）

谁先抢了圆明园

　　一百四十年前的秋天，1860 年 10 月，圆明园浩劫，举世震惊，英法联军无疑是祸首。但是，谁先抢了圆明园？据王闿运说是中国人，北京海淀的满人和老百姓！

　　王闿运（1833—1916）的《圆明园词》说："敌兵未爇雍门获，牧童已见骊山火。"这话文绉绉的，好在附有自注，词义乃大白："夷人入京，遂至园宫，见陈设巨丽，相戒弗入，云恐以失物索偿也。乃夷人出，而贵族穷者倡率奸民，假夷为名，遂先纵火，夷人还而大掠矣。"王当时刚出道，在权臣户部尚书肃顺的幕府中，北京的关系很熟。据他的见证，当英法联军占领北京后，最先进入圆明园盗掠的，不是老外，而是土著，是海淀附近的满汉穷人。

　　此话关系重大，不可乱打诳语，要有根据。所以《花随人圣庵摭忆》[1]作者黄濬（浚）（1890—1937）写到这段疑案，同意王闿运，称"此说大致不谬"，另外还引了李慈铭的《越缦堂日记》作旁证。李慈铭八月二十四日（公历 10 月 7 日）记："闻夷人仅焚园外官民房"，还没有大抢。第二天形势急转直下，大规模的抢劫哄然而起。日记说：城外西郊，盗贼遍地。城里的贵族、官僚、

---

1 《花随人圣庵摭忆》，黄濬著，上海书店出版社，1997 年。

富人纷纷害怕起来，打点细软准备出逃。他们怕的不是洋人，而是京城周围的穷满人、穷汉人。暴民们一个个手上把玩着刚从圆明园里抢来的古董、玉器，已经一群群地潜入城里，准备跟在洋人后面，接着抢。

8月27日的情况简直恐怖。"圆明园为夷人劫掠后，奸民乘之，攘夺余物，至挽车以运之。上方珍秘，散无孑遗。"可见，等到英法联军正式开抢以后，北京的暴民们开始了更大规模的抢劫。据说河里、沟里都是坛坛罐罐，搬不动，扔下的。此后的几十年里，圆明园里，无有宁日。北京的老百姓，每逢动乱，或平时官兵有所疏忽，就拖着板车奔海淀。从楠木、金砖，到石块、瓦片，皇上的东西，什么都往家里搬。运气好的，在废墟里还能找到拼得起来的瓷器、玉器。民国初年的时候，王闿运曾对人说："圆明园毁后，周垣半圮，乡人窃入，盗砖石，伐薪木，无过问者。"1980年夏，我已经是复旦大学历史系的学生，第一次旅游北京，在前门附近看到从圆明园里搬来的石条和界碑，垒砌在街沿上。见我们南方人端详考证的样子，老北京得意地说："没错！圆明园的，皇上家的"，叫人蹶倒。

谁先在圆明园开抢，是讲得清楚的。按照英法联军将士的回忆录，他们是10月6日追赶满兵，进入圆明园的。当日，为了战事，在苑囿外围烧了几间房子。来自英法乡下的兵士，住在宫殿里，眼界大开，垂涎三尺，已经在议论盗掠珍宝。但据说第一天还好，只有几个法国士兵拿了几件小东西，作纪念，没有动手，他们是在几天后，联军司令部商量后才下手的。第二天，10月7日，海淀的中国人下手了。不敢抢外国大兵占据的宫殿，就抢那些无人看管的用人、管家和太监住房。满人入关二百一十六年，北京第一次失陷，没了官的北京没人管，一下乱了，对整天垂涎着皇上生活的小民来讲，无疑也算是一种解放，进到这平日里的禁园张望也是享受。于是开抢，如王闿运、李慈铭所记。

随军的英国纪（Ghee）牧师说："当我们再走近内宫时，遇见了成群打伙的中国人，抢劫他们皇帝的东西。我们检查他们的篮子和包裹，只能找到瓷器、毡毯和粗布的棉衣。他们没有走进最好的宫殿，他们惧怕我们。"因此，外界看起来，是中国人先抢烧圆明园。英法联军当然不是善类，他们早已在园内有组织有纪律地分赃、搬运、拍卖圆明园财物，但外界不知。情况就是这样：英法联军是有组织的江洋大盗，海淀的百姓是散乱的刁民细贼。

说实在，多次读到这段史料，总是不解："首善之区"的百姓，"皇城根下"的子民，有的还是帮着皇上统治全国人民的满族特权分子，平时又最恨洋人，临事不和皇上共患难，不显出"忠君爱国攘夷"的样子，反而乘帝室之危，下手捞便宜，为什么？这样的中国人，到底是怎么回事？汉奸？不像。"农民起义"？也不像。愚民群氓京混子？他们却又是如此精明地拿捏分寸，连皇帝、列强都吃不了兜着。

这样的故事，最叫人想得起另一句话："趁火打劫"。大约是中国历史书上，这样的故事太多了，才有人发明了这句妙语。秦末项羽大烧咸阳，放火的是楚兵，抢劫者中却一定夹有大量当地细民，不然为什么大火"三月不灭"。明末"闯王"李自成进北京，很想守住纪律不抢，也是北京城里的当地人先抢了起来，一发而不可收。辛亥革命的时候，北京、南京、武汉都发生过类似事件，有人想抢。但是因为有一批商人、政客、士绅出面维持，不准掳掠，才是历来改朝换代中情况最好的一次，故宫保了下来，造了博物院。不过，这样的故事，还没有离我们远去。本世纪里，每有"煽风点火"的群众运动，就有"趁火打劫"的行动者。明眼人可以数出很多次。

杜牧的《阿房宫赋》，对中国历史上为何不断出现"趁火打劫"的现象解释得最为生动服人。他总结秦始皇的阿房宫被焚烧的原因时，说道："嗟乎！一人之心，千万人之心也。秦爱纷奢，人亦念其家。奈何取之尽锱铢，用之如泥沙？使负栋之柱，多于南亩之农夫；架梁之椽，多于机上之工女；钉头磷磷，多于庾之粟粒；瓦缝参差，多于周身之帛缕；……使天下之人，不敢言而敢怒。独夫之心，日益骄固。戍卒叫，函谷举。楚人一炬，可怜焦土。"杜牧是诗人，不是理论家，但他讲出了大道理：长期朕"一人"，宫城内外的百姓和皇帝，富贵贫贱，奢侈穷困，差别太大。没有中间阶级的斡旋、社会关系的沟通、舆论批评的发泄，鄙野之人，平日里固然魏阙仰望，敢怒不敢言。可一旦有人揭竿，那些看似老实委琐，委屈成奴，油嘴滑舌的平民，必"趁火打劫"，必要上金銮殿、九龙床过把皇帝瘾而后快。

由圆明园的"趁火打劫"，想到了北方朋友讲的家乡故事。抗战时期，某地日寇扫荡抗战村庄。日军后面，跟着邻村的村民。鬼子"三光"（烧、杀、抢光）之后，他们再收捡一些破烂回家。由此又想到鲁迅的《藤野先生》，那个中国人围观日本人杀中国人的镜头。鲁迅和同代人的态度是哀其不幸，怒其不争，怪其愚昧。然而，又经历了20世纪这么多的风风雨雨，我们现在应该知道：习惯性的"趁火打劫"，不是文化素质高低的问题，也不是民族性格缺陷的问题。这是一个体制问题。一个社会，一个城市，如果总是不鼓励市民有独立的财产、事业、信仰和追求，没自己的事干，老念着、侃着、望着皇上的生活，以此为苦，也以此为乐，他们的人格必然无聊卑下，行为不负责任，到时候就会一哄而起，成为暴民。王闿运、李慈铭，还有鲁迅，看到了中国人的这个毛病，但无法下药。不知我们这一代人能否真的多懂一点，不再出这样的"洋相"。

（原载《文汇读书周报》，2000 年 9 月 2 日）

"乡下人的老例"：新读鲁迅《论雷峰塔的倒掉》

前些日子，杭州发掘雷峰塔废墟墓室，曾和朋友聊起。话说是：雷峰塔幸好是落在南方城市。要是搁在陕西、河南、山西、河北这些盗墓风气热烈的地方，1924 年倒掉的塔身，存到现在，塔基怕早已被盗洗过三遍，内室里恐是什么都没有了。朋友是位在国内采访到很多文化新闻，蛮有阅历的资深记者，她以为：西湖边上那个地方，游人如织，要盗墓没那么容易，否则，难说。真的只能承认：现在的盗墓风气，也没有什么南北之分。北方墓多，南方墓少而已。

全国的盗墓风气猖獗到了顶点。除了那些帝陵级别的大墓被看住了无法下手，王侯将相之墓都是敢盗的，几乎已经到了见土堆就刨的地步。得手之后，都是贱卖了的，说是"要致富，去挖墓"。报载，已经不是什么用"洛阳铲"，乘月夜星光偷偷地干，而是大白天动用了推土机、挖掘机，轰隆隆地上。时代不同了。中国这样的文明古国，东西再多，一墓墓地挖，一个个地卖，不几年也就差不多无墓可挖了。想到这里，不免悲哀。鲁迅在 1924 年看到雷峰塔倒掉，也是一块一块塔砖被"乡下人"抽走，千年的老塔就倒了。

重翻鲁迅先生的《论雷峰塔的倒掉》，读来很有味道。关于雷峰塔的倒掉，鲁迅一"论""再论"，写过两篇杂文。前一篇只是一味替"白蛇娘娘"打抱不平。法海和尚用来镇压白娘娘的老塔、朽塔，终于倒掉了，白娘子可以现身了。鲁迅是"五四"后极力支持着女权的男性作家，他说：塔倒了，"活该"。这像是孩儿意气吧？其实，我一直以为真正触到中国人内心痛处的，不是收入我们那时中学语文课本的这篇初论，而是后一篇的《再论雷峰塔的倒掉》。这一次，鲁迅似乎觉得雷峰塔是不该倒的。此时，他知道"杭州雷峰塔之所以倒掉，是因为乡下人迷信那砖放在自己的家里，凡事都必平安、如意、逢凶化吉，于是这个也挖，那个也挖，挖之久久，便倒了"。他用另一个观点作了另一篇文章：批评起中国人的自私、愚昧和破坏来了。

《白蛇传》到底是传说，"雷峰夕照"毕竟是古迹，是"西湖十景"之一，塔倒了总是可惜的。这次鲁迅改而批评说：乡下人不挖墙脚，塔其实是可以不倒的。鲁迅虽然有意气用事的时候，有一点"政治不正确"，可终究还是回过来讲道理的。恕我把《再论雷峰塔的倒掉》抄一些在这里，因为有些话实在是老先生说得更好：

> 雷峰塔砖的挖去，不过是极近的一条小小的例。龙门的石佛，大半肢体不全，图书馆中的书籍，插图须谨防撕去。凡公物或无主的东西，倘难于移动，能够完全的即很不多。但起毁坏的原因，则非如革除者的志在扫除，也非如盗寇的志在掠夺或单是破坏。仅因目前极小的自利，也肯对于完整的大物暗暗的加一创伤。人数既多，创伤自然极大，而倒败之后，却难于知道加害的究竟是谁。

时人今人，很多人都知道鲁迅有"意气风发"的老毛病，但老先生内心是讲道理，甚至还是认死理的。他平日就厌恶国人贪小失大，蚁聚蝇集的毛病，他区分出"盗寇"和"细贼"。盗寇尚有敢作敢为的勇气，"乡下人"则是这样偷偷摸摸地"挖"塔砖。他们并不是要革除那座"雷峰塔"，而是"捞""混"一些"目前极小的自利"。他们对"完整的大物"既无怨恨，又无敬意，只是有一点小小的迷信，是用了不用承担责任的方式，把沾了神仙气息的塔砖抽掉一块，分分吉利而已。

这种禀性，今天还附着在我们中国人身上。不止是南北省份结群盗墓的问题，而是目前人人都抱着"挖墙脚"苟且态度的全民心态问题。一个社会没有集体的公议，没有群体的安全，所作所为只是个人的私利行为。个个都在自救，人人必须钻营。公的转成私的，明的变为暗的。其实个人挖来的砖、捞来的稻草、捣成的浆糊，并不能聚沙成塔，集合成公议，使大家都安全起来。盗得一砖一瓦，分得三五好处，甚至也不能让某几个攫取者发财，让一方百姓致富，结果只能是使共有的大厦轰然倒塌，像雷峰塔一样。报载，宁夏一座辽塔，几天之内被拆为平地，文物忽地没了。西北一古墓遭大规模洗劫，完全打破了中央和地方政府准备在这里开辟文物旅游区的计划。盗墓人不但掘掉了祖宗的墓穴，还端掉了自己和子孙的饭碗。和这些赤裸裸的偷盗行为比较，鲁迅针砭的那时国人，比今之国人还可怜可爱些。那些"乡下人"的"自利"，不过是借雷峰塔的神砖来避邪，是精神上的，不像现在的物质主义盗挖者，是纯货币的，夜以继日，挥汗如雨的时候，每个毛孔都散发着龌龊。

一论"雷峰塔的倒掉"的时候，鲁迅是把雷峰塔看作一座

"封建压迫"的象征，因此倒了"活该"。再论"雷峰塔的倒掉"的时候，冷静了下来，他把雷峰塔看作中国文化的象征，是中国人的"文化认同"。他终于也认为，我们不能这样你一块，我一块地分拆这雷峰塔，这中国。必要像主人那样，好好地看护，改造、建设好这雷峰塔，这中国。

平日里痛恨那些时时看着主子脸色，刻刻提防着主子鞭子，然而又时时刻刻耍些偷生小伎俩，或者在奴才的奴才面前也耍些小威风的奴才心态。有时候鲁迅恨奴才比恨主子更甚，奴才比主人更无责任心。像偷挖雷峰塔墙角，"这一种奴才式的破坏，结果也只能留下一片瓦砾，与建设无关"。

通识历史，目光能够透视古今。历史上多少古庙古塔，哪有原装的，都是重修的。因此，鲁迅早就知道雷峰塔有重修的一天。他的悲观是，重修以后，奴才们照样会如此一块一块砖石地把新塔抽去，还是会有塌掉的那一天。"倘在民康物阜的时候，因为十景病的发作，新的雷峰塔也会再造的罢。但将来的运命，不也就可以推想而知的么？如果乡下人还是这样的乡下人，老例还是这样的老例。"鲁迅真正想说的是，不止是雷峰塔的重建，他想说这样的"老例"不改，中国文化之塔的重建，都是喔空。

"岂但乡下人之于雷峰塔，日日偷挖中华民国的柱石的奴才们，现在正不知有多少。"我们今天果然捱到了"民康物阜的时候"，杭州真的要重修雷峰塔了。但是，我们看到的还是不出鲁迅的预见。环顾九州，日日偷挖古墓，偷挖宝塔，偷挖中国的奴才们还是"不知有多少"。"乡下人的老例"，似乎还要演下去。

「乡下人的老例」：新读鲁迅《论雷峰塔的倒掉》

熊十力先生《乾坤衍》读后

　　上海书店出版社编了一套"十力丛书",最近出到《乾坤衍》,是熊十力先生晚年研读《易经》,发明奥义的著作。十力先生被推为中国 20 世纪最有活力的哲学家,数一数二,此言不虚。然而,读者不必为此就敬而远之,《乾坤衍》固然不是一窝"心灵鸡汤",却也不真的就是艰涩难懂。十力先生讲哲学,不故作惊人之语,不敷衍华丽章句,但也不玩弄概念。真正的哲学家,常常援引街头例子,却每每具有十分的深意。20 世纪五六十年代,十力先生住沪西淮海中路 2068 号,"步行市区街道,望见汽车奔跑而来",心生判断,果断规避汽车。于是,他便思考:是"心主导乎物""乾主导乎坤","乾心"比"坤物"更优先,更重要。那时的十力先生,不满意横扫一切的"唯物主义",《乾坤衍》说的就是这个道理,当年没有几个人顶着风气,说这种不合时宜的话。

　　《易》为'六经'之首",历来的儒家学者,都把《易经》看作一部极其深奥的书,把它作为儒家思想之根本。儒家学者奉之为做人行事之准则,是"形而上学"。孔夫子从政失败,退而教书的时候,延续了古代的说法,向他的弟子们说:"伏羲制卦",定"乾""坤",演化成天地人类。儒家深信:《易经》是所有中国人的老祖宗伏羲始作的。伏羲得了上帝的启示,按照天书"河图洛书",依样画了"八卦",作了《易》书。世界上的每个民族都有自己的"创世"传说，我们是不是可以这样比较一下：中国人的《易经》，相当于犹太人和基督徒的《创世记》，是一部专讲"天地之本"和"人类之源"道理的奥秘古书。

历数儒家经典《易》《书》《诗》《礼》《乐》《春秋》六部经典，《易经》最是首要，但是在循循善诱的孔子看来，《易经》是"形而上"，弄不好走火入魔，因此不适合拿来作为启蒙教材。孔子先教文学（《诗经》）和历史（《尚书》），他把哲学（《易经》）放在所有课程的最后，留给高年级学生读，孔子本人也是"五十以学《易》"。《易经》不是血气方刚的年轻人能够轻易读懂的，要放在人生的后期，用半世的甘苦才能稍稍体悟。古人寿短，五十岁已入老年，考虑人生的终极问题，是智者内心的自然诉求，也是长者留给这个世界的警世箴言。

熊十力先生也是在晚年专心研读《易经》的。十力先生1968年去世，《乾坤衍》则于1961年完稿。当时的气氛中，自然是无人承应出版这样一部背时的著作。幸由家人在中国科学院印刷厂自费影印，方才得以存世。这样一部阅尽20世纪人间沧桑的重要著作，完成在依然激荡的20世纪50年代，在历次政治运动中心的上海，不能不赞叹熊十力先生有着超乎常人的定力。王元化先生在本书《序》中告诉我们："十力先生早岁忿訾孔子，中期疑佛，最后归宗大《易》。"当时熊十力先生已经"由佛转儒"，元化先生给我们描述了十力先生在淮海中路起居室内的"君师帖"：孔子居中，阳明、船山列为右、左。在"批儒""反孔"的风气中，十力先生这种"根柢无易其固，裁断必出于己"的性格，确实是特立独行的。元化先生赞之，称之为和王国维、陈寅恪诸先生一样的"自由之思想，独立之学术"，确乎其然。

　　熊十力先生的晚年著作，均在上海完成，实在是本市文化界之幸事。近年来，徐汇区政府注重保护区内名人故居，很多文化名人的旧居得以挂牌保护。十力先生写作《乾坤衍》时候居住的淮海中路 2068 号住宅，完全够得上上海文化界的一个重要标志，也应该予以挂牌纪念。徐汇区文化局的朋友们答应考虑这个提议，令人欢欣，书此以俟之。

　　　　　　　　　　　　（原载《新民晚报》，2008 年 4 月 27 日）

历史活着

历史活着

20世纪最后二十年里，中国最流行的新词无疑是"改革"；前八十年，占据这个位置的是"革命"；19世纪最后二十年，"维新""变法"的口号铺天盖地。再往前推，这一系列话语的开端，就是龚自珍在19世纪初就提出的"自改革"。最后这一点，是朱维铮、龙应台教授合编的《维新旧梦录》[1]里提醒我们的。

一个单词，能够在剧烈动荡的社会里存活几十年、上百年，必定有它的原因。"改革""革命""维新""变法""自改革"，这些看似不同的词，背后有着一脉相承的动因，其实就是"动荡"本身。平时势同水火的各家各派，放在一本书里来读，读出了动荡中诸家渴望变革的共性，看到了这是一场"未完成的革命"（本书台湾商务印书馆版的书名）。一册在手，百年风云，历史才只露出一丝端倪。如此的书中兴味，当然不是一般闲书能够提供的。

当初看朱先生孜孜地编定此书，是在1998年，那是"戊戌维新"的百年祭。以狭隘的"中国革命史"看历史，中国近代开始于"戊戌"。似乎只有康、梁、孙、章，才是中国革命的先驱。对革命家和宣传家来说，汲取"戊戌"后的某项资源，如科学、民族、民主、自由等等，确实是殊为重要的。然而，对真心考究历

---

1 《维新旧梦录：戊戌前百年中国的"自改革"运动》，朱维铮、龙应台编著，生活·读书·新知三联书店，2000年。

史、弄清近代中国人悲剧式宿命的历史学家来说，戊戌前的一百年，比此后的一百年更有意思。可惜很少有人认真地谈论。二百年前，何时、何地？何人、何题？中国的"自改革"如何启动？戊戌前的问题，现在还有没有意义？熟知中国人"走出中世纪"历史的朱先生，关心当代中国人生活的龙教授，提供给我们的是一个世纪前的"大历史"。在别人点为逗号的地方，他们加了破折号。他们的书，只编到康有为为止。

明确把龚自珍提出的"自改革"，作为中国近代变革运动的开端，是这本书最为鲜明的地方。50 年代荣孟源编《中国近代史资料选辑》是从魏源《道光洋艘征抚记》开始的。石峻编《中国近代思想史参考资料简编》虽然首列龚自珍，但仅作为鸦片战争的引子。把鸦片战争作为中国近代开端，是教科书的通例，似乎中国所有正面负面的变化，都是因为西方侵略引起的。这种模式，被费正清概括为"冲击—反应论"，现在受到全世界学者的很大挑战。这种历史观很片面。它延伸了"欧洲中心论"，贬低了中国历史的主体地位。就其在中国思想界造成的负面影响而论，它更是使得当代中国人陷入了盲目的仇外情结。在我们研究历史的时候，常常还是把所有贫困动乱的原因尽可能地委之于西方欺凌。不敢正视自己的优劣长短，在获取了假想的道德优势之后，似乎就此胜利了。这样做，实在是比阿 Q 更阿 Q 的自欺。

这本书再一次提醒我们，中国社会在 18 世纪时就遇到了大问题，如开篇龚自珍《乙丙之际箸议》"第七""第九"中指出的，中国进入了"衰世"。"中国是何时落后的"这个问题，最近的西方学者把它掷还给中国。美国经济史家弗兰克的《白银资本》认为：1800 年之前，中国是世界的"No.1"。其实，当时中国早已不在"世界中心"。再读一下龚自珍，可以了解到中国的衰落已经积年累世，日后的惨败更是无可避免。记得朱先生另有一篇《戮心的盛世》，详细解释了龚自珍这位江南才士的预感。

很多人将这位不世出的才人列为近代社会的先知。但是，"自改革"一词，也并没有受到足够重视。学者们曾把龚自珍的"自改革"，以"药方只贩古时丹"概之，止于指出其不通"西学"，不会用现代思想解决中国问题。其实，我们没有真正理解龚自珍呼吁"与其赠来者以劲改革，孰若自改革"时的孤独幽愤。"劲改革"，是外室"革命"，类似"激进主义"；"自改革"，是内部"改良"，类似"保守主义"。龚自珍的两难抉择，戊戌一代身陷其中，至今的人们也难出其畴。在康雍乾太平盛世的华衮之下，只有他看到了清朝满身的虱子。眼光之锐利，非浑浑噩噩同时代人所能有；心情之追切，也不是呼天抢地高喊救国之后辈所能及。

《维新旧梦录》对中国近代史观念的另一个重大突破，是把在华外人的言论，也作为中国思想家的论述收入进来。赫德、威妥玛、花之安（Ernst Faber）、林乐知、李提摩太等英美籍人士的言论观点，并列于中国士大夫的维新言论。"外国人不可能站在中国的利益立场！"在中国近代史开始的时候，就形成了这种"非我族类，其心必异"的成见。经过这么多年的研究，还是不甚明白，有些时候有些地方，外国和中国确实交叉存在着共同的利益。在"戊戌"时代推进"维新"事业，就是中外共同利益所在。很多研究者都知道，在上海的外国人发表的变法主张比康梁要早，要完整，并传播广大。但就是因为他们不是中国人，哪怕是后来的变法事业实际上受到他们的积极影响，却反而批评为控制中国。大家都知道，在近代政体中，任何外国是很难通过其侨民控制当地政府的，英国就没有能够阻止其美洲侨民独立建国。上海的英美侨民很多是受雇中国，靠中国吃饭，他们在保留外国籍的同时，又具有中国本土立场，是完全可能的。

或许正是基于这样的想法，朱先生选了《畴人传》中的《汤若望传论》，放在第三篇位置上。同样是欧洲来的"远臣""客卿"，清代中叶的封疆大吏阮元就客观地承认了德国人汤若望对清代天文历法事业的贡献。明清时期耶稣会士入华时，依靠学问，交接士人，比较和平。这和清末剧烈冲突的中外关系确实不一样，容易获得承认。但是，因为多种原因，清人没有把这种早期世界主义坚持到底，清末中国人看世界的眼光反而退化了。

如同朱先生在序论中指出的那样，那一代中国人借以了解西方的《海国图志》《瀛寰志略》，其实都是根据英美传教士的著述，转加编译的。经过这样的转述，西方文化的神髓已去，留下的多是糟粕。收入本书的张之洞《正权》，坚持不接受林乐知、李提摩太等人介绍的"人人有自主之权"的西方"民权"观，认为无足取，不足法。后来的中国学者"因（外）人废（正）言"，在赞美前者的同时，又贬损后者，这不能不说是"夷夏大防"的观念还在起作用。无怪乎在上海、香港、英国生活过的王韬要在他的《变法自强》（亦已收入本书）一文中，讥笑这种行为是"坐井观天、以蠡测海"，"徒袭其皮毛"。康熙以后，西方文化被拒斥了二百年，直到严复才恢复了明末翻译西方哲学和人文学科的传统。历史就是以这样间断的现在进行时态演进。这些反复交织的篇章，都被整合在本书中，应该是体现着编者的意图。明末西方势力东来以后，重心偏居在东亚的中国已经无可避免地融入了整个世界体系，却不料，"开放"和"维新"一样，居然还会一再成为问

历史活着 一

221

题。或许，这正是编者留给我们思考的问题之一。

对研究中国近代史的人来说，《维新旧梦录》收入的多是熟见的旧文。但是，历史学的造诣，不仅在于史料，更在于史观。朱先生、龙教授编定此书的意义，不仅在于为读者整理了我们民族的一段"痛史"，更在于提供了一个改进的历史观。我不相信，读者会不被书前两位前辈深含痛楚的笔墨感动。但我想，能引起读者对本民族悲剧性命运的关怀，还是其次的。就目前的阅读体会而论，我觉得至少在两点上，本书的学术贡献更应该受到同行重视。在探寻中国人"自改革"的源头方面，以及在把近代中国的"维新"事业与西方文化努力沟通方面，本书将迄今的中国近代史学扎实地挪动了两步。说起来，读者也可以认为这两步，一不过关于"改革"，另一不过关于"开放"，不过是我们时代的两大主题，并无新意。但是，学术上的一小步，通常要总结多少人的盲目，改造多少人的顽固，突破多少人的利益才能得到。看看我们身边相关的教科书、专著、论文和报告，又有多少是真正迈出了这两步的？

在世纪当口生活的人们，自然地获得一种历史的眼光。暂且忽视了口号间的标榜、宣传、论战和纷争，我们看到，无论其"维新"，其"革命"，其"保皇"，其"造反"，其"激进"，其"保守"，其实各家都有一种共同的忧愤郁积着。既然忧愤其状莫名，词不达意也就不奇怪了。中国人的一百年，多少芜杂和精当的"思想"都乘"维新""革命"而行。像《维新旧梦录》这样，把它们放在一起盘点，真的很有意思。这种忧愤，有的说是旷野里的"百年孤独"，也有说是走投无路地"活着"，梁启超名之为"过渡时代"，借用汤因比的说法，便是"文明的衰落"了。

激荡的中国近现代历史，可以远观，可以近玩。它太多次地被研究，正看反看，横看竖看，剖开来分析，串起来理解。然而，顺着《维新旧梦录》提供的线索，借着编著者的热心和冷眼来感受中国含血的近代（其实哪一国的近代不含血），我们又一次发现：古人说话了，历史活着。

（原载《文汇读书周报》，2001 年 1 月 27 日）

从"军绅"到"党国"

　　20 世纪 80 年代，复旦大学历史系开出了一批由中年教师担纲的近代史课程，已故杨立强教授的《北洋军阀研究》，和南开大学来新夏教授的《北洋军阀史》南北呼应，很多人选。修到半路，"湘""淮""直""奉""桂""滇""川""粤"军阀之间的复杂关系，把大家都弄晕了。课代表邱俭同学告诉说：系资料室里有一本新书《军绅政权》，分析特别清楚，很值得看。找来薄薄一本，当时觉得真的不同凡响，梳理得非常透彻。然而，毕竟三十年过去了，本书再版重印，读来却还是有了一点新的想法。

　　陈志让（Jerome Chen, 1921—　　）先生的《军绅政权：近代中国的军阀时期》[1] 清理"军阀政治"，意在揭示清末民初的政权性质。《军绅政权》讨论了一段难堪的往事：民国以后的各色政权，都是"军政府"。可是，"军阀"们倒也没有单独执政，大约和南美"独裁者"（dictator）的军政府还是有所不同。军阀们联合受过教育，有着功名，占据田地，获得官衔的"士绅"们共同执政。换句话说：民初政权的结构是复合的，"军"与"绅"，共天下；民初政权的形态虽然混乱，不够"统一"，但却难称"专政"。《军绅政权》用"军—绅"关系分析社会，陈志让先生认为：1860 年

---

1 《军绅政权：近代中国的军阀时期》，陈志让著，生活·读书·新知三联书店，1980 年。

到 1895 年，曾国藩、左宗棠、李鸿章都是"士绅"出身，他们尚能控制湘、淮军人，辅佐清廷，是"绅—军政权"；1895 年到 1949 年，"绅—军"关系逆转，中国政治转为"军阀"主导的"军—绅政权"。军阀横行，乾坤翻转，搅得清末民初社会大乱，中国的"近代化"因此而遭遇挫折。

从"士绅社会"的解体，看传统政治的破产与现代社会的重建，这种分析方法在民国学者，以及海外"汉学家"中间相当普遍，视为自然。"gentry"（缙绅）、"literati"（文士），至今还是海外汉学著作中使用频率最高的词汇。把儒家和欧洲基督教会对照，指出明清是"士绅社会"，西方是"僧侣社会"，这种比较确实能够揭示中西社会的某些特征。"士绅"列"四民"（士、农、工、商）之首，是支撑社会的骨架。按顾炎武在清代初年的估计，"合天下之生员（秀才），县以三百计，不下五十万"。按张仲礼《中国绅士》的统计，清末的"生员"加上"监生"，总人数达一百四十四万。加上他们的家属，则有七百二十万，约占全国总人口三亿七千万的百分之二，比清代统治阶级满族的总人口还要多。这些"耕读传家""满腹经纶"的"缙绅人士"，分享中央权力，料理朝野事务，明清的"文治"，赖此以成。

自清末以来，百年动荡，弱肉强食，令"枪杆子里面出政权"渐渐演化为真理。"太平天国"以后，中央体系崩溃，军事割据兴起。"辛亥革命"后，士绅、商人、买办、帮会、农民、教授、政客、党人等等势力，都必须和"军阀"打交道。"共和"政府，不能靠宪政来运作，却纷纷借助武力来维持，导致中国在 19、20 世纪各国的"现代化"竞争中成为"失败国家"。《军绅政权》的"结论"认为："从日本、德国、俄国这三个比较晚近的工业化的国家的经验来看，政府对工业化、现代化有很重要的作用。首要的作用是维持政治安定的局面，即使政府不积极参加工业发展的工作，至少也应该使货币制度统一、稳定，发展交通运输，发展一般的科学技术教育，用关税或其他政策来保护本国工业的发展。"清末民初的"维新"和"革命"，都失败了，"前有绅—军政权，后又军—绅政权，阻扰中国的进步几乎达一个世纪。"[1]

《军绅政权》中的历史观，代表了"二战"前后那一代中国人渴望结束战乱、重建国家的热切心情。"书同文，车同轨，人同伦"的帝国"大一统"瓦解后，近代中国缺乏一个军事、外交、治安、教育、交通、市场、货币，乃至度量衡的国民体系，难以和"列强"竞争。"乱世"，是一代华裔学者的中心焦虑。另一位海外历史学家黄仁宇在《中国大历史》中认为：国民党完成了上层组织（superstructure）的改组，共产党完成了下层组织（infrastructure）的改造和统一，是两党的大功劳。其实，20世纪后半叶的历史证明，所谓"改造"并非成功，"统一"也远不是中国人的全部任务。国、共两党，重建一统，在国际社会展示了一个完整的"民族国家"。然而，中国的上层和下层组织却仍有很多羁绊，至今还纠缠着一个庞大民族的现代步履。

在"抗战"大后方求学的陈志让先生，也是忧患中人。对民族统一的渴望，在《军绅政权》不动声色的描述中显露出来。陈志让先生是四川成都人，西南联大经济系毕业（1943），获得南开大学经济研究所硕士学位（1945），又在燕京大学经济系任教

---

1 《军绅政权：近代中国的军阀时期》，第 186 页。

（1944—1947）。他是在进入伦敦大学攻读博士学位（1947—1956）的时候，方才改学历史。经济学家治史，善于用统计数字说话，读《军绅政权》每每都有此过硬之处。陈志让引证说：1927年"北伐"后的裁军会议，全国商界只是央求军阀们把军费开支控制在总预算的百分之四十。中央和地方政府收入中的十块钱，有四块钱用去养军队，当然没法搞现代化。蒋介石占领上海后，利用江浙市场上的游资，发行公债一亿四千七百万元，每月用去二千万元，这样才把东北、陕西、山西、云南、广西的地方军阀陆续收编起来，形成初步的统一。

陈志让那一代学者都厌恶蒋介石的专制作风，《军绅政权》并不肯定蒋介石的统一事业，认为"蒋介石的政权，基本上还是'军—绅政权'"。其实，这一论点是可以商榷的。即使按本书的"定义"，把南京政府和北洋军阀混为一谈也比较勉强。首先，"四一二事变"之后，蒋介石得到"江浙财团"的支持，陈光甫、虞洽卿等现代商人不同于明清"士绅"；其次，南北军队在1928年后渐次统一，"统编"后的"国军"虽然还有"嫡系"和"杂牌""中央"和"地方"之分，但相互征战已经结束，和北洋时期的四分五裂迥然不同；第三，"国军"开始以军事强势，履行民族国家机器的职能，对内压制异己，对外保卫利权，收回租界，后又组织抗战，俨然已经是民族利益的代表。统一的南京政权，和分裂的北洋政权有很多不同。最大的不同，就是蒋介石以国民党主席的身份，担任军事委员会委员长，取得陆海空三军的指挥权。蒋介石政权以党权、军事、政务、财经和意识形态的一统资本，统一了全国的政治、金融、商业、教育，乃至文化和思想。

蒋介石军事政权的结构中，"商权"吸收进来，"绅权"再受挤压。史无前例的是，"党权"强力介入民国政治。查一下袁世凯制定的《中华民国约法》（1914），这部带有"帝制"痕迹的宪法，强调"大总统"权力，却没有一处提到"党"字。蒋介石主持制定的《训政时期约法》（1931）全然不同，全文有十二处提到"国民党"。1924年重组的新国民党，至1937年"抗战"前，已经靠军事力量逐渐完成了"一个政党，一个主义，一个领袖"的体制建设，言必称"党国"。加上后来竭力争取城市商人、农村士绅的支持，南京政府不止是一个"军—绅"双核政权，毋宁说是一个以"党—军"为主体，"商—绅"为辅翼的复合政权，这种现代集权体制，是南北"军阀"们没有做到的。

人的认识，必然受到历史的局限。贫穷的时候，大家向往富裕；"分裂"的时代，人们渴望"统一"。"境由心生"，即使是训练有素的历史学家也很难脱离时代的认识，兀自裁断。20世纪70年代陈志让先生写《军绅政权》的时候，中国大致结束了分裂，还没有摆脱贫穷。回溯历史，触景生情，陈先生自然会较多考虑"军阀割据"对现代化的阻碍，较少考虑到在重建"大一统"的过程中，中华民族付出了沉重的代价。事实上，为了达成"富强"的目的，中国社会在20世纪20年代走上了一条军事化、党治化的集权专断道路，尾大不掉，积重难返。近三十年来，海峡两岸的中华民族已经在国际社会再度"崛起"，重续清末以来的"现代化"伟业。我们这一代人的经验更加证明："统一"和"富裕"，是一件比较容易的事业。然而，真正引领中国走上长治久安道路，不再陷入族群分裂和社会混乱，永远令国民安居乐业、身心舒畅的现代制度，建设起来仍然相当困难。三十年前初读《军绅政权》，感到了老一辈海外学者殷切盼望祖国富强的拳拳之心。三十年后再读《军绅政权》，我们这一代人理应有属于自己的关切。在"统一"和"富裕"之后，与"民族"和"民生"同时，中国仍然有着一个"向何处去"的老问题。中国的近代历史远没有终结，且任重道远。

1992 年的秋天，在多伦多大学一次有关中国教育的学术会议上，见到了仰慕已久的陈志让先生。其时，陈先生已经从约克大学荣休，也赶来"多大"参加小组讨论。茶歇时间，我向他转达了唐振常先生的问候。唐、陈两人都是著名历史学家，更谊兼成都同乡和燕京校友。唐先生曾在"文革"后的上海社科院历史所接待过陈先生，很希望他择日再回祖国访问。陈先生端着咖啡，意味深长地说：回中国已经不习惯了，最能安顿他晚年的地方是"英语国家"。我不知道陈先生是否真的"乡愁"已淡，或许他只是和那几年的汉学家们一样，因为某种失望而避谈中国事务。然而，我终究不相信一个写过《军绅政权》，还写过《袁世凯》《毛泽东与中国革命》等重要著作的中国近代史专家，会不关心中国社会的最新变化。如果不是年事已高，我们真的还应请陈志让先生再描写一次他在晚年遥看的东方，听他分析"军绅政权"以后的中国。

（原载《东方早报·上海书评》，2008 年 10 月 26 日）

当"崇拜"成为"记忆"

对于"崇拜",20世纪过来的中国人,都不乏"记忆"。前几年出现一幅老照片:1945年秋天,上海南京路、西藏路口大新公司西南面墙上,悬挂起双手拄杖、一身戎装的"蒋主席万岁"布质画像,三四层楼高。画像本身不言而喻:抗战胜利了!租界收复了!蒋委员长来了!三十多年前,"文革"后期,不少中年人见过这幅画像,暗中谈论。边上青年人却不知天高地厚,学"老蒋拄杖",被老辈人一把拉住,喝道:"不要命啦!""文革"个人崇拜高潮中,我们年轻人已经朦胧地知道:搞"领袖崇拜",国民党也一样。

20世纪的中国,一直存在"个人崇拜"现象。海内外中国人,包括上海人、台湾人、香港人,乃至海外华人,概莫能外。行文中,原想把香港从华人"个人崇拜"名单上排除,毕竟是一个半世纪的殖民地,铜像立的是"维多利亚",官方认同的是"不列颠"。然而记起:1966年,香港"造反派"的崇拜热情并不稍减于内地。再想起来,旧金山、纽约的唐人街,早就竖立"国父铜像",四邑会馆里至今悬挂中山画像,海外华侨的"爱国心",强烈依附于"个人崇拜",他们最早无条件支持孙文,甚至就是中国近代"个人崇拜"的始作俑者。在海外,"个人崇拜"是华侨"国族认同"的一部分,这更促人思考。高强度的"个人崇拜",出现在国民党管辖时代的台湾。初上宝岛，听朋友抛出一个数字："国府迁台"以后，到处竖立铜像，蒋介石身后，台湾留下了四万多座"蒋公像"。大陆学者闻此，无不诧异，难以置信。难道台湾的"立像运动"，甚于大陆之"文革"？朋友说：当然啊，有空去桃园县大溪镇蒋介石铜像纪念公园看看，就相信了。

"个人崇拜"是中国近代社会的一个普遍现象，并不完全是个人权威所致，也不太像是那种随心所欲。或者说，并非如一般所称的，是出于"帝王意识"，而更像是"体制性行为"。20世纪的"个人崇拜"问题，比一般人认识的要深刻。孙中山生前落魄，权威有限，是在逝去后，才被学生们奉为"国父"的。台湾的蒋公铜像建立运动，更是整个党务体系在戡乱时期制造出来的，其中必有更深入的历史原因。这一点，陈蕴茜博士的《崇拜与记忆：孙中山符号的建构与传播》[1]很值得读。本书追根溯源，上溯至中华民国设政初期，把20世纪早期的"个人崇拜"，与中华民国的国族建构，与国民党的意识形态作关联讨论，有很好的揭示。以上关于"崇拜"和"记忆"的联想，就是受了该书书名的启发。作者细细地清理国民党官方意识形态的老仓库，从档案馆、老报纸、旧杂志，乃至方志、笔记、小说中整理出来的事实，看到20世纪政治中流行的"个人崇拜"，真的还是由现代政党发动的，而肇端于1924年以后的"国父崇拜"。

对"个人崇拜"的反省，曾经是20世纪80年代的热门话题，历史学者写了很多文章，归因为"封建主义""帝王意识"。反正是另一种"大批判"，论说中的似是而非，并没有得到认真讨论。

---

1 《崇拜与记忆：孙中山符号的建构与传播》，陈蕴茜著，南京大学出版社，2009年。

20世纪的"个人崇拜"，难道真的和帝制时代的"帝王崇拜"一样吗？历史学家的职责不是一味归罪，然后缉凶。学术讨论需要分析源头，排比异同，顺便的时候，才在某种意义上提供一些教训。但是，多年来，真还没有看到一本著作，能够把20世纪的"个人崇拜"和中国近代政党政治的出现，意识形态的强化和民族主义思潮的兴起联系起来讨论。说实在的，把"文革"中的"个人崇拜"，斥骂为"封建主义"，有现成的意识形态可以凭借，痛快而相对安全；相反，如若从中国近代体制的建立过程来剖析"个人崇拜"，就要面对很多新问题，繁难并不很讨巧。很高兴地看到，手边的这本《崇拜和记忆》，迎难而上，做的是后者。

国民党的"国父崇拜"，曾经无孔不入地渗透到中国人的日常生活。20世纪30年代出生的父辈们，童年的头皮并不比生于50年代的我们轻松。课前必诵一百四十五字的《总理遗嘱》："革命尚未成功，同志仍需努力……"就像我们这一代人至今记得"老三篇"一样。按《崇拜与记忆》的查考，1925年4月，国民党在广州法定了"总理纪念周"，规定"每周之月曜日（星期一）上午九时至十二时"[1]，举行总理纪念仪式。仪式很完整，包括："一、全体肃立；二、向总理遗像行三鞠躬礼；三、主席宣读总理遗嘱，全体同时循声宣读；四、向总理遗像俯首默念三分钟；五、演说或政治报告；六、礼成。"[2] 以"纪念仪式"为名的"政治学习"，执行得很严格，军队、机关、学校、里甲等等人员，都必须参加，缺席三次，以罪论处。总理纪念活动，号令一下，集体操演，整齐划一。还有，每周一的"纪念周"活动，军事化加宗教化，仪

---

1 《崇拜与记忆：孙中山符号的建构与传播》，第193页。
2 同上书，第194页。

式感很强。和基督教会的礼拜相比，耗时三小时，时间更长。

国民党的意识形态是"三民主义"，"民族""民权""民生"，本质上是一种追慕现代化的世俗精神。但是，"国父崇拜"却具有宗教性。20世纪70年代中期，初游南京，从虔敬肃然的"文革"环境中步入中山陵，拾阶而上，油然有超凡入圣之感。那精心营造的氛围，令人震撼，摄人心魄。《崇拜与记忆》描述了中山陵谒陵仪式的制度化过程。当年，老国民党主张"政教分离""君师相分"，反对袁世凯恢复"天坛祭祀"，认为这是"帝制"的信仰基础。新国民党执政后，为树立"政统"，寻找信仰，逐渐把中山陵仪式化为"民国宗庙"[1]，让国民尊奉。中山陵的谒陵仪式，发展为国家祭奠仪式。1943年10月，重庆国民党政府考试院长戴季陶主持通过的谒陵礼，更接近传统的"社稷"大礼，严格规定祭奠程序如下："一、典礼开始；二、全体肃立；三、主祭者就位；四、陪祭者与祭者一次就位；五、奏乐；六、上香；七、行三鞠躬礼；八、行初献礼，主祭者献礼，行一鞠躬礼；九、行亚献礼：主祭者献茗，行一鞠躬礼；十、行终献礼：祭者献爵，行一鞠躬礼；十一、恭读祭告文；十二、行三鞠躬礼；十三、奏乐；十四、礼毕。"[2]［执政了的国民党，比各大政党更倾向于重建国家礼仪，因而也在更多的场合表现出庄严感、神圣感。感谢作者找到这份《北泉议礼录》，让我们多了解了一种"革命的宗教性"（Revolutionary Religiousness）］。

革命的崇拜，起源于"辛亥"，早期有不少发乎自然，推行中还不怎么强制。比如，清末的通商口岸，学校、军队和警局，已

---

1 《崇拜与记忆：孙中山符号的建构与传播》，第154页。
2 同上书，第155页。

经流行类似后来中山装样式的日本士官生制服。中华民国建立后，上海奉帮裁缝用西装工艺裁制男士上装，称为"中山装"。"辛亥革命"前后，南方民间开始"易服色"，"中山装"成为男士们在长衫、短打和西装之间的一个自由选项，还是自发的。或者说，民国初年的"国服运动"，是有群众基础的。但是，后来蒋介石推行的"国服运动"，冠上了"中山"之名，作为"民族国家"的建设工程，推广的做法，带有强制性，有时可称是某种形式的奴役。《崇拜与记忆》揭露国民党各部，各省、市、区、县的党支部，用行政命令强力推行"中山装"。1929 年 4 月，有《文官制服礼服条例》，规定"制服用中山装"；1936 年 2 月，蒋介石亲自敕令全国公务员一律着中山装 [1]，不着不让上班。

国民党的意识形态机构，把"国父崇拜"作为"三民主义"的神髓来传扬。看本书的揭示，"国父崇拜"运动，做法很热烈，类似传教；规模全覆盖，席卷全国。1924 年改组的新国民党，并没有像袁世凯（1914）那样推出"建立国教"的方案，但是用一种新意识形态（"三民主义"）统一思想，强化国人的权威认同感，思路相同。20 世纪 30 年代以后，国民党初步统一全国，稍大一点的城市，都辟建了"中山路""中山林""中山学校""中山公园""中山纪念堂"。按《崇拜与记忆》的不完全统计，20 世纪 30 年代，全国各省、区、特别市至少有三百一十四座中山纪念堂 [2]，成为社会活动中心，承担了最多的礼仪职能。1928 年，南京政府通过"庙产兴学"的决议，"划拨庙产，振兴教育"，各地的佛、道教的寺院庙观，大多转为学校，而每县至少兴建一座"中山纪念

---

1 《崇拜与记忆：孙中山符号的建构与传播》，参见第 436 页。

2 同上书，第 356 页。

堂"的做法，遂使之取代了传统的宗教场所，成为当地最主要的礼仪建筑。中华民国的重大事宜，如集会、节庆，如筹款、募捐，乃至于视察、训话、誓师、演艺、毕业、婚丧典礼，都在"中山堂"举行。显然，"中山纪念堂"承担了传统寺庙、衙门的部分功能。但"国父崇拜"只是国民党倡导的意识形态，具有某种"宗教性"，却还不能算是一种宗教行为。"国父崇拜"背后的基本动因，并非是祭奠孙中山的亡灵，也不是树立国父的道德楷模，实在是很功利的：确立"合法性"，加强"认同感"，使民众具有国民意识，越强越好，越能信任国民党治理下的民国政体。

20世纪中国的"领袖崇拜"现象，虽然在人类历史上异常突出，但并不属于个案。如果把中国人的"领袖崇拜"，归类为一种对于本民族功勋人物的"英雄崇拜"，那在18世纪以来全世界范围内的"民族国家"（nation state）建设过程中，它也曾经出现在法国、英国、德国、美国、意大利、日本……德国人的腓特烈大帝崇拜、俾斯麦崇拜，法国人的路易十四崇拜、拿破仑崇拜，英国人的伊丽莎白崇拜、维多利亚崇拜，美国人的华盛顿崇拜、林肯崇拜，意大利人的加里波第崇拜、加富尔（Camillo Benso Cavour）崇拜，乃至于土耳其的凯末尔（Mustafa Kemal Atatürk），印度的甘地，古巴的卡斯特罗，朝鲜的金日成……都属于各族人民对于自己"民族英雄"（或"开国元勋"）的个人崇拜。"民族英雄"作为一种凝固剂，在"民族国家"的建设中扮演了重要角色，它帮助把原先比较松散的传统政治体缝纫起来，成为中央集权的专制政体。我们在巴黎的荣誉军人院，看到拿破仑墓；在德国各地，都有威廉大帝、俾斯麦首相的铜像；美国首都有华盛顿纪念碑、林肯纪念堂，各地也有用"华盛顿"命名的地名。19世纪的英国人，不但在本土推崇维多利亚女王，更是把"维多利亚"的名字带到全世界：悉尼、温哥华、孟买、加尔各答、香港……在当地建"维多利亚铜像""维多利亚公园""维多利亚广场""维多利亚镇""维多利亚岛"……

"中国是这样，外国也一样"，这种思维定势近年来很是流行，却十分要不得。在日常生活中，发现一般"相似性"的能力，比之辨别"差异性"的能力，低级得不知几许。当然，认识差异之后，再在差异中寻找共性，则是另一回事情。同中之异，异中之同，正是要让学者去"沉潜往复，融会贯通"的事情。在辨别世界各国"英雄崇拜"的差异时，有一张试纸可以一用。我们不妨试探一下某国"民权运动"的强烈程度，便可以知道该国"英雄崇拜"的真实程度。换句话说，要看"崇拜"行为是民权运动自发推动的，还是集权机构强制推行的，才能知道该国人民是否真的在推举自己的"英雄"。如果两者兼有，那还要辨别其中的成分多少，比例如何。比较能够肯定的是，中华民国蒋介石时代的集权政府，在"军政""训政"时期奉行的"个人崇拜"，少有民权运动作基础。不是"自下而上"，却是"自上而下"，因而也是相当暴力的。

清末民初，中国卷入了世界民族之林，即孙中山所谓"世界潮流，浩浩荡荡，顺之者昌，逆之者亡"。于是，不得不按照西方"民族国家"的方式重建社会架构，要求国民有独自的仪式感、身份感，更经常地想到自己是"中国人"。中国必须改变原来的"天朝上国"形象，没有国旗，于是设计国旗；没有国歌，那就谱写国歌；没有国服，有人发明国服；没有国语，也可以制造国语。这样的"爱国主义"运动，是为了让中国人感受自己的新国民身份，领受一份自豪感，在当时情有可原。有些"认同"，渗透在日常的唱歌跳舞，穿衣戴帽中，也无伤大雅。但是，有些举动，如逼人换装，规范语言，强行礼法，到处立像，则非常暴力，以至于破坏传统，撕裂社会。清末民初以来，很多以"维新""革命"和"启蒙"之名推行的"国民教育"，自上而下地强制推行，无视人群，伤及文化，中国社会付出了沉重的代价。

清末民初，走向世界的中国，"国格"不成体统，最紧要的正是"国家元首"不像话。"戊戌变法"时，维新人士劝清帝移位，按英国模式，要么"君主立宪"，要么"虚君共和"。这个时候，最想扮演"民族英雄"，最想被将来的"新中国"铭记的"铜像人物"是康有为、梁启超，后来却以迂腐出名，沦为笑柄。随后的革命家发动"辛亥革命"，决定采用法国、美国模式，国体"共和制"，政体"议会制"。当此关头，被寄予"民族英雄"希望的，不是"大炮"孙中山，而是"强人"袁世凯，当时就被铸在银币上，俗称"袁大头"，然而却是以滑稽戏的方式收场。既然太后、皇帝不能改造成"女王""天皇"，末世枭雄袁世凯也不堪扮演"民国元首"的荣誉角色，则必须"二次革命"，再举"民族英雄"，象征新国家。孙中山，正是在 1925 年去世后，被国民党新旧各派推举为"国父"，成为带领中国走出"中央帝国"、步入"民族国家"的新符号、新象征。

《崇拜与记忆》一直用"个人崇拜"一词来描述国民党推动的"孙中山崇拜"。其实，如果按本书"结语"，书中讨论的是"孙中山崇拜与民族国家认同"[1]问题，则"孙中山崇拜"和台湾社会在戒

---

1 《崇拜与记忆：孙中山符号的建构与传播》，第 565 页。

严时期奉行的"蒋介石崇拜"，以及 20 世纪后半叶中国大陆政治生活中谈论的"个人崇拜"还不一样。它不是为确立生前的个人权威而推行的全民崇拜，而是当权者树立起来，为了强化统治合法性的崇拜，是"国族崇拜"的一部分。这种为"国族认同"而行的崇拜，或许用上文提到的"英雄崇拜"一词更合适一些。"孙中山"，被铸上银币，刻上路名，建成铜像，化作仪式，是因为"民族国家"的建设需要。这个时候，"国父"之名，不过也是被用为砖瓦而已。

"民族国家"，需不需要用"民族英雄"来凝聚人心？"英雄崇拜"和"立宪"、"共和"是什么关系？这些问题，当时没有充分讨论，后来也就十分混乱。"民主先驱"，理应对这些问题有所考虑，可惜像康有为、梁启超以下的"维新派""革命派"都不是很清楚。梁启超用了英国历史学家卡莱尔（Thomas Carlyle）说法，在他的《自由书·英雄与时势》（1899）中热情洋溢地赞美"英雄史观"，他说："英雄者，人间世之造物主也。人间世之大事业，皆英雄心中所蕴蓄而发现者，虽谓世界之历史，即英雄志传记。"梁启超"笔底常带感情"的宣传口吻，其实是混淆的。既以"自由书"为名提倡"自由"，就应该按题义，多讨论个人权利，抵制崇拜，警惕盲从。然而不是，他反以"英雄与时势"为副题，藐视个人价值，崇拜英雄意志，尊奉权威主义，用浮艳的辞藻，把华盛顿、俾斯麦、加富尔、马志尼推崇到无以复加的地步。此后的舆情，从"英雄崇拜"滑入"个人崇拜"，也就顺理成章了。清末国人在"民族""国家""自由""民主"等问题上的混沌想法、冲突人格，梁启超尚且如此，其后学可想而知。

晚近的社会学、人类学、历史学关于"民族国家"建构理论，认定现代国家的"国族认同"，完全可以不用"英雄崇拜"，抛开路易十四、拿破仑、腓特烈、俾斯麦、华盛顿等"权威人物"，一样也可以凝聚人心，团结民众。事实上，在欧洲和北美各"民族国家"的建立过程中，"国父"的作用，并不像模仿西方"民族国家"体制的中国、土耳其、印度、埃及等国的亚洲人士强调的那么重要。"国族认同"中，"文化认同"远远比"国父认同"更重要。法国"年鉴学派"大师布罗代尔（Fernand Braudel）写过一本介绍法国文化特征的书《法兰西的特性》[1]（*L'identité de la France*，也可以翻译成《法兰西的身份认同》），基本不提"英雄人物"，而是专心考察"日常生活"，写足了法国在人口、地理、历史、宗教、语言、习俗、工艺和食物上的特性。在他看来，法国之所以是法国，不是因为有光荣的拿破仑，而是因为有驰誉欧洲的葡萄酒、乳酪和面包，有优美的法语、精良的手工艺。从 20 世纪走出来的中国人，也应该认识到：真正成熟的"国民意识""国族认同"，不在于"英雄崇拜"，而是蕴含在"日常生活"的诸多细节中。

在中国，在清末民初的同时代，不是没有人意识到"文化认同"相对于"国族认同"的重要性，也不是没有人反对"英雄崇拜"，比如章太炎。章太炎（1869—1936），清代学术殿军，民国学术开山，投身反清运动，不比孙文晚，1900 年就剪了辫子，裁制明服。"中华民国"的国名，正是因着他的《中华民国解》（1905）一文而来的。辛亥后，章太炎被推为"革命文豪""民国元勋"。革命前，章太炎大笔如椽，率性而为，甚至猴急得与孙文

---

1 《法兰西的特性》，（法）费尔南•布罗代尔著，商务印书馆，1997 年。

当「崇拜」成为「记忆」——

239

发生肢体冲突。革命后，章太炎在北京羁押处藐视袁世凯，拒绝高官厚禄，坚持不蜕化为新的权威主义者。正是章太炎，出面抵制蒋介石的"孙中山崇拜"。针对国民党提议把南京城改名为"中山城"，他说："国家非一人之私，虽一省城亦不应施号以自伐"，"改建共和，称曰民主，尤不应以一人名号，变国家邑之正称"。[1]章太炎是一个"民族主义"者，晚年一直试图维护他心目中的"中华民国"理想。或许章太炎赋予"中国"过多的个人色彩，但是他不主张用"英雄崇拜"维系国民，反对把意识形态和政治生活缠在一起。他在《訄书》（1902）中，对古往今来的中国文化之特征，做了深入阐释，为的是将它们细细地融入现代中国。他的国族认同，不是"英雄崇拜""权威主义"，而是"文化中国"。

读《崇拜与记忆：孙中山符号的建构与传播》，感受到近年来国内历史学的进步。几十年来，不满意传统教科书说法的学者们，在谋求文、史、哲人文学科的整体突破，以期全面而真实地说明近代中国人的复杂经历。看本书，虽然仍是一种史学本色，但可以察觉出作者有"融会贯通"的学科企图。本书把"孙中山研究"从"中国革命史"和"中国近代史"中打捞出来，摆脱了常套的"民族主义"叙述体系。作者用福柯"权力话语"、格尔兹（Clifford Geertz）"文化的解释"和近年来人文学者热衷在做的"记忆学说"等理论，把"孙中山"看作一种"符号"，解释它在中国人精神生活中的意义。近年来倡导"后现代"理论的学者，很多不从实际研究入手，仅仅是翻译、介绍，拉扯一些本土事实，不知出处，忽略文本，任意评论，牵强附会的地方很多。批评前

---

1 《章太炎对改中山城意见》，《申报》1925 年 3 月 25 日。

人的"权力话语",自己却先陷入了"想象"和"制造"之中。本书不是这样,作者把"孙中山"从复杂的人物纠葛、事件真伪中解放出来以后,专注于观察"孙中山"如何在中华民国的"记忆和想象"的空间中被建构起来,传播开去。最值得肯定的是,作者并不放弃历史学的基本功,费了大量时间在档案、报纸、杂志、方志、笔记、文集、回忆录中查考有关文献和传说。本书在主题和主旨上,表现了作者对"后现代"和"新历史"的关切。然而,全书的学术根底和写作风格,却完全是历史学传统的笃实考证。在目前阶段,这或许是当今人文学科突破传统,融汇新说的较好做法。

关于"崇拜",萦绕着我们这一代人的心头,忽忽已是三十年了。曾经的"崇拜","50后""60后",带上"70后","记忆"仍在。再往下数,就不一定了,"80后""90后""00后",他们的偶像,已经转移,如有"英雄崇拜",那已经是对"娱乐英雄"的追捧。在当今的"崇拜"转折时期,读一读这样一本关于"崇拜"和"记忆"的书,仍然有益。

(原载《东方早报·上海书评》,2010年8月22日,

改题"通往崇拜之路")

当「崇拜」成为「记忆」——

"党国一体"的先行者

　　1956 年 12 月 1 日,《苏俄在中国:中国与俄共三十年经历纪要》[1] 由台湾的国民党"中央"文物供应社印行,署为"蒋中正"。这是一部有时代意义的书,作者蒋介石想借此做一个政治交代。当年,蒋介石七十虚岁;当天,他和宋美龄结婚三十周年。古稀之年,珠婚之庆,落到了在台湾一隅偷安的地步。惊魂稍定,困境当前,岁月无多,思绪泛起。在本书题志中,蒋介石写道:"岁月如矢,革命未成,今年已是我七十初度,今日又是我夫妇结婚三十年纪念。我夫妇于此共同检讨以往之工作,其间最感惶恐不能安于心者,就是对我二位先慈报国救民之遗训未能实现其一二,迄今大陆沉沦,收复有待……"

　　蒋介石一贯以"革命家"自任,满口大话、空话、套话,在这部反思作品中,又说了不少假话。在中苏关系中再思"中国之命运",本是要清理国民党和苏俄三十年复杂经历。蒋介石用本书与苏俄切割,向"民主国家联盟"表白"自由中国",试图在两大阵营的对峙中寻找生存空间。《苏俄在中国》结尾说:全书"检讨了政府和我个人在反共斗争中的错误和缺失,及其对国际国内所发生的形势的影响"。理应检讨一下自己。然而,全书的基调,基本上不

---

1 《苏俄在中国:中国与俄共三十年经历纪要》,蒋中正著,"中央"文物供应社,1959 年。

是承认错误，反省历史，而是竭力辩白。蒋介石辩白自己如何具有"先见之明"，甚至抵制孙文、廖仲恺的主张，一贯地抗拒苏联和斯大林的压力，坚持国民党独立路线。蒋介石说的是假话，只要循着本书自己的叙述，就可以知道他是中苏密切关系的直接当事人。国民党努力模仿的苏式专制体制，正是通过蒋介石本人建立的。

中国近代史上的"革命家"们，不断变更着自己的政治理想。"戊戌变法"（1898），搞的是"君主立宪"，保皇维新，那是"以英为师"；"辛亥光复"（1911）时，搞的是"共和革命"，流血起义，那是"以法为师"；"十月革命"（1917）以后，"苏维埃社会主义"震惊世界，不少追求新思潮的年轻人主张模仿，遂行"以俄为师"。20世纪初年，中国已经开始了"政党政治"的现代实践，"五四"一代的年轻知识分子都往社团、盟会、党派方向努力，认为只要找到一个最先进的理念，组建一个最有力的政党，就可以建成一个最强大的国家。"以英为师"，"以法为师"，"以日为师"，"以德为师"，乃至最后"以俄为师"，都是受此思潮的左右。1923年，临近晚年的孙文注意到这个新思潮，又一次改变自己的策略，主张"联俄容共"，学习苏联。此后，中国国民党和中国共产党一起，变成了一个苏俄体制的政党。这一历史过程，本来是铁板钉钉的事实，蒋介石却在20世纪50年代的辩解中推脱得一干二净。

政客们是当事人，利益牵扯，说话常常不可信，需要认真鉴别。事过境迁，学者们根据历史资料、档案文献客观公正地加以研究，得到的结论就比较可靠。王奇生的《党员、党权与党争：1924—1949年中国国民党的组织形态》[1]，用很细致的清理，说明

---

1 《党员、党权与党争：1924—1949年中国国民党的组织形态》（修订增补本），王奇生著，华文出版社，2010年。

了国民党是一个什么性质的政党。作者认为国民党是"三民主义为体，俄共组织为用"的结论，比蒋介石《苏俄在中国》洗刷开脱的说法，要中肯得多。国民党和苏维埃主义有亲缘关系，这很明显。奇生据俄共档案查实，1923年3月8日俄共中央政治局落实《孙文越飞联合宣言》中"俄国援助"，决定拨给二百万墨西哥银元时，含有按照布尔什维克模式把国民党改组成兄弟党的条件。[1]"卢布"，主要给了国民党，这才可以解释为什么从20世纪20年代到40年代，苏联的对华政策一直青睐于国民党，甚于属意于共产党。国民党是由苏联专家改组的，因为势力大，被寄予了更多的希望。

王奇生的《党员、党权与党争》是一部非常值得推荐的著作，他揭示了近代历史上一个很容易被遮蔽的侧面——国民党曾经的苏俄特征。这部书着重历史清理，条分缕析，丝丝入扣，读起来有点像是一部探案小说，引人入胜。根据奇生的查考，《中国国民党总章》（1924）和《俄国共产党（布尔什维克）章程》（1919）在"党员、党的组织机构、中央党部、地方党部、基层组织、党的纪律、经费、党团等几个主要部分，其基本结构非常相似，大部分条文几乎类同"[2]。原因无他，是"政治顾问"鲍罗廷（Michael Borodin，1884—1951）起草的而已。这个章程的特点，是"将党放在国上"（孙文语）。因为"俄国完全以党治，比英、美、法之政党握权更进一步"，"改进"以后的国民党，"欲以党治国，应效法俄人"[3]。

---

1 《党员、党权与党争：1924—1949年中国国民党的组织形态》，第7页。

2 同上书，第14页。

3 同上书，第21页。

国民党"联俄"运动，蒋介石是最重要的推动者和参与者。这一个事实当时很清楚，以后却因为他的刻意掩盖，以及国共两党对他"叛变革命"的大肆指责，变得模糊起来。按《党员、党权与党争》的清理，1923年国民党"联俄"的过程大致如下：1月，孙文与苏共代表越飞（Adolph Joffe）发表《联合宣言》，决定合作；3月，经廖仲恺与越飞的商谈，孙文决定进一步学习苏俄，双方越走越近；8月，任命蒋介石为广州政府的"大本营参谋长"，上任之前，先让他带着给列宁、托洛茨基和齐格林（苏俄外交部部长）的亲笔介绍信，率领由沈定一、王登云、张太雷（中共代表）四人组成的"孙博士代表团"，考察苏联体制，准备模仿。孙文对这个代表团非常重视，寄予很大希望，据蒋介石说："党中特派一人（指他自己），费时半年（在苏俄实则三个多月），费金万余，不可谓不郑重其事。"[1] 更值得注意的是，蒋介石的考察任务，并非只是军事，还包括了政治和党务。也就是说，8月份的孙文，已经有心全面模仿苏俄。按《苏俄在中国》中蒋介石的回忆："民国十二年八月五日，我在上海，奉国父的命令，约会苏俄代表马林，筹组孙逸仙博士代表团，赴俄报聘，并考察其军事政治和党务。"[2]

　　蒋介石8月16日离开上海，12月15日回到上海，"在这三个月（实则四个月，又有说半年——引者）的期间，我们曾对苏俄党务、军事和政治各方面，考察其组织，参观其设备，并听取其负责者对于实况的说明。其党务方面，我们考察俄国共产党中央党部，由其政治局秘书罗素达克（Rudzutak）说明俄国革命的经

1 《蒋总统传》，董显光著，台北：中国文化大学出版部，1980年，第636页。
2 《苏俄在中国：中国与俄共三十年经历纪要》，第19页。

过，及其当时建党的情形"[1]。奇生说"蒋介石的任务是考察军事"[2]，主要是学习组建一支苏式军队，而不是模仿"建党"。书中似乎认为：孙文在不到一年的时间内，改变了《孙文越飞联合宣言》中拒绝苏俄政治模式的做法，决定模仿，主要是在10月初和苏俄新到代表鲍罗廷谈得投机的结果。这个分析，有相当的道理，鲍罗廷确实很有煽动能力。但是，肯定鲍罗廷人格魅力的同时，也要看到孙文主观意愿的决然改变。事实上，孙文在会见鲍罗廷之前两个月，已经指派了"孙博士代表团"，让蒋介石去苏俄考察党务，模仿之心，已经昭然。从坚持"三民主义"，到容纳"共产主义"，孙文在1923年的大转变，关键时间在2月，关键人物是廖仲恺，执行人物是蒋介石。蒋介石官方传记作者董显光说："一九二三年二月，廖氏返广州。国父听取其报告后，益信中国与苏俄作友谊的提携，将有利于中国。"[3] 这个说法，应该是事实。

在《孙文越飞联合宣言》中，还认为"共产组织，甚至苏维埃制度，均不能引用于中国"。经过廖仲恺的劝进，蒋介石的考察，还有鲍罗廷的游说，一年后的国民党第一次全国代表大会上，孙文就改口说："所谓社会主义、共产主义与集产主义，均包括在民生主义之中。"还说："民生主义就是社会主义，也就是共产主义。""我们所主张的共产，是共将来，不是共现在"[4] 这种说法，和中共"二大"所谓"中国革命分两步走"的"最低纲领""最高纲领"也差不多了。蒋介石在《苏俄在中国》反复辩称孙文的"联

---

1 《苏俄在中国：中国与俄共三十年经历纪要》，第19页。

2 同上书，第8页。

3 《蒋总统传》，第53页。

4 《党员、党权与党争：1924—1949年中国国民党的组织形态》，第12页。

俄容共",只是"希望中国达到独立自由的目的,而不是要推行其共产主义"[1],这个解释显然是后来加上的。

中国国民党和苏俄布尔什维克的契合,并不全是"卢布"援助拉近的。固然,"二次革命""护法运动"失败以后,缺钱的孙文,为了东山再起,曾先后寻求过英国、美国、日本的援助,开出的条件相当优厚,甚至超过"二十一条",近年来多有披露。但是,国民党最后采用苏俄模式,也有内在原因。最切近的原因,正如王奇生指出的:在于"党军"的模式。《党员、党权与党争》分析:"苏俄体制中最早引起孙文及国民党人兴趣的,就是他的'党军'制度。早在'五四'时期,朱执信、戴季陶等国民党人便开始关注苏俄的'赤军'制度。建立一支由革命党控制的武力,一直是孙中山的理想。"[2]孙文原来也是"政党竞争""议会政治"的提倡者,一系列的失败之后,孙文再次诉诸武力。在日本建党,曾要求党员签字画押,效忠他个人;在广州组军,曾要求士兵全体加入国民党。他和北方军阀争民国正统。但是,当时已经有了"南与北一丘之貉"的说法,广州政权被看作另一个割据势力而已。陈独秀一开始拒绝苏俄提议的"国共合作",理由就是说:"在广东以外之各省人视之(指国民党),仍是一争权夺利之政党,共产党倘加入该党,则在社会上的信仰全失(尤其是青年社会),永无发展之机会。"[3]苏俄通过控制"党军",建立"党国"的模式,对广州时期的孙文极富诱惑力。犹豫不决,举棋不定,唯看他何时决定抛弃自己早先为之奋斗的政治理想。

---

1 《党员、党权与党争:1924—1949 年中国国民党的组织形态》,第 35 页。

2 同上书,第 23 页。

3 同上书,第 23 页。

　　既然国民党的政治理想转变为"党国"，政治实践开始于"党军"，独掌军事大权的蒋介石，必能恃其武力之强，走到民国舞台的中央，这是挡也挡不住的状况。国民党行议会政治时期，后来的"西山会议派"等革命元老，当时的胡汉民、汪精卫、廖仲恺等党务专家，在党内起了主导作用。可是一旦施行"党军"实践，"校长"蒋介石必然脱颖而出，孙文在世的时候，这种格局已经形成。按蒋介石传记权威作者董显光的认定：1923年2月21日，孙文从上海到达广州，那些"表面上支持国父的人，实际上无异一种佣兵，其对于国父和国民党的效忠均不可靠"。所谓"佣兵"，是指占据广东的桂系军阀杨希闵、刘震寰。"虽然广东省长在名义上是国父任命的国民党人（初为胡汉民氏），实权却为杨、刘二人所行使。"[1] 因此，孙文委派他相中的蒋介石，率领"孙博士代表团"去苏俄考察军事、党务和社会诸体制，回国后担任黄埔军校校长、粤军总司令部参谋长，是委以重任，寄予重望的。

　　《党员、党权与党争》延续了过去国民党左派和共产党在1928年前后的说法，认为蒋介石是在"中山舰事件"（1926）后才逐渐篡夺国民党政权的，"蒋介石是国民党内一匹黑马，他的成功既靠谋略，也有相当的机运。……孙中山去世时，国民党人谁也没有料到在一年之后会是蒋介石来接班"[2]。一般来讲，这个说法固然是对的。但是追究一下蒋介石"崛起"的真正原因，他的"篡政"并不意外。当"校长"已经披挂，当"党军"已经成形，蒋介石军权在握，不接班才是一件奇怪的事情。"按红军的模式训练

---

1 《蒋总统传》，第52页。

2 《党员、党权与党争：1924—1949年中国国民党的组织形态》，第105页。

中国军队"[1]，由"党军"建立"党国"，不正是孙文的想法吗？蒋介石满口"三民主义""党国至上"，借着黄埔练兵，陆续获得军队总司令、党委员长、政府主席等职位，这时候再指责他是"新军阀"是有点牵强的。有一支苏式军队，有一个苏式政党，还有一整套意识形态，这就和一般军阀很不相同了。苏维埃版本的集权体制，本性上都要求军、党、政的一体化，这种"一体化"远胜于清末延续下来的军阀体制，让北方军阀们显得粗鄙、简陋、松垮，不堪一击。况且，孙文在世时，已经把军事重要性（"军政"）置于革命的起点。他在《申报》发表《中国革命史》（1923年1月29日），提出了"军政—训政—宪政"的"三时期"论；在1924年的《国民政府建国大纲》中又说："军政时期，一切制度悉隶于军政之下。"这样，无论是按照苏维埃体制，还是孙文"军政"之遗愿，蒋介石的军人身份颇具"合法性"，一点都不成问题，胡汉民、汪精卫，还有陈独秀，眼看着蒋介石的崛起，一点办法都没有。

　　1923年以后，中国革命的"苏俄化"，是一个整体现象。由"党义"，而"党军"，而"党国"，并非广州国民党一家而然。即便不是完全的苏俄化，那种为自己的割据找一种"主义"，树一种"理想"，以便凝聚自己的小团体，成为各省军阀的时髦做法。某种意义上，山西阎锡山的"儒学治省"、陕西冯玉祥的"以教治军"，都试图把意识形态、政党和军队一体化。在党、政、军、教一体化方面，国民党内的蒋介石最为成功，共产党内则是江西苏区最为成功。以上海为中心的中共中央，没有把意识形态、政党、

<hr />

1 《党员、党权与党争：1924—1949年中国国民党的组织形态》，第26页。

群众运动和军队捏在一起，最终就失去了领导权，就像胡汉民、汪精卫在蒋介石面前，无可奈何地凋谢而去一样。20世纪20年代以后中国政治的"苏俄化"过程中，蒋介石肯定是一个领先者和获益者。这个曾经被蒋本人和蒋记党史专家们掩盖的事实，需要当代学者花更多的精力来揭露和分析。

蒋介石是苏俄的好学生，这一点在1927年之前并无异议。当时，蒋介石的绰号是"红色将军"，"中国的托洛茨基"[1]。黄埔军校是用苏俄的援助和武器，仿照苏俄体制建立的，蒋介石对苏俄和第三国际专家鲍罗廷言听计从，曾肉麻地吹捧说"孙中山是国父，鲍罗廷是亚父"。事实上，鲍罗廷在"中山舰事件"和"整理党务案"中都偏袒蒋介石，也是有他的想法的。在他眼中，蒋介石也是苏俄体制中人，和"左派"的差别并不大，而他的力量更强，苏俄能依靠的是他。1926年3月20日，发生"中山舰事件"；22日，苏联驻广州领事馆代表询问蒋介石："这是对人问题，还是对俄问题？"蒋答："对人不对俄"，并表示希望鲍罗廷速回（广州）之意。苏联的对华政策，并不真正关心国共之间的是是非非，更加关心的是自己的利益，蒋介石的回答，令苏俄放心，他们马上调鲍罗廷来广州。蒋介石满意地说："（鲍罗廷）对我的态度极为缓和，凡我所提主张，都作合理的解决。"[2]在《整理党务办法》八条中，按照蒋介石的要求，确立国民党大、共产党小的格局。

1927年以后，蒋介石北伐成功，"宁汉分裂"，挤走了汪精卫掌控的党务系统；"四一二事变"，清洗了中共党员和苏联顾问；

---

1 《转型期的知识分子》，马彬著，香港亚洲出版社，1956年。
2 《苏俄在中国：中国与俄共三十年经历纪要》，第41页。

还有，"改组总商会"，打击、分化和利用了上海资本家，种种举动，令斯大林、托洛茨基陷入尴尬。苏联既担心他脱离控制，更害怕他在上海受江浙财阀影响，倒向英、美，转为西方式的民主体制。但是，占据江浙富庶的蒋介石剿灭异己，在党、政、军架构上仍然是高度集权的苏联式体制，奉行的"党义"，仍然是国家主义和专制主义，很难被西方民主体制接纳。长期以来，蒋介石甚至不屑于拿"民主"作为标榜，他标榜的是"一个政党、一个领袖、一个主义"。对此，欧美人士也是不屑一顾。

对于蒋介石国民政府的性质，国外学者有很多评论。有说是"专制主义"的独裁政权，大部分持自由立场的西方记者在新闻报道和评论中传递了这个看法；有说是"儒教式"的民族主义，后来在哈佛大学主持"中国学"的费正清持此见解；有说是"新军阀"，陈志让先生的《军绅政权》认定蒋介石不过是个新崛起的军事强人；另外还有一大批学者，如法国白吉尔（Marie Claire Bergere）、毕仰高（Lucien Bianco）、美国易劳逸（Lioyd E. Eastman）、摩伊斯（Edwin Moise）、薛立敦（James Sheridan）等注意到蒋介石于20世纪30年代聘用德国顾问，模仿德国"褐衣党"、意大利"黑衣党"等法西斯组织，建立"蓝衣社"，指出"蒋介石亦强烈地倾向于法西斯主义"。最早指出蒋介石政权有法西斯倾向的西方记者毕克（Graham Peck）在其著作《两种时代》[1]（*Two Kinds of Time*）中说："国民党统治的许多措施（领袖崇拜、军队精英、政治警察）都是追随法西斯主义的模式，因而使人怀疑在精神上已是法西斯主义者，在结构上则想成为法西斯

---

1 Graham Peck, *Two Kinds of Time*, Houghton Mifflin, 1950.

主义者。"[1]

　　蒋介石在 20 世纪 30 年代以后，从"以俄为师"转为"以德为师"，确实曾想扶持"第二期革命"，以期把国民党转型为法西斯主义政党。也就是说，中断与苏联合作的蒋介石，并不是向西方自由民主体制靠拢，而是进一步往东方专制主义方向发展。毕克的判断是中肯的，他认为：中国不可能施行法西斯主义，"在中国，现代法西斯主义国家的基础不存在"。按照汉娜·阿伦特（Hannah Arendt）对于"极权主义"的研究，法西斯主义只是一种极端形态的极权主义，借着"民主"程序，它把国家、民族、种族、阶级、宗教、文明和意识形态置于个人之上。显然，蒋介石要驾驭四万万五千万思想各异的"群众"，还缺乏很多手段。没有"民主"制度，连搞"极权"也缺乏"合法性"，蒋介石的举动被视为"个人行为""军阀作风"，受到了极大的抵制。20 世纪 30 年代，中国甚至还不是一个"民族国家"，达不成德国、意大利、日本那样的"极权"，蒋介石竭力控制的，就是军队、政党和宣传机器。

　　毋宁说，国民政府在大陆的二十二年政权，一直是一个由"党军"支撑着的"党国"，仍然是一个仿建版的苏维埃体制。它曾经有两个不同的可能性：一是 20 世纪 30 年代的法西斯主义倾向，它会更极权，更专制。所幸，这一危险倾向中止于日本以法西斯主义身份加入轴心国（1940）和中国以被压迫民族身份加入同盟国（1941）；另一个可能性是 20 世纪 40 年代的民主化倾向，它要求开放自由言论空间，重建民主制度，尽早结束"军政""训

1　转引自《西方史学论著中的蒋介石》中英文对照本，艾恺著，第 10 页。

政"，尽快开始"宪政"。这一倾向为包括中共在内的所有在野政党，还有沿海发达地区大部分民众、商人和知识分子拥护，国际社会也积极支持，乐观其成。但是，蒋介石以权力不稳、国土未统为由，加以拒绝。很明显，蒋介石放弃第一种倾向，是情势所迫；抗拒第二种倾向，则是他内心的顽固坚持。蒋介石坚持认为：他的政党，代表全体人民；他之个人，可以为民做主。王奇生找到一段国民党理论家萨孟武的论说，颇能反省国民党"独裁"之难。他说："我们要想得到资本家的拥护，便须放弃劳动者；我们要想得到劳动者的拥护，便须放弃资本家。如果我们同时希望他们两个阶级都来拥护，则我们的政策只能模棱两可。然而模棱两可的政策，终究必为他们所厌弃。"[1]

萨孟武说的还是如何赢得不同阶级的"拥护"，更加艰难的是如何面对不同群体的"反对"。面对反对和抗议，极权体制便不能表现其"民主"的一面，而只能专制"裁断"。蒋介石在"四一二事变"中"宁可错杀一千，不得放过一个"的指令，为了一个虚拟的"整体"，可以牺牲活生生的"个体"。个体没有意义，苏维埃式的政体具有这样的"合法性"，蒋介石考察苏俄时，莫斯科的专家们已经传授了这个原理。1956年的蒋介石抵赖说他很反感，1927年他却应用得很痛快，1932年后为压制上海"救国会"的抗日声浪，也用了包括暗杀在内的各种特务手段。1937年8月21日，《中苏互不侵犯条约》签订，国民党和苏共和好如初。因为体制上没有什么障碍，大哥斯大林对小弟蒋介石说话，依然很随便。12月底，斯大林对中国驻苏大使杨杰说："请转告蒋委员长，如果

---

1 《党员、党权与党争：1924—1949年中国国民党的组织形态》，第194页。

想在战争继续进行时消泯人民对政府所表现的不忠行为，他必须强杀至少四百五十万人，否则我恐怕他终无力使此次抗战达到胜利的结束。"[1]"四百五十万"，是按照斯大林在苏联整肃异己的人数，和中苏人口不同基数，换算得到的。

1956年，蒋介石确实需要写一本书，向西方民主国家彻底交代他的政治立场。西方世界，以美国为首，一直厌恶蒋介石的独裁政治。即使在中国大陆"一边倒"向了苏联之后，在美苏对峙、朝鲜战争爆发的格局中，美国的舆论和政界并不是无条件地支持蒋介石。根据近年来解密的外交档案，美国确实曾经联络过陈诚、孙立人，试探抛开蒋介石，在台湾建立"自由中国"的可能性。蒋介石为此又采用专制手段，忌防陈诚，迫害孙立人。最近马英九为"孙立人案"道歉，又把事情翻了出来。蒋介石的政权体制，到底是怎样的性质？最近因为《蒋介石日记》的走红，又被重新提及。其实，不需要更多的解密新材料，仅仅根据已经汗牛充栋的旧资料，就可以看出自1923年"联俄容共"以后的新国民党是什么性质。想要得出一个超越时代的看法，需要跳出党派的观点和立场，也需要有一个更新的价值观。在另一个历史维度中，我们就能看清各派政权的底色。1927年以后，蒋介石再也没有承认过他身上的"苏维埃特色"。相反，每次国共合作分裂后，他都要百般辩解，表白他的"先知先导"，直到1980年，台湾遭遇"退出联合国"的危机，"近代中国出版社"的主持人、蒋介石的文字侍从秦孝仪还编辑了一本《先知先导：先总统蒋公驳斥××统战阴谋之指示》，又把他一贯反对"俄帝"的说法重复一遍。另外，

---

1 《蒋总统传》，第289页。

蒋介石边上的不同党派，仇他厌他，以"叛徒""新军阀""反革命分子""民族主义者""东方专制君主"等不同身份来定义他。这些表面身份，掩盖了他的本来身份。这个本来身份，其实很清楚，就是如王奇生《党员、党权与党争》揭示的：将军队放在党上，将党放在国上，"三民主义为体，俄共组织为用"的苏维埃式样的政治体制。板上钉钉，做再多的辩解也没有用。

（原载《东方早报·上海书评》，2011 年 3 月 13 日）

历史与意识形态之间

　　读过全书，我觉得弗兰克（Gunder Frank）教授的《白银资本》[1]对历史学本身的贡献是其次的，它的意义在于西方意识形态的重建。本书的写作方式，是以他心目中的旧意识形态代表（马克思、韦伯、布罗代尔）为矢的，作负面评价；同时，把欧美日汉学家和其他东方学家的近年成果作正面总结。作者成功地综合出一段容易受到误解的历史，力图以此推翻"西方中心"，建立"全球主义"。这都是一个良知良能的西方知识分子的可敬可佩之处。但是，如何正确地运用这段历史，建立新的意识形态，《白银资本》陷入了非历史的推论。全书的矛盾，在于历史和意识形态的脱节。

　　"入超白银"，确实是 19 世纪以前"天朝大国"的本钱。这也是历史学界谈了几十年的老话题。十几年前，朱维铮先生运用香港中文大学新亚书院全汉升教授的白银问题研究，就曾提出："十八世纪的中国较诸同时代的欧洲，无论经济繁荣还是社会稳定，仍然处于领先地步。"[2]弗兰克之前，中国学者全汉升、梁方仲、彭信威等人根据中西文献，对白银输入问题做了

1　《白银资本：重视经济全球化中的东方》，（德）贡德·弗兰克著，刘北成译，中央编译出版社，2000 年。
2　《音调未定的传统》，朱维铮著，辽宁教育出版社，1995 年。

大量研究。近年来，哈佛大学孔飞力（Philip Kuhn）的《叫魂》
（*Soulstealeres*）、斯坦福大学卜正民（Timothy Brook）的《纵乐的
困惑》（*The Confusions of Pleasure*），也都用白银研究，证明明末
经济的繁荣。李陀、刘禾建议把原书名改成"白银资本"，是很有
见地的。

为说明从明正德到清乾隆间，白银输入触目惊心之程度，这
里还可以补充《白银资本》里没有提到的两个例子：18世纪，欧
洲缺少白银，银餐具一度被中国瓷器代替，付钱买东方瓷器，如
此便循环流失更多的白银；同时，顾炎武在苤季的江南，看到海
外商人"五月载银而至，委积如瓦砾"。《白银资本》引述卜正民
教授的研究，认为"在明代，中国，而不是欧洲，是当时世界的
中心"[1]，确实是有根据的。因此，弗兰克详细论证明代已有"全球
贸易"，中国是世界财富中心等，至少可以推翻说中国"黄色文
明"，自古闭关的陈词滥调，这是读者（包括本人）喜欢本书的原
因之一。

但是，在历史有所缺席的地方，弗兰克推论之大胆，表现出
一个意识形态爱好者和明清史专家的差别。《白银资本》的目的，
不仅仅限于恢复历史，它想以此推翻西方人几百年的成见。他综
合了不少欧美学者"边缘文化"研究的成果，在白银和人口问题
上，丝丝相扣，步步推进，是很严谨的。可他忽视了更多相关的
历史事实。他太急了。因为找到了这把"白银钥匙"，也为了尽早
推翻旧有的"欧洲中心论""欧洲特殊论"，他把欧洲的兴起，单
一地归结为19世纪向东方掠夺白银等财富的结果。

---

1 《白银资本：重视经济全球化中的东方》，第168页。

我仍然传统地以为，历史的兴替，是由许多非货币、非经济原因左右的。我们固然看见了白银曾经自西徂东地流向中国，但更要看到更多的事实：一、明清时期的全球市场并不为中国商人掌握。"倭寇"和随之而来的"禁海"，使原本在日本、南洋贸易中活跃的江、浙、闽、粤商人退居次席。不仅全球大"三角贸易"，就是中国江南、日本关东和东南亚的小"三角贸易"也是在葡萄牙、荷兰商人手中。扬州、明州、泉州的衰落，澳门的崛起，说明了问题；二、当时中国、印度、日本在白银总量上可能比欧洲多些，但考虑到中国当时急剧的人口增长（何秉棣以为从 1700 年的一亿五千万，增长到 1794 年的三亿一千三百万），大量进口的白银，成为通货，摊到每个人头上，中国的财富不是增加了，而是减少了。当然，江南的富裕另当别论。三、回看西方，静悄悄的"文艺复兴"大有成效，轰隆隆的"工业革命"正在发动，东印度公司家家兴旺，民族认同迅速完成，这些被忽视的"文化因素""制度优势"，都是比一时的白银多寡更重要的事实。

事实上，欧洲的潜在优势已经很明显，例如：1612 年，利玛窦等人翻译的精确天文历法一举占领钦天监；1627 年，击毙后金努尔哈赤的"红夷大炮"是从澳门引进的；1693 年，救了康熙命的"金鸡纳霜"，是耶稣会士在秘鲁发现的。举这些老生常谈的例子，一方面是因为《白银资本》没有处理类似的问题；另一方面，也正好可以看出当时亚洲和中国的财富固然还有不少囤积，但内囊已空，底气不足，社会问题更多。

欧洲的强势，不在于其财富多少（事实上应该考虑：欧洲人把货币转为资本，不事消费，大量投资航海、贸易、农业和工业，因而有"白银危机"），而在于其潜力巨大。如果我们真的用一个

"长时段"的眼光来看历史的话，自然会发现，西方崛起的趋势，不是一二百年的白银流向能改变的。欧洲的兴起，确实有我们称之为"近代性"的东西在起作用。法制、人权、契约、信用、理性、科学、市民社会……乃至于在当时一半是动乱因素的宗教信仰，都是社会动力，推动了欧洲车轮往前滚。这些因素的形成，不止是弗兰克说的五百年，甚至要有一千年。这并非看轻中国，事实上，这里绝不持中国不可救药，需要"全盘西化"的观点。在此问题上，本地的中国史学者确实应该多听听西方同行，如狄百瑞（Theodore de Bary）、杜维明、魏斐德（Frederic Wakeman）、黄宗智（Philip C. Huang）、卜正民、包弼德（Peter K.Bol）等人的意见。他们认为基本的"近代性"，如"自由主义""理性精神""市民社会"等等因素，也以不同的方式存在于中国古代。可惜，这些本应是对弗兰克有利的观点，都在《白银资本》的视野之外。

总之，1800 年，嘉庆四年，"康乾盛世"已过，库府漏卮百出，白莲教蜂起，"山中之民"啸集，戴震斥之为"以意见杀人"，龚自珍名之为"万马齐喑"的"衰世"，清朝更加的自怜内敛，走投无路。在一个需要彻底改革的时代，一个千疮百孔的国度，还把世界的中心，或曰"霸权"，定在中国，恐怕多数中国史专家，无论国内外，都不能同意。通常，历史学家讲明清帝国的经济繁荣，人口增长，并不掩饰中西对比的天平已经倾斜到西方。在非洲、美洲、澳洲的全球贸易中，西方已经捷足先登。

当然，《白银资本》的目的并不是历史，而是意识形态。解构黑格尔、马克思以来独断论"近代性"话语，是作者的初衷，这是非常有价值的；挑战"欧洲中心论"，是作者的敏锐，也是需要孤军深入之勇气的。这都表明西方学术界在全球化视野下的一个非常可喜的自省倾向。但是，用选择过的、有所回避的有限历史，是很难破旧立新的。在历史缺席的地方，作者的"全球化"意识形态不免就得靠概念和信念构架了。首尾脱节，方法矛盾，使得作品失去不少说服力。作者批评历史学家"见木不见林"。确实，历史学家只敢根据明末的商业繁荣，提出"早期近代性"[1]（Early Modernity），发现一条中国人独特的，但又与人类共同精神相通的近代化道路。而弗兰克倾向于全盘地否定"近代性"的讨论。

不要误会这是固守中国语境，反对建立全球化的意识形态。事实上，我完全同意国外的中国学者，打开中国文化的范畴，使之融合于全球化意识形态的讨论之中。自己也试图从此入手，研究明清文化史。虽无缘面见弗兰克，但他的研究手段、概括能力、思维缜密都是我难以企及的，他的学术诚意也是我钦佩的。他的几个朋友，如滨下武志（Takeshi Hamashita）、魏斐德、卜正民和刘禾的工作，都是我素所尊敬的，倒是曾有多次机会请教意见。但是，历史和意识形态的有机融合，不是一件容易的事。这方面，弗兰克虽然比中国的新、旧意识形态谈论者们强得不能以道里计，但到底怎样建立一个"三可"，即可靠（reliable）、可信（reasonable）又可读（readable）的"全球化"意识形态，真正把中国人和西方人的历史感协调起来，确实还有很长的路要走，需要中外学者一起来走。

（原载《二十一世纪》，2000 年 10 月号）

---

1 见魏斐德等于 1998 年在美国人文科学院学刊 *Daedalus* 上的论述。

"戊戌变法"与士大夫命运（外一篇）

从 1898 年"戊戌变法"，到 1919 年"五四运动"，其间相隔正好是一代人的时间。在这一时期，中国知识分子经历了最痛苦的心理激荡。戊戌变法，其本质上是由士大夫知识分子发动，并最后自吞苦果的运动。

"戊戌"以前，士大夫有特权和优越感，号称"中坚"。皇帝依靠他们的智谋和忠心，百姓尊崇他们的地位和学识。尽管他们已经意识到自己是一个没落社会的没落阶层，却坚信可以通过变法得到将要失去的一切。"五四"以后，沿海新经济社会制度的代表——工商职业阶层终于登上舞台，结束了士大夫大叫大喊。在社会上飘浮的小知识分子分别被吸收到沿海城市和内地农村的新社会秩序中去了。这"戊戌"以后、"五四"之前的时间，正是士大夫们最难消受的"五更之寒"。这是康有为们失权失恃，惶惶不可终日的时代；是陈天华们绝望地自杀的时代；是握管书生搞起"恐怖暗杀"的时代；是鲁迅所叹的辛亥民主初期"最黑暗的时代"。士大夫、小知识分子被旧体制彻底抛弃，俸禄、功名、地位，均无着落，落到了与会党、兵痞、贫汉为伍，几乎形成了一个"过渡社会"中的流浪者阶层。

以上的勾勒，只是这段改革历史的一个侧面，或能称得上是有关改革者自身的历史。虽然不是清末民初改革运动的全面，但是从这个侧面我们也能看到不少东西：一、当士大夫过高地吹嘘自己回天之力，强化自己的历史责任感时，悲剧性的命运已经悬在他们头上。在中国走向现代的社会中，"改革者"不改革自己，则将被历史抛弃；二、许多士大夫以抽象的"民族""民主"口号为标榜，但在自己的生活态度中并未接受现代的政治、法制和思想原则，只是一群胸怀"光荣梦想"，对改变现实无所裨益的哀鸿而已；三、"戊戌"至"五四"的历史告诉知识分子，来自官僚政体内部的改革动力并不长效，倘没有一个稳定的沿海新式事业作为变革的基础，一切对现代社会的向往都要落空。知识分子也只能长久地"身世浮沉雨打萍"。仅此而已，岂有他哉？

（原载《社会科学报》，1988 年 6 月 9 日）

"五四"祭坛上的牺牲

在产业分工的社会里，知识分子被调整为交付知识和精神产品的职业阶层。由此，知识分子才被唤作"社会的良心"，它是和职业道德一致的东西。一个知识分子的胡乱发言，与一个工人的偷工减料，其错误性质是差不多的。比较而言，西欧的知识革命在实验室和工作室里发端，"启蒙运动"只是他们工作的社会效果。我们这一代知识分子的工作质量、职业成果怎样呢？"贫困的哲学，混乱的经济学，危机的史学，浅薄的文学"，一位老一辈知识分子作了这样的判断。

一般都以为"五四运动"是"新文化运动"的急需，这固然有它的道理。但是，倘是从文化建设的过程来看，"五四"以后的许多杰出知识分子，恰恰是放弃了"职业化"的道路，投身到政治激流中去。这种政治热情正否定了"新文化运动"的某些初衷。于是，三四十年代的文化，整个地政治化了。对知识分子有更高期望的社会各界，只能得到鲁迅那样短小的"匕首"，林语堂那"你笑笑我，我笑笑你"的"幽默"，要么就是缠绵悱恻的"鸳鸯蝴蝶"。在一个大变革的时代，文化发生巨大逆转的时代，知识分子没有拿出足以与之相称的知识体系，甚至连"科学""民主"这样的起码问题还未能解释清楚。这难道还不足以受我们的"良心"责备吗？前几年，我们意识到没有学派，缺乏爱因斯坦，艰苦的专业探索被政治功利所干扰，武侠、情杀和淫秽文字占据书市，正与"五四"以后侠义、公案和艳情小说杀回上海四马路同出一辙。当代知识分子如果再循政治化旧路，忽略自己的职业，中国就永远摆脱不了文化贫困状况。"文化热"应该在专业化的道路上持续，而不应该在政治化的道路上冷却。

中国知识分子的"非职业化"，使得他们缺乏一种技术眼光。传统知识分子自诩"半部《论语》治天下"，动辄"天下"，可是对政治、经济事务并不深究。在"经术取士""八股取士"的朝代中，他们与朝廷中另一路的技术官僚往往斗得你死我活。有时他们的立场反映了社会的正义和公正，但在技术问题上却很轻易地败下阵来。范仲淹、王安石、张居正等人的变法中，就充满了这样的例子。在今天整个社会日益技术化的时代，改革开放的问题，很大程度上是怎样使中国起飞，加入世界社会秩序中去的技术问题。但是早几年的知识领袖们却倾向于理解为"思想问题""路线问题"，连许多经济学家也都这样认为的。在知识分子全力从事于改革舆论宣传，忙于建立一套"改革观念"时，"改革"已经迅速地从一个"神话"，变成了一个新的利益集团，变成了很多复杂的社会矛盾和利益纠纷。曾经被知识分子讴歌、赞许的"改革派""企业家""承包者""倒卖人"都不是"改革"意识形态能够解释的时代先进人物，"改革"成了一堆难以用意识形态是非来判断的各行各业的专业问题。

"五四"后那走马灯似的"论战"，其实是简单的观念之战。论战中双方常常失去探索问题的科学精神，以维护自己的简单立场为目的。机智雄辩代替了沉思默想，有意义的问题，变成了无原则的纠纷。陈独秀对中国政治的批判、郭沫若的"十批判"，乃至于最近的"文化批判"，本来都应该让位于更严肃的文化研究。论战史代替了文化史，社会文化的水准降了一个层次。可悲的是50年代以后的大陆学术界，继承的是二三十年代的论战风气，"主义"遍地都是，"问题"却没有得到解决。

在中国社会的曲折反复的过程中，貌似新颖的"主义"、激烈发泄的情绪，总是更能打动人心，"问题"的探讨，却没有那样的耐心。《河殇》的播放，"球籍"的讨论，其社会效果中不是就有这样的意义吗？对于一个需要认真建设的"新文化"来说，这果然是可取的态度吗？

"路漫漫其修远兮，吾将上下而求索。"屈原的"忧患意识"，已经在《河殇》中被编导大量发掘，发泄为当前中国知识分子最强烈的情绪。但屈原表达出来的"终极关切"精神却被忽视了。知识分子探求知识、探究真理的兴趣在这种发泄过程中减弱了，知识分子的本体地位危乎殆哉，还奢谈什么"主体"高扬？

1919年4月21日，积极筹备建立中国共产党的陈独秀在上海中国公学，以"五四运动的精神是什么"为题作演讲。他认为的

"五四精神"，一是"直接行动"；二是"牺牲精神"。陈独秀的归纳，与其说是纪念，不如说是号召。这两个口号，成为以后几代"左倾"知识分子的箴言。知识分子放弃了知识路线，成为战士，去"行动"，去"牺牲"，但是，中国文化的后来命运又是怎样的呢？值此"五四"七十周年之际，我以为是到了重新认识"五四精神"，以端正知识分子"良心"的时候了。

（原载《社会科学报》，1989年4月13日）

费慰梅眼中的梁思成

　　"文革"高潮中，每天"革命的"街谈巷议中，"梁思成"也曾经是一个话题。记得父亲从研究院里带回来的，还有从街上"抢"到的传单上，偶尔就有梁思成的名字。上面的话题当然不是现在那些用林徽因、徐志摩、金岳霖等真假故事来缠绕的八卦，而是他主张的"大屋顶"，以及拆北京城墙时的"痛哭流涕"。传单上，梁思成被骂作连溥仪都不如的"遗老遗少"。

　　梁思成的真正地位是"古都卫士"，他的塑像进入了清华园名人堂。三十年过去了，历史终于是公正的。但是，20世纪五六十年代到底出了什么差错，古都的大批建筑为什么就此不保，种种原因，并没有得到仔细总结。中国历史上许多想不明白的问题，大都是因为大家把中国孤立了起来，没有把它放回到世界背景下去分析。费慰梅（Wilma Fairbank）写了一本《梁思成和林徽因》（*Liang and Lin*），翻译成简体中文版的时候，书名改为《中国建筑之魂：一个外国学者眼中的梁思成林徽因夫妇》[1]，很是对头。如今关于梁思成的文章很多，梁家的美国友人，最直接地点明了实质。

　　在所有关于梁思成的论述中，费慰梅的传记最清楚表明：梁思成的"古建筑保护"的计划，是被20世纪50年代"全盘苏

1　《中国建筑之魂：一个外国学者眼中的梁思成林徽因夫妇》，（美）费慰梅著，成寒译，上海文艺出版社，2003年。

化"的社会运动冲走的，或者说是被苏联专家扼杀的。费慰梅的丈夫是费正清，与梁思成、林徽因夫妇做了六十年的朋友。他们两家 20 世纪 30 年代在清华结识，20 世纪 40 年代密切交往。此后的三十年，中美交恶，两家分居在清华和哈佛，直到最后几年才恢复交往。费氏在美国是"亲华派"，受到"麦卡锡主义者"的追查，而梁思成也因家庭出身、学业背景和后来积极改造学习苏联的缘故，戴足了"封、资、修"的帽子。整整一个时代，费氏夫妇对中、美、苏三角关系的理解最深刻。费慰梅认为梁思成古都保存计划的失败，完全是苏联专家排挤的结果："1950 年至 1960 年间，大批涌入中国的苏联专家坚持政府必须以天安门为中心。而且，天安门前的广场必须扩建以备公众集会和游行。他们设想的是莫斯科克里姆林宫和红场的翻版。"

据"营造学社"的罗哲文说，1948 年解放军攻城之前，张奚若代表中共高层潜入北平，请教梁思成如何保护北平的古迹，夫妇俩很是兴奋，并决定不南下台湾，参加古都北平的修复建设。费慰梅则了解到，梁思成当时建议的方案是：北京为政治、文化中心，不作工业和经济中心；限制北京的工业，减少交通、人口和住房建设；保存紫禁城和城墙城楼；老城新建筑不超过三层；在西郊按平行的中轴线建造新的行政中心。在不少回忆录都提到中共中央曾经讨论过梁氏方案，如果没有苏联专家的介入，梁思成北京古建筑保护计划，或许能够实现。那就是一个不同于现在的北京城和天安门了。

苏联专家竭力主张在北京建设一个比莫斯科红场更加雄伟的广场。我们知道，斯大林对延用狭小的克里姆林宫和红场一直耿耿于怀，他把红场入口处的几个小教堂都拆了，还是不能显出苏维埃政权的宏大广阔。1931 年，斯大林又把位于莫斯科河对岸的"救世主大教堂"炸掉，预备造一座"全俄苏维埃宫"，超过美国的最高建筑——四百四十八点七米高的"帝国大厦"。"救世主大教堂"是俄罗斯最壮丽的教堂，为纪念 1812 年反法战争胜利而建，曾经是全俄人民的精神支柱。斯大林毫不痛惜地炸掉，是要腾出空间，建设世界上最大的广场。20 世纪三四十年代的莫斯科建筑，以赶超美国纽约、芝加哥的高层建筑为目标，被"冷战"思维所逼迫。

"二战"爆发后，莫斯科的"苏维埃广场"流产了。但是，苏联专家们却在 50 年代把这种"赶英超美"的广场理念带到中国。"老大哥"在政治和业务上的无上权威，压住了梁思成的本土方案。保护古都的计划成了"全盘苏化"的牺牲品，中国也走上了"好大喜功"的不归路。

梁思成和林徽因受的是"中体西用"教育。费慰梅说，当年梁和林求学的宾州大学建筑学系，位于费城，受法国影响，是美国"布杂艺术"（Beaux-Arts）的中心，梁思成在这里接受了"古典主义"。同时，费氏反复强调，梁思成是"民族主义"者，主张保存本民族的建筑艺术。梁思成属于把"古今中外"融合起来的一代学人。那是经过近百年的磨炼，终于在 20 世纪 30 年代的中国知识界生成的一种比较宽容理性的文化理想，可惜在 50 年代东西方"冷战"对峙中消失了。梁思成是建筑学界的代表，其实，他的"古建筑保护"计划受"好大喜功"的苏联思潮影响，并不比其他学科更严重，只是后果严重，更被人经常谈论而已。

1998 年在哈佛逗留的时候，听了很多费氏故事，知道费慰梅临终前为了却她与费正清一起的中国缘，孤身一人写作怀念亡友

梁思成夫妇的著作。如今捧读此书，果然让人感到了历史的苍凉
和悲哀。

（原载《文汇报》，2004 年 4 月 24 日）

海外学人的心境

下面是 1970 年赵元任夫妇悼念陈寅恪的文章，登在台北出版的《清华校友通讯》上，其中一段妙语，已成海内外学人津津乐道的佳话：

> 1924 年，元任收到了张彭春信，要他回清华办研究院。那时元任在哈佛教书，他们正弄到 Hall 铝大王基金的款子，指明给元任的薪金等等。这是哈佛燕京社的前身。主任说："你一定要回国，必须找到相当资格的人来代替。"主任并暗示："找陈寅恪如何？"元任就写信到德国，固其时他在柏林。他回信好玩得很。他说："我不想再到哈佛。我对美国留恋的只是波士顿中国馆醉香楼的龙虾。"

庚子以后，"礼失而求诸野"，越来越多的人到海外学"国粹"，夹在各民族文化之中降格地称之为"汉学""中国学"。固然有钱钟书笔下的方鸿渐，"到了欧洲，既不抄敦煌卷子，又不访《永乐大典》，也不找太平天国文献，更不学蒙古文、西藏文或梵文。四年中倒换了三个大学"，纯是用留学来镀金。但陈寅恪、赵元任两人学得是真好。陈寅恪在哈佛随查尔斯·兰曼（Charles

Lanman）学梵文、巴利文两年，接信时正在柏林大学随海因里希·路德施（Henirich Lüders）继续学印缅文字，不问政、不染癖、不打工，与表兄俞大维在一起，被评为"贾府门前的一对石狮子"，是存在海外的两颗读书种子。赵元任的语言学能力已让学界钦佩，而陈寅恪在通行的英、法、德、日文字之外，还懂蒙、满、藏、西夏、波斯文。于是才有哈佛大学虚席以让，虽然他当时还未有什么职称和著作。

国外汉学界用中国学者作教授，美国是开风气的。20世纪20年代至今，也只有美国才如此有规模地起用中国人治中国学，大学当局甚而以一系一所相托，被人戏称为"以华制华"。其他"以俄治俄""以日治日"的现象也较欧洲更普遍。哈佛财力雄厚，声誉也差可与欧洲最古老大学相抗，更是刚刚办起来的清华园不能比拟的。哈佛、康桥、波士顿，为什么只剩下龙虾让人留恋，陈寅恪的幽默，确实让人思索。

任何秉性坚定、造诣精深的文史学者离开了他的文化土壤，便自然会有离群索居之感。至今为止的人文学科仍穿着各自民族的外衣，其他营生的人可以随意脱换，而不幸此业的学者却只能日日与之厮守，奈何不得它是一件湿衣、破衣。这与其说是爱国心，不如说是职业病。

陈寅恪没有说出他在美国的治学经历和心境，"这是大师特有幽默之外的沉默"。但是，我们都相信，喜欢说话的胡适、唐德刚师生在哥伦比亚大学讲到他们的在美生涯时，吐露了大多数海外学人的心境。唐德刚讲的是为什么胡适的博士论文未能一次通过。

"胡适写的是一篇纯'汉学'的论文。而汉学在当时西方尚为启蒙阶段。尤其那时排华之焰，中国文明在一般美国教授的头脑里实在渺无踪影。胡适跟他们谈汉学，老实说，实在是对牛弹琴。"胡适的导师是杜威，六人指导小组中，只一位夏德（Friedrich Hirth）教授"略通汉文"。

放在胡适这类学者面前的路并不多：要么放弃自己的文化优势，改习欧美学术题目；要么苦心孤诣，在文化孤独中提升老外的理解水平。而胡适选择了回国，领导了随后的"新文化运动"，改换北大学风。胡适在哥大和北大间的选择，五年后演成了赵元任、陈寅恪在哈佛与清华之间的选择，异曲同工，我以为是同样的心境在支配。要说这就是对本民族文化建设的使命感，谅无太多异议。

陈寅恪和赵元任都回国了，加上王国维、梁启超称"四大导师"，撑起了清华研究院。1927 年，王国维自沉于昆明湖；两年后，梁启超病殁于协和医院。赵元任后又再度去美，唯有陈寅恪留在清华，以其学问、人格和诲人不倦，影响了较多学生。20 世纪 50 年代，清华研究院学生们在经历了剧烈的思想改造和学术整顿后，仍然在各综合性大学的文史哲领域取得成就，这是文化传承人的唯一欣慰。

"汉学"，当然也是美国多元文化中的一支。但是就像"西学"在中国的处境一样，这更多的是一门知识，尚未被活用成普遍的智慧。直到晚近，余英时先生评论 20 世纪 80 年代许多耶鲁哲学系学生选修中国哲学现象，他清醒地知道，这其实只是学生兴趣从英美传统转向欧洲大陆传统过程中的旁骛而已，其浅薄不亚于我们某些西学热潮。在中西学的畛域未彻底打破之前，许多人须为初步的文化交流作牺牲。赵元任具有卓越的语言学才华，却长期承担中文基础课教学。赵太太杨步伟是杨文会的孙女，她以中菜烹调教科书名闻全美，教美国人如何吃虾。赵元任一直存心回国研究学术，20世纪40年代末从美东移到加州大学伯克利分校，不肯长期签约，只为等待南京中大的一纸召唤。是政治变故，让他望洋兴叹。

单是用乡愁，不能解释汉学家们的心境。同在伯克利劳伦斯实验室的华裔物理学家也有"中国情怀"，但是在耗去他们每天十几小时的职业活动中，可以忘却和回避与中国文化的干系。旧金山华埠的粤籍移民乡情亦浓，但其原因是自身教育和能力限制，难以融入当地社会主流。相对来讲，华裔汉学家最能在文化层面上理解西方，最能与当地主流的中产阶级打成一片，然而又是他们最关切中国文化的命运。他们的乡愁，包含了因职业而生的兴趣、责任和使命感。

陈寅恪这样富有沧桑感的学者，是不会对他的决定多作解释的。因此，我们对他辞谢哈佛的话语，只能借以管窥蠡测。实在希望这些猜测，不致离陈先生的心谱太远。

（原载《文汇读书周报》，1993年9月4日）

最难忘情是中国

　　"传统中国人注重文化意义的民族意识，远过于政治意义的国家观念，一直维持到清代都没有变。"余英时先生贯通先秦到近世的中国历史，又熟悉西方政治传统，这个结论虽不是全新的说法，但他的解释背景更宽广，表述更精辟，这是他的《文化评论与中国情怀》[1]的独到之处。

　　思想史的命题，较难用考据的方法确凿求证，但却绝不虚玄。海外华人普遍具有文化孤独感，而融入当地主流文化较深的知识分子，也仍然对彼岸有所怀抱，或许这就是余英时先生所称的"中国情怀"。许多海外中国人只是被动地表现自己身上的文化传统，而不觉其丑陋或优良。当他们对中国事务发表意见时，也因环境局限，说出很多不负责任的隔岸之语。余英时先生不同，他理性地审视中国传统，身居美东，内心却努力地体验着不同国度里中国文化的变迁。

　　我猜想，余先生在谈到中国文化传统时，是联想到春秋时的"礼崩乐坏"的，但时空转换到当代全球世界，历史学家的"中国情怀"必然具有新的人类意识。屋漏偏遭连夜雨，欧风美雨中飘摇的中国传统，又和西方文化一起，受到了"20世纪消费大众社

---

1 《文化评论与中国情怀》，余英时著，允晨文化公司，1990年。

会"的冲击。粗鄙化乘着西化，在华文世界肆意泛滥，加剧了中国文化的危机。余先生对香港、台湾的经济繁荣和文化衰退便存有这样的感叹。"一般社会上对文化的轻视，即以文化无助于衣、食、住、行层面的日常人生，是一种可有可无的东西。""可有可无"，文化在"无"中消失，在"有"中变质，消费文化是即刻式的、一次性的。这种消费文化破坏传统，自己又形不成传统，传统岌岌可危。

由历史学而论文化，论传统，余先生的理论总是力戒迂阔，凡近代以来中国文化的挫折、转折，他都有尖锐的批评。虽远隔大洋，他都寻有渠道，获得信息。其关注之切，恐怕已经到了"事事关心"的程度。对香港的"殖民地文化政策"，台湾的"全盘西化"，大陆的"一边倒""大革文化命"，他都当时就不平则鸣。分析下来，这情怀中的历史学家的理性，要多于海外赤子的感性。我以为，他并不反对借鉴西方。相反，他在很多地方提倡"同光"以来的中西会通，自己也掌握了包括马克思主义在内的西方理论分析方法。但是搬用某个西方学派的理论来建一概念王国的做法，他是反感的。

为了政治目的而牺牲文化传统，是中西方知识分子都不愿见到的。这是中国的古训，也是近代世界史血的教训。"铜山崩而洛钟应"，传统在分崩离析，反应强烈的是知识分子，尤其是远离中心的海外知识分子。"洛钟"与"铜山"，两者间有母子般的感应。这样，才可以理解余先生对隔岸之事却有切肤之痛。

许多人从此岸到彼岸去，此岸也越多地接受彼岸影响。现在，中国文化成果的高级鉴定会都要到欧美去开。彼岸有人说，中国文化的中心正在边缘化。此岸，相似的话是：中国走向世界，世界走向中国。乐乎，悲乎？即使真有这结果，中国文化大约还是存在的，"礼失而求诸野"，按照余先生的体会："中国人自始即是一个文化概念，不是政治概念。"这便是说，中国文化在全世界范围内的存在与发展是可能的。想到这一点，我们对"中国文化危机"的关切心都可以稍稍调缓些。

（原载《文汇读书周报》，1993 年 7 月 3 日）

史家的不幸与幸

拿到徐中约（Immanuel C. Y. Hsu，1923—2005）先生《中国近代史》[1]的大陆中文版，急于一读。手头早先已备了牛津大学出版社英文第五版（1995），年前在香港遇见过香港中文大学出版社根据第六版（2000）翻译的海外中文版。这次得到的是由世界图书出版公司（北京）出版的删节版，对照着读，很有兴味。

自 1970 年初版以来，徐著《中国近代史》一直列为美国大学教材。直到 1991 年，擅长文辞的史景迁（Jonathan Spence，1936—　）推出《追寻现代中国》（*Search for Modern China*）后，才分走了部分教材市场。据我的观察，迷上史景迁的多为一班博雅读者。在主要大学里，徐著仍然具有正统地位。毕竟，徐中约先生是在哈佛大学由费正清嫡传的早期弟子，美国重要大学的"中国学"多为费氏一脉，加之徐著不断修订，增补内容，徐氏《中国近代史》作为学生研究进阶的铺垫，堪称正宗，因而历久不衰。

第五版原版的末尾，落在第四十一章"中国的发展模式：政治集权下的类资本主义"，在时限上写到了 1992 年中共"十四大"的召开。这次大陆删节版的结尾，又延续到了"中国的崛起"（第二十九章），是补充进来的最新内容。也就是说，当时徐中约先生

---

1 《中国近代史：1600—2000 中国的奋斗》，（美）徐中约著，计秋枫、朱庆葆译，世界图书出版公司，2008 年。

以七十八岁高龄，仍然与时俱进，抱病增写了 1997 年的"香港回归"、1998 年的江泽民主席和克林顿总统互访等最新章节。每有新版的机会，徐中约先生都会跟踪中国的社会发展，续写新的内容。说起来，一部《中国近代史》，能够在三十年间经常修订，不断增补，作者本人就见证了一个庞大民族的激荡经历，也算是一个高龄历史学家的幸运。

古今中外的历史学家，大多清苦。不少史家一生拘厄困顿，仍然发奋著述，乃至书藏名山，传诸后人之日，已是身临晚境、生趣无多之时，常令人扼腕叹息。唐振常先生在世的时候，常常谈起同学少年之间的往事。唐先生和徐中约，是流亡中的成都燕京大学同学，他们一起在流离颠沛中读完了大学，毕业时正逢"大战"结束，踌躇满志，高歌出川。徐中约也属于那种极愿报效祖国的"抗战一代"青年，却因为目睹随后爆发的内战，不愿蹉跎，选择离开大陆，到美国修学。然后，一生的功业，就是一部《中国近代史》和另外几部专著。1991 年，我和唐先生同在旧金山湾区访学，曾经听唐先生感叹道：那一代燕大同学中，还是身处海外的徐中约和陈志让反而做出了成就。在场的陈世骧先生遗孀陈太太和其他美国学者也都以为，徐中约的《中国近代史》和陈志让的《军绅政权》，可以传世。本来，是和唐先生约定了下次同去圣巴巴拉拜访徐先生的，后来是徐先生身体不好，终于没有去成，遗憾至今。

历史学家工作之艰难，在于他们所从事的职业有特殊的要求：秉笔直书。然而，唯其有"秉直"的职业要求，历史学家也就被赋予了一项特权：他们可以"裁断往事，臧否人物"。获得这种工作特权，是史家的职业幸运，也是对于史家"秉直"性格的信任和奖赏。没有"秉直"，难有"特权"，这是一种互相依存的关系。《汉书·艺文志》记载说："左史记言，右史记事。"如果一位史家在自己的笔下感受到一项真实（"事"）、一次公正（"言"），那份内心的痛快，是足以弥补很多职业寂寞的。我常常想，既然历史学家这个职业是如此的枯燥和清苦，为什么还有这么些人孜孜不倦，一定要写出自己心目中的历史来呢？或许就是迷恋不舍这项"裁断往事，臧否人物"的特权吧？

在这种"不幸"与"幸"的互动消长之中，历史学家们投入了无数的时间，灌注了一生的精力。既然选择了历史学，就要用"秉直"去换取那项裁断臧否的"特权"。正是在这种意义上，我们才能体会出徐中约先生花了三十年时间，不断修订《中国近代史》的甘苦和乐趣。一个民国时期出生在上海，然后求学于大西南后方的成都，最终功业落成在美国麻省和加州的华裔学者，用严格的历史学方法，不偏不倚，记言记行，坚持把自己经历的事件和人物，忠实地记录在一部《中国近代史》中。他用自己的"秉直"，换取一个华裔史家在海外观察、研判和记录自己祖国近代历史的"特权"。徐中约先生的《中国近代史》，英文原名其实是《近代中国的崛起》（*The Rise of Modern China*），他关心祖国重新"崛起"的前景，尽管他所记录的，都是中国近四百年中跟跄蹒跚之步履。徐中约先生的史笔是公正的，而作者的身份意识，仍然是一个具有拳拳之心的中国人。按徐先生自承，《中国近代史》是"以中国人的身份，（表达）对中国近代进程的看法"[1]。徐先生和神州大陆隔绝四十年，直到 80 年代末，才有机会回到上海，

1 《中国近代史：1600—2000 中国的奋斗》，见内容提要。

史家的不幸与幸

访问故土。身处海外，只有用不断更新《中国近代史》的方式，寄托对于家乡的忧心和关爱。

哈佛大学费正清研究中心柯文（Paul Cohen，1934—　）教授在他的名著《在中国发现历史》一书中概括说：徐中约的《近代中国的崛起》，属于费正清、赖肖尔那一代的"哈佛学派"，仍然注重描写中国传统如何应对西方冲击的一面，"这种框架实际上迫使他们不得不特别强调中国文化中比较稳定持久的特点"[1]。徐中约的《中国近代史》和萧一山的《清代通史》的路径差不多，基本上是按编年发展的人物＋事件＋评注的传统叙述框架。可是，我倒是没有觉得徐著《中国近代史》过分跟随了黑格尔的论调，也没有不适当地强调中国传统的恒定性，更没有加入什么臆断、恶评和"妖魔化"，都是"实事求是"的。第六版的《中国近代史》，修订后延续到了 2000 年。每位读者都可以感到：当今的中国，"换了人间"，已经完全不同于"传统"框架。非常可惜的是，世界图书出版公司的版本，删去了大量章节，而尤以"第六编""第七编"最后二章为甚。如此，大陆的中文简体字读者就很难如实地看到一个传统的中国，究竟如何转型为现在的中国。史家之"秉直"，未得苟存，此为不幸。

徐中约先生在 2005 年去世，他在最后一版《中国近代史》的最后一段话是这样说的："通过改革，一种中国式的、有节制的民主政体将应运而生。如果它是某种类似 1919 年五四运动以来学者和政治家们所追求的那种政体——中西文化精华的结合，完全现代化的同时又具有鲜明的中国特色——它一定会为大多数中国人

---

1 《在中国发现历史》，（美）柯文著，林同奇译，中华书局，1989 年，第 53 页。

所接受。"[1] 以我的体会，西方裔的学者，不会对未来的新中国有如此热切的期盼。在这里，徐先生最后一次披露了他的"中国人的身份"，那种身在海外，眷爱着故乡热土的拳拳之心。果如徐先生所愿，则非唯史家幸之，万民亦幸之。

（原载《文汇报》，2008 年 6 月 14 日）

1 《中国近代史：1600—2000 中国的奋斗》，第 607 页。

志在"科学的中国近代史"

　　海峡两岸的学界，还有大洋对岸的美、欧学者，都把"中国近代史"作为一门关键学问来从事。没有办法：一百年间，它已经成为中国政党、知识分子和一般民众的意识形态基础，十之八九的"问题和主义"，都离不开"中国近代史"，因而众说纷纭。然而，打开"中国近代史在台湾"的代表作——郭廷以的《近代中国史纲》[1]，却没有很多显性的理论阐释，不说大道理。它不像费正清那样着迷于中国对西方的"冲击—反应"，不像史景迁那样叙述一个"现代中国"，也不像徐中约那样期盼"中国的崛起"，更不是一般教科书的口吻，竭力论证一种观念，说"只有……才能……"郭廷以先生的《近代中国史纲》，尽可能完整地叙述这激荡的百年史，让事实说话，追求客观。用台湾的近代史研究所吕实强先生在《辛勤开拓中国近代史研究的郭廷以先生》一文中的话说：他志在"科学的中国近代史"。

　　郭廷以（1903—1975），河南舞阳人，毕业于东南大学历史系，师从罗家伦和蒋廷黻，早年曾在"国民革命军政治部""中央党务学校"工作。按经历论，郭廷以的史学观念很可能因此陷入"政治化"，单单为国民党制造意识形态服务。但是，郭先生后

---

[1] 《近代中国史纲》，郭廷以著，格致出版社，2009 年。

来的治学表明，他一生追求的是属于整个民族的"公史"，而不是囿于"政见""党见"的"私史"。郭先生在清华大学、河南大学、中央政治学校、中央大学、台湾大学、台湾师范大学任教中国近代史。1955 年出任近代史所筹备主任，并担任首任所长，达十四年之久，可称"中国近代史在台湾"的奠基人。学者周知，台湾的近代史研究所，以整理史料、出版档案，撰写专门史、区域史见长，第一代学者如王树槐、王尔敏、吕实强、陈三井、张朋园、陈永发等都是相当客观的严谨学者，他们都认为，近史所的"纯学术"学风，和郭先生的长期主政大有关系。

郭廷以先生早年追随罗家伦，发愿撰写《近代中国史纲》。经过几十年的教学，做了《中国近代史日志》的史料长编，并在"太平天国"和"边疆史"领域做出专门研究之后，他是在退职以后，晚年在美国夏威夷、哥伦比亚和哈佛大学，用了六年时间完成这部皇皇巨著的。完卷第三日，在纽约寓所去世。郭先生说，写中国近代史，"一涉偏私，便贻误后人"，故本书"既无惊人之笔，更不敢妄加私见"。确实，郭著《近代中国史纲》，较少强加读者自己的理念。他笔下的"义和团"，涉及"民族大义"，既不回避拳民一方的"庸鄙"和"愚昧"，也揭露了列强在中国问题上的"蛮横"。涉及"国共之争"，也是不偏不倚，既分析国民党丢失大陆的原因，也能中肯地点出中共崛起的机遇。唯有提供大量历史过程，给读者有自己的理解空间。20 世纪 70 年代，两岸悬隔，政见迥异，仍在"冷战"，这样的"科学"态度，并非很普遍，也不是很容易。

（原载《文汇报》，2009 年 8 月 11 日）

后 记

编辑约稿时，常常嘱咐不要写得像学术文章那么沉重，多些轻松。可是把多年来写的书评集在一起，忽然发现这里的题目都不轻松。这些年来，虽然一直也想回避那些"宏大叙事"，蓦然回首，实在还是深陷其中，有违目前"轻阅读"的风尚。"徒然献芹"，本书或然，识者涵之。

收录的书评，发表的时间跨度蛮大，早的是 1993 年，晚的是 2009 年。文章内容却是比较集中，都是国人心目中的"中国近代"。中国近代史，至今还是许多人心头的一块痛楚，必然也就是一段"活着的历史"。还有很多人认为，晚清以来的重重怪相，常常出现在现实生活中，那么也说明这段历史没有死去。还有，无论"历史"怎样纠缠，人心如此纠结，我们都还必须"活着"。用"历史活着"作书名，含着这几层意思。过去的文人，喜欢"咏史"；现在的史家，不免"影射"，其实并不是中国学者特别喜欢沉溺于"历史循环论"，事实上就是我们的历史记忆特别丰富，谈助很多，史鉴不远。

当然，再现的历史，并不是简单的重复。历史或许是以佛教"转世"的方式活着，前世、现世，还有来世，未必都是相同的肉身，却是有一魂贯穿。融会贯通地理解历史，大约是能得到一点点启示的。然而，这种理解，也不过是一个读书人在山间海边的管窥蠡测，和造成那真相的大智慧相比，真是小智徒逞，微不足道。从和珅看贪官，从李鸿章看外交，从袁世凯看民主，未必能在其中找到答案，充其量是多一些兴味。英国哲学家培根所谓"读史使人明智"的说法，很有局限，最终不过也是说说而已。

感谢上海书店总编辑王为松先生的邀请，以本书忝列"海上文库"系列丛书。感谢李佳怿为本书编定，做了大量工作。另外，李韧、褚钰泉、陆灏、包明廉、谢娟、黄晓峰、彭伦、朱自奋、胥智芬等主持沪上书评栏目的编辑们，在约稿、发稿过程中或介绍好书，或命名新题，或启发思路，文章中包含不少他们的想法，在此一并感谢。

李天纲

2010 年 12 月 24 日

阳光新景寓所

新版后记

　　《历史活着》是笔者有关中国近代历史的书评文集。2011年，上海书店出版社曾以同名出版本书，收入"海上文库"丛书。唯此丛书的体例只能容纳五六万字篇幅，有点局促。这次翻检积囊，把另一些敝帚自珍的文章找出来，毕竟还有不少。现在合在一起有十数万字，看起来稍具规模，可以成册了。

　　新版《历史活着》所收的文章，主题虽是书评，话题却仍是拉杂，时间跨度甚至更长。这里的文章，从1988年到2013年，不意间的信手涂鸦，竟至于二十五年之漫长。二十五年之于学者，已是人生泰半；然而，四分之一世纪之于我们这个变动繁巨的近代社会，不过也只是如白驹过隙一般。二十五年了，时过境迁，当初的人事，已经逐渐凋零。我们这一代人，坚守的固然在坚守，放弃的也有很多是放弃。但是，无论大家怎样总结自己的人生，曾经沧海的一代人，绝不会忘记今天自己脚下的这个世界，当初是怎样开始的。好在太阳底下没有什么新鲜事，历史上什么事情没有发生过？把自己短暂的人生，放回到动荡不定的时代背景之中，历史就活了，生活也就变得可以理解了。

　　现在和过去的事情，最终都应该从学理的角度去解释，而不是由着自己的性子来，这是像我们这类书呆子必须要相信的，否则大学也不要再办了。这里的书评，差不多就是用着"书呆子"

的态度，评论着与我们有关的"近代历史"。无论历史怎样嘲弄人生，人生却不敢戏弄历史，这是好几位已故的前辈先生们在过去的亲授中要求我们坚守的底线，自然也已经成了自己的基本态度。本次编辑，把《志在"科学的中国近代史"》放在最后一篇，也是这个意思。

增订版的《历史活着》，基本保留原来的分栏，插入后加的篇目，大致按"告别帝国"（史论）、"景风东扇"（中西文化交流）、"墓前遐思"（人物）、"诗无达诂"（杂篇）、"历史活着"（近代史）来分栏。上一版的"后记"，交代了"历史活着"的几重含义。现在踵事增华，再加一个含义。就是想说一下，从历史学领域转到宗教学领域已有十年，却仍然还保持着原先的专业兴趣。原先是专业，现在是业余。业余之时，对我们的近代历史保持着兴趣，说明这一段"历史"，在自己的心里依然"活着"。这点癖好，实在是需要现在的学生、同事和领导们包涵，见谅。

感谢杨丽华先生十多年来的鼓励，她以自己在北京、欧洲和上海的丰富经历，补充了我所短缺的阅历。她热情相邀，把增订版《历史活着》收入她负责策划的"启明文丛"中，并为此做了大量工作。三联书店李昕先生错爱《历史活着》里的杂乱文章，面允可以同书名在本社出版。刘靖先生在统筹本书出版中的热情，也令我难忘。还有，上海书店出版社社长王为松先生、编辑李佳恽女士，曾为旧版《历史活着》做过许多工作，这次慨允新版使用。以上种种，在此一并致谢。

李天纲

2013 年 6 月 12 日，记于上海